U0734933

铁路职工岗位培训教材

铁路客运员　客运值班员

铁路职工岗位培训教材编审委员会

中国铁道出版社

2013年·北京

内 容 简 介

本书按照铁路客运员、客运值班员国家职业标准和职业技能培训规范及最新版客运规章规范编写,内容涵盖大量高速铁路客运相关知识。全书共分为两部分:基本知识和职业技能。基本知识部分包括:职业道德与法律法规,铁路旅客运输概述,铁路旅客运输,高速铁路旅客运输,行李、包裹运输,旅客运输组织,路内运输,客运安全知识,国际联运,铁路班组管理等内容。职业技能部分包括:接发列车作业技能,服务作业技能,不符合乘车条件的处理,违章携带物品的处理,包车、旅游专列处理,旅客运输事故的处理,安全注意事项,班组管理等内容。

本书针对铁路职工岗位培训、职业技能鉴定进行编写,是各单位组织职工进行各级各类岗位培训、技能鉴定的必备用书,对各类职业学校师生也有重要的参考价值。

图书在版编目(CIP)数据

铁路客运员 客运值班员 / 铁路职工岗位培训教材
编审委员会编 . —北京:中国铁道出版社,2012.11(2013.9 重印)
铁路职工岗位培训教材
ISBN 978-7-113-15772-2

Ⅰ. ①铁⋯ Ⅱ. ①铁⋯ Ⅲ. ①铁路运输—旅客运输—
岗位培训—教材 Ⅳ. ①U293-44

中国版本图书馆 CIP 数据核字(2012)第 304467 号

书　名: 铁路职工岗位培训教材
铁路客运员 客运值班员

作　者:铁路职工岗位培训教材编审委员会

责任编辑:薛丽娜　　编辑部电话:010—51873055　　电子信箱:tdxuelina@163.com
封面设计:薛小卉
责任校对:张玉华
责任印制:陆　宁

出版发行:中国铁道出版社(100054,北京市西城区右安门西街 8 号)
网　　址:http://www.tdpress.com
印　　刷:北京精彩雅恒印刷有限公司
版　　次:2012 年 11 月第 1 版　　2013 年 9 月第 5 次印刷
开　　本:787 mm×1 092 mm　1/16　印张:16.5　字数:416 千
书　　号:ISBN 978-7-113-15772-2
定　　价:58.00 元

前　言

党的十六大以来,铁路事业蓬勃发展,大规模铁路建设全面展开,技术装备现代化实现重大跨越,尤其在高原铁路、机车车辆装备、客运专线、既有线提速和重载运输技术方面达到了世界先进水平。铁路职工队伍素质得到了相应提高,但距离铁路现代化发展的要求还有一定差距,铁路人才队伍建设和职工教育培训工作任重道远。

教材是劳动者终身教育和职业生涯发展的重要学习工具,教材建设是职业教育培训工作的重要组成部分,是提高教育培训质量的关键。加快铁路职工岗位培训教材建设,已成为加强和改进铁路职工教育培训工作的当务之急。为适应铁路现代化发展对技能人才队伍建设的需要,加快铁路职工岗位培训教材建设,铁道部决定按照铁道行业特有职业(工种)国家职业标准,结合铁路现代化发展的实际,组织开发铁路职工岗位培训教材。

本套教材由铁道部劳动和卫生司、运输局共同牵头组织,相关铁路局分工负责,集中各业务部门的专家和优秀工程技术人员编写及审定,多方合作,共同完成,涵盖了铁路运输(车务、客运、货运、装卸)、机务、车辆、工务、电务部门的 77 个铁路特有职业。教材坚持继承与创新相结合,充分体现了近几年来铁路新技术、新设备的大量运用及其发展趋势,特别是动车组系列教材填补了教材建设的空白,为动车组司机和机械师等铁路新职业员工提供了岗位培训教材;教材坚持科学性与规范性,依据铁道行业国家职业标准中的基本要求和工作要求编写,力争准确体现国家职业标准和有关作业标准、安全操

1

作等规章、规范的要求;教材坚持实用可行的原则,重点突出实作技能、应急处理和新技术、新设备、新规章、新工艺等四新知识,对职业技能部分按照技能等级分层编写,便于现场职工的培训与自学。

本套教材适用于工人新职、转职(岗)、晋升的岗位资格性培训,也适用于各类岗位适应性培训,同时为职业技能鉴定提供参考。

《铁路客运员 客运值班员》一书由上海铁路局和呼和浩特铁路局负责主编,主编:于东明、吉晶、鲁熹禧,参加编写人员:戎强华、俞振彬、熊业辉、郝颖、陈丽华、王凯、张娜、郭永刚、赵鹏飞、薛梅、李秀泉、杜春艳、姜波、赵淑华、崔学敏,主要审定人员:廉文彬、汪红飞、陈滋顶、郑铎、孟凡栋、安仲文、陈政、霍兰萍、伍世平、张明晖、李九香、尹琼瑶、邹另华、朱殿萍、叶萌、刘慧、韩煜、杨春燕。本书在编写、审定过程中得到了有关单位的大力支持,在此一并表示感谢。

铁路职工岗位培训教材编审委员会

2009 年 8 月

目　录

基 本 知 识

第一章　职业道德与法律法规 ·············· 3

　第一节　职业道德基础知识 ·············· 3

　第二节　旅客运输服务质量监督监察 ·············· 5

　第三节　铁路路风知识 ·············· 7

　第四节　相关法律法规知识 ·············· 11

　复习思考题 ·············· 18

第二章　铁路旅客运输概述 ·············· 19

　第一节　中国铁路发展概况 ·············· 19

　第二节　客运设施设备 ·············· 23

　第三节　客运车辆 ·············· 49

　第四节　铁路客运服务 ·············· 57

　复习思考题 ·············· 72

第三章　铁路旅客运输 ·············· 73

　第一节　铁路旅客运输合同 ·············· 73

　第二节　乘车凭证 ·············· 76

　第三节　车票发售 ·············· 87

　第四节　车票的有效期 ·············· 100

　第五节　检票、验票 ·············· 101

　第六节　乘车条件 ·············· 103

　第七节　旅行变更 ·············· 104

　第八节　误售、误购车票的处理 ·············· 105

　第九节　丢失车票的处理 ·············· 106

　第十节　不符合乘车条件处理 ·············· 107

　第十一节　退票规定 ·············· 109

　第十二节　旅客携带品 ·············· 110

　第十三节　旅客遗失物品 ·············· 111

　第十四节　线路中断时对旅客的安排 ·············· 112

　　第十五节　包　　车 ……………………………………………………… 112
　　第十六节　客运运价和客运运价里程 …………………………………… 114
　　复习思考题 ………………………………………………………………… 123

第四章　高速铁路旅客运输 …………………………………………… 124

　　第一节　高速铁路系统 …………………………………………………… 124
　　第二节　高速铁路旅客运输组织 ………………………………………… 126
　　复习思考题 ………………………………………………………………… 129

第五章　行李、包裹运输 ……………………………………………… 130

　　第一节　行李、包裹的范围 ……………………………………………… 130
　　第二节　行李、包裹托运及领取 ………………………………………… 131
　　复习思考题 ………………………………………………………………… 133

第六章　旅客运输组织 ………………………………………………… 134

　　第一节　旅客运输组织原则 ……………………………………………… 134
　　第二节　旅客计划运输规定 ……………………………………………… 134
　　第三节　列车运行图 ……………………………………………………… 141
　　第四节　运输收入管理有关知识 ………………………………………… 145
　　复习思考题 ………………………………………………………………… 148

第七章　路内运输 ……………………………………………………… 150

　　第一节　铁路乘车证 ……………………………………………………… 150
　　第二节　路内监察证件 …………………………………………………… 154
　　第三节　路用品运送和携带 ……………………………………………… 158
　　第四节　军事运输 ………………………………………………………… 161
　　复习思考题 ………………………………………………………………… 163

第八章　客运安全知识 ………………………………………………… 165

　　第一节　旅客运输安全 …………………………………………………… 165
　　第二节　客运职工安全 …………………………………………………… 167
　　第三节　票据现金安全 …………………………………………………… 168
　　第四节　危险品查处 ……………………………………………………… 170
　　第五节　消防知识 ………………………………………………………… 178
　　复习思考题 ………………………………………………………………… 182

第九章　国际联运 ……………………………………………………… 183

　　第一节　总　　则 ………………………………………………………… 183

第二节 旅客运送 …………………………………………………………………… 184

第三节 免费乘车证 ………………………………………………………………… 194

复习思考题 ………………………………………………………………………… 197

第十章 铁路班组管理 …………………………………………………………… 199

第一节 班 组 ……………………………………………………………… 199

第二节 班组建设和班组管理 ……………………………………………………… 200

复习思考题 ………………………………………………………………………… 202

职 业 技 能

一、接发列车作业技能 ……………………………………………………………… 205

二、服务作业技能 …………………………………………………………………… 208

三、不符合乘车条件的处理 ………………………………………………………… 211

四、违章携带物品的处理 …………………………………………………………… 226

五、包车、旅游专列处理 …………………………………………………………… 231

六、旅客运输事故的处理 …………………………………………………………… 236

七、安全注意事项 …………………………………………………………………… 242

八、班组管理 ………………………………………………………………………… 251

基本知识

第一章　职业道德与法律法规

第一节　职业道德基础知识

一、道德的概念

道德是一种社会意识形态,是人类社会特有的现象,是人们共同生活及其行为的准则与规范,具有认识、调节、教育、评价以及平衡五个功能。道德往往代表着社会的正面价值取向,起判断行为正当与否的作用,然而,不同时代与不同阶级,其道德观念都会有所变化。从目前所承认的人性来说,道德是既对事物负责,又不伤害他人的一种准则。

二、职业道德的概念

职业道德是指人们在职业生活中应遵循的基本道德,即一般社会道德在职业生活中的具体体现,是职业品德、职业纪律、专业胜任能力及职业责任等的总称,是同人们职业活动紧密联系的符合职业特点所要求的道德准则、道德情操与道德品质。职业道德属于自律范围,它通过公约、守则等对职业生活中的某些方面加以规范。职业道德既是本行业人员在职业活动中的行为规范,又是行业对社会所负的道德责任和义务。

三、职业道德的含义

职业道德的含义包括:

(1)职业道德是一种职业规范,受社会普遍的认可。

(2)职业道德是长期以来自然形成的。

(3)职业道德没有确定形式,通常体现为观念、习惯、信念等。

(4)职业道德依靠文化、内心信念和习惯,通过员工的自律实现。

(5)职业道德大多没有实质的约束力和强制力。

(6)职业道德的主要内容是对员工义务的要求。

(7)职业道德标准多元化,代表了不同企业可能具有不同的价值观。

(8)职业道德承载着企业文化和凝聚力,影响深远。

四、职业道德的具体体现

不同的职业有不同的职业道德。职业道德有鲜明的行业性,具体的适用性,内容和形式的多样性,相对稳定性及世代相承连续性的特点。职业道德具体体现为爱岗敬业、诚实守信、办事公道、服务群众和奉献社会。

职业道德具有广泛的范畴体系,其主要体现在职业理想、职业责任、职业技能、职业纪律、职业良心和职业荣誉感等方面。

(1)职业理想指的是从业者对美好目标的向往与追求。在确定职业理想的过程中，要处理好两种关系：在工作选择问题上，要处理好个人兴趣、特长与社会需要的关系；在实际工作中，要处理好个人发展与社会奉献的关系。

(2)职业责任指的是个人对社会、对他人在本职业范围内应承担的任务。

(3)职业技能指的是从事本职工作所必须具备的素质，包括实际操作能力、业务处理能力和技术驾驭能力等多方面的内容。

(4)职业纪律是强制性和自觉性的统一，因而也具有重要的道德意义。

(5)职业良心是职业责任和职业义务在人们心灵深处沉积、转化的结果，是一种自觉自愿地履行职业责任的自律精神。

(6)职业荣誉感是与职业责任、职业良心紧密相关的概念，是对该职业人员的道德行为所做出的肯定性的客观价值和主观价值判断。

五、职业道德的评价

职业道德的评价有三种形式，分别是社会舆论、传统习惯和内心信念。

社会舆论是来自外部的评价形式，内心信念是自身内部因素的评价形式，而传统习惯既可能以外部因素为主，也可能以内部因素为主，它们共同对从业者的职业道德做出善恶判断，调整着从业者与服务对象之间的关系。

六、职业道德守则

(1)遵守法律、法规和有关规定。

(2)爱岗敬业，具有高度的责任心。

(3)严格执行工作程序、工作规范、工作标准和安全操作规程。

(4)工作认真负责，具有高度的责任感和良好的团队精神。

(5)爱护设施设备、工具、备品。

(6)着装整洁，符合规定，文明生产。

(7)钻研技术，努力提高综合素质和管理水平。

七、铁路客运职工的职业道德

勤恳敬业：做到工作勤奋、业务熟练；

廉洁奉公：做到公道正派、不徇私情；

顾全大局：做到团结协作、密切配合；

遵章守纪：做到服从命令、执行标准；

优质服务：做到主动热情、细心周到；

礼貌待客：做到行为端庄、举止文明；

爱护行包：做到文明装卸、认真负责。

第二节　旅客运输服务质量监督监察

一、一般规定

（1）铁路旅客运输服务质量实行分级监督监察制。铁道部客运职能部门负责全路旅客运输服务质量监督监察；铁路局客运职能部门负责本局和进入本局管辖内外单位担当的旅客列车的旅客运输服务质量监督监察。下级客运职能部门接受上级客运职能部门监督检查和指导。

（2）对铁路旅客运输服务质量实行持证监督监察。证件为"中华人民共和国铁道部客运监察证"，由铁道部统一印制，填发时加盖"中华人民共和国铁道部"钢印和"铁道部证件专用章"。

（3）客运监察证的有效期为一年，原则上不跨年度填发，本年度客运监察证的有效期可延期使用至次年1月15日。填写客运监察证使用区间的自至站名，必须与填写的铁路乘车证区间自至站名相一致。客运监察证的编号由铁道部统一编制。

（4）客运监察在执行公务时原则上不得少于两名，须出示客运监察证，客运监察必须做到廉洁自律、秉公执法、办事公正。对滥用职权者，被检查单位或个人有权向上级举报，受理部门要认真调查处理。

二、客运监察的职责

（1）监督监察旅客运输工作中执行国家政策、法规的情况。

（2）监督监察旅客运输部门、单位、个人执行规章制度、文电、命令、办法、标准等情况。

（3）重点监督监察以下几个方面的客运服务质量：

①车站售票，旅客候车，检票，旅客进出站、上下车和行包托运、交付等服务的质量。

②旅客列车验票、旅客乘降、行包运输、列车服务的质量。

③站、车环境卫生，饮食供应、治安秩序、广播宣传的情况。

④客运职工职业道德、职业纪律、文明服务、礼仪规范、作业标准等情况。

（4）客运服务设备、设施、备品质量和运用情况。

（5）对与国家铁路办理直通运输业务的其他铁路旅客运输企业进行服务质量监督、指导。

（6）受理、查处旅客、货主对铁路旅客运输服务质量的投诉。

（7）负责查处上级和新闻媒体及有关部门提出的铁路旅客运输服务质量问题。

三、客运监察的权利

（1）听取被检查单位负责人和有关人员的情况介绍，参加或组织召开与客运服务质量有关的会议。

（2）查阅各级客运职能部门，站、段及相关部门的有关文件、档案、案卷、记录、票据等资料。

（3）对违章违纪和影响旅客运输服务质量的单位、个人，给予通报批评，责令限期改进，予以经济处罚及建议给予行政处分。

（4）对工作质量优良的单位和个人，给予通报表扬或建议嘉奖。

（5）上级客运职能部门可调用下级客运监察对本级管辖范围内的旅客运输服务质量进行

监督监察。

(6)各单位要为客运职能部门和客运监察提供必要的办公条件和设备。

四、服务质量问题分类

服务质量问题分为服务质量不良反映、服务质量一般问题、服务质量严重问题、服务质量重大问题。

五、服务质量问题性质

1. 服务质量不良反映

未构成服务质量一般问题的不良反映,为服务质量不良反映。

2. 服务质量一般问题

(1)旅客、货主投诉或新闻媒体曝光,在社会上造成不良影响的。

(2)站、车设备、设施、备品未达到规定标准,影响服务质量或旅客、货主提出批评意见的。

(3)站、车各项工作标准、基础管理未达到规定要求影响服务质量的。

(4)未按国家或铁道部有关规定对运价、杂费、商品实行明码标价的。

(5)站、车存在安全隐患,但尚未发生旅客、货主伤害和责任事故的。

(6)站、车治安秩序差,但尚未发生旅客、货主伤害事故的。

(7)站、车环境卫生、饮食卫生差,但尚未发生旅客伤害事故的。

(8)站、车工作人员在工作中与旅客、货主发生争执造成不良影响的。

(9)责任造成旅客10人以下漏乘、误乘、误降、坐过站的。

(10)责任造成旅客列车晚点的。

(11)责任造成旅客、货主财产损坏、丢失、被盗价值在500元以下的。

3. 服务质量严重问题

(1)旅客、货主投诉或新闻媒体曝光,在社会上造成较坏不良影响的。

(2)责任造成旅客、货主轻伤的。

(3)站、车设备、设施、备品故障、缺损,严重影响服务质量,旅客、货主反映强烈或给旅客、货主造成人身伤害或带来经济损失的。

(4)利用职权运输无票人员、货物,勒卡、索要旅客、货主钱物,价值在200元以下的。

(5)责任发生食物中毒事故未造成人员死亡的。

(6)站、车工作人员在工作中刁难、打骂旅客、货主造成较大影响的。

(7)责任造成旅客10人及以上漏乘、误乘、误降、坐过站的。

(8)责任造成旅客、货主财产损坏、丢失、被盗价值在500元及以上不足1 000元的。

(9)违反国家和铁路有关收费标准、规定,乱收费、乱加价造成较大不良影响的。

4. 服务质量重大问题

(1)旅客、货主投诉或新闻媒体曝光,在社会上造成严重不良影响的。

(2)责任造成旅客、货主重伤及以上伤害的。

(3)利用职权运输无票人员、货物,勒卡、索要旅客、货主钱物,价值在200元及以上的。

(4)责任发生食物中毒事故造成人员死亡的。

(5)站、车工作人员在工作中殴打旅客、货主造成严重影响或轻伤及以上伤害的。

(6)责任造成旅客、货主财产损坏、丢失、被盗价值在1 000元及以上的。

(7)违反国家和铁路有关收费标准、规定,乱收费、乱加价造成严重不良影响的。

六、服务质量问题处罚

(1)对服务质量问题的处罚,坚持实事求是、惩前毖后、治病救人的原则。

(2)处罚种类分为通报批评、罚款和行政处分。

①通报批评。对发生服务质量问题的单位和个人予以通报批评。

②罚款。发生"服务质量严重问题"之一的,能够确定款额的对责任者处以发生款额的1~2倍罚款,责任单位处以2~4倍罚款;不能确定款额的对责任者处以1 000~2 000元罚款,责任单位处以4 000~10 000元罚款。发生"服务质量重大问题"之一的,能够确定款额的对责任者处以发生款额的1~2倍罚款,责任单位处以2~4倍罚款;不能确定款额的对责任者处以2 000~4 000元罚款,对责任单位处以8 000~20 000元罚款。两名以上责任者可累计处罚。

③行政处分。行政处分分为警告、记过、记大过、降级、撤职、留用察看和开除。发生"服务质量严重问题"的,根据情节轻重对责任者可给予警告至撤职处分;发生"服务质量重大问题"的,根据情节轻重对责任者可给予记过至开除处分。对发生服务质量问题的责任单位要追究领导责任。

(3)对发生"服务质量严重问题"、"服务质量重大问题",涉及无票运输人员、货物的,对责任单位和责任者的经济处罚、行政处分按《铁道部关于违反铁路运输收入纪律的处罚规定》的规定执行。

(4)对发生"服务质量严重问题"、"服务质量重大问题",涉及乱收费、乱加价、敲诈勒索、以票谋私的,对责任单位和责任者的经济处罚、行政处分按铁道部《铁路路风管理办法》的规定执行。

(5)对发生"服务质量严重问题"及以上问题的责任者给予行政处分的同时,可给予一次性罚款。

(6)对隐瞒事实、出具伪证、包庇纵容、阻挠妨碍客运监察执行公务或对举报、执行公务人员进行打击报复的,一经查实从严处理。

(7)对涉嫌触犯刑律的,移交司法机关依法处理。

第三节　铁路路风知识

路风系指铁路的行业风气,是铁路的性质、宗旨和经营方向在运输企业和职工中的综合表现。路风工作是铁路精神文明建设、党风廉政建设和企业经营管理的组成部分。加强路风工作,对于提高职工队伍素质,提升运输服务质量,促进铁路发展,推进和谐铁路建设,具有重要作用。

路风工作要坚持"标本兼治、纠建并举"的方针,强化监察监督,注重源头治理,切实解决损害旅客货主利益的问题,为铁路发展创造良好的社会环境。

路风工作要坚持谁主管谁负责的原则,实行领导负责、系统负责、逐级负责,管业务必须管路风,党政工团齐抓共管,综合治理。

一、路风问题的分类

路风问题系指铁路单位和从业人员凭借职务或工作便利条件营私谋利,或违背职业道德、服务质量低劣,给旅客货主造成经济损失或精神、身体伤害,在路内外造成不良影响和后果的行为。路风问题主要包括以车谋私、以票谋私、乱收费乱加价、勒卡索要、粗暴待客、违规经营、违规贩运等七类。

1. 以车谋私

以车谋私指凭借职权或通过关系,以车皮、集装箱等运输条件谋取私利。

(1)在受理运输计划、审批承认车、安排货位、安排装车、配车配箱、装卸作业、变更装卸地点、变更到站、取送车作业等运输环节中谋取私利。

(2)将车皮、集装箱计划切块给路内外单位或个人,从中谋取私利。

(3)违反运输纪律,采取无票运输、换票运输、伪报品名、少报重量等手段侵占运输收入,从中谋取私利。

(4)违反规定下浮运价,从中谋取私利。

2. 以票谋私

以票谋私指凭借职权或工作之便,利用车票谋取私利的行为。

(1)违反售票纪律,利用批团体票、机动票、合同订票或切块、囤票等不正当手段为他人提供车票从中谋取私利。

(2)利用职务或工作之便,内外勾结倒卖车票。

(3)列车工作人员为旅客代办车票收取好处费,或收钱不补票,收长途钱补短途票,侵吞票款;为旅行团体代办车票提供方便,获取好处或不正当利益。

(4)私带无票人员、行包和货物,安排越席及其他不符合乘车条件人员。

(5)内外勾结霸座卖座、接送无票人员进出站上下车、装运超过票记重量、件数的行包货物从中谋取私利。

3. 乱收费乱加价

(1)违反国家、铁道部规定的运、杂费收费项目和标准,收取或变相收取不合理费用。

(2)在运输代理和客货延伸服务中,只收费不服务,多收费少服务,擅自设立收费项目、提高收费标准,或不提供合法票据。

(3)车站或票务管理部门不送票收取送票费,将车票票额切块给宾馆、饭店、旅行社等加价收费,自办售票点超标准收费,车站售票窗口或计划室搭收其他费用。

(4)车站或票务管理部门从客票代理销售点的乱收费乱加价中分成。

4. 勒卡索要

勒卡索要指凭借职务或工作之便,采取刁难、要挟或威胁等手段,敲诈勒索旅客货主。

5. 粗暴待客

(1)对旅客、货主语言污秽,行为粗鲁。

(2)有意设置障碍,刁难旅客、货主。

(3)殴打旅客货主或限制旅客、货主人身自由。

（4）严重侵害旅客、货主人身权利构成违法犯罪的行为。

6. 违规经营

（1）以不批计划、不配空车、拖延办理等手段,强制货主办理延伸服务或运输代理。

（2）铁路多经、集经企业或与之联营的单位强制办理运输代理、延伸服务业务。

（3）铁路货运业务与延伸服务或运输代理业务合并办理,以及代收延伸服务或运输代理费用。

（4）站、车强卖、搭售商品,或出售假冒伪劣商品。

（5）列车餐车开办茶座、夜宵,违规收费,变相卖座。

（6）以提前进站、提供车票等手段误导旅客进茶座、休息厅等场所收取费用,或在代办转乘车船、住宿、旅游等业务中违背承诺,欺诈旅客。

7. 违规贩运

违规贩运指凭借职务或工作之便,利用列车搞营利性捎买带或携带禁运、限运物品。

二、路风问题的定性

路风问题分为重大路风事件、严重路风事件、一般路风事件和路风不良反映。

1. 重大路风事件

构成下列路风问题之一的,定为重大路风事件:

（1）以车谋私金额（含实物折算价值,下同）5 000 元以上,以票谋私金额 3 000 元以上。

（2）乱收费、乱加价金额（从行为发生之日起累计计算,下同）,客运在 100 000 元以上;货运在 500 000 元以上。

（3）私带无票人员、行包、货物,安排越席及其他不符合乘车条件人员,按已乘（运）区间票价（运价）计算,同时收取好处费的合并计算,金额 3 000 元以上。

（4）殴打旅客、货主造成重伤、死亡,或侵害旅客、货主人身权利情节特别严重。

（5）敲诈勒索旅客、货主情节特别严重。

（6）贩运物品一次价值在 10 000 元以上,或情节特别严重。

（7）其他造成特别恶劣影响,使路风路誉遭受严重损害的行为。

2. 严重路风事件

构成下列路风问题之一的,定为严重路风事件:

（1）以车谋私金额 2 000 元以上不足 5 000 元,以票谋私金额 1 500 元以上不足 3 000 元。

（2）乱收费、乱加价金额,客运在 50 000 元以上不足 100 000 元;货运在 200 000 元以上不足 500 000 元。

（3）私带无票人员、行包、货物,安排越席及其他不符合乘车条件人员,按已乘（运）区间票价（运价）计算,同时收取好处费的合并计算,金额 1 500 元以上不足 3 000 元。

（4）殴打旅客、货主造成轻伤,或侵害旅客、货主人身权利情节严重。

（5）敲诈勒索旅客、货主情节严重。

（6）贩运物品一次价值在 5 000 元以上不足 10 000 元,或情节严重。

（7）违规经营造成恶劣影响。

（8）其他造成恶劣影响,使路风路誉遭受很大损害的行为。

3. 一般路风事件

构成下列路风问题之一的,定为一般路风事件:

(1)以车谋私金额1 000元以上不足2 000元,以票谋私金额500元以上不足1 500元。

(2)乱收费、乱加价金额,客运在30 000元以上不足50 000元;货运在50 000元以上不足200 000元。

(3)私带无票人员、行包、货物,安排越席及其他不符合乘车条件人员,按已乘(运)区间票价(运价)计算,同时收取好处费的合并计算,金额500元以上不足1 500元。

(4)殴打旅客、货主造成轻微伤,或侵害旅客、货主人身权利情节较重。

(5)敲诈勒索旅客、货主情节轻微。

(6)贩运物品一次价值3 000元以上不足5 000元,或情节较重。

(7)违规经营造成很坏影响。

(8)其他造成很坏影响,使路风路誉遭受较大损害的行为。

4. 路风不良反映

未构成路风事件的路风问题,定为路风不良反映。

三、对路风问题责任人的处分

(1)处理路风问题坚持实事求是的原则,以事实为依据,准确定性,恰当处分;坚持从严执纪的原则,对发生路风问题的单位、个人不姑息迁就、袒护包庇;坚持惩前毖后、治病救人的原则,实行惩戒与教育相结合。

(2)对尚未构成解除劳动合同条件的路风问题责任者的行政处理,由铁路运输企业根据本单位奖惩办法给予行政处分。行政处分分为警告、记过、记大过、降级、撤职。

在给予处分的同时,可由单位调整其工作岗位,对因处分情形未能完成工作任务的,由单位按相应的考核办法进行经济考核。

(3)对构成解除劳动合同条件的,由用人单位依法解除劳动合同。

四、对路风问题责任单位的处罚

对路风问题责任单位的处罚分为通报批评、经济处罚、在企业经营业绩考核中扣分、取消有关荣誉称号和评先资格。

五、路风问题责任单位或责任者处理规定

(1)构成路风不良反映的,给予决策者或直接责任者警告至记过处分,情节轻微的,可免于处分。

(2)构成一般路风事件的,给予决策者或直接责任者记过至撤职处分。

(3)构成严重路风事件的,给予决策者或直接责任者记大过至撤职处分。

(4)构成重大路风事件的,给予决策者或直接责任者撤职处分。

(5)对乱收费乱加价的责任单位,在收缴其非法所得的同时,可按乱收费乱加价数额给予1～2倍的罚款。

第四节 相关法律法规知识

一、《中华人民共和国铁路法》有关知识

《中华人民共和国铁路法》(以下简称《铁路法》)于 1990 年 9 月 7 日在第七届全国人民代表大会常务委员会第十五次会议上获得通过,于 1991 年 5 月 1 日起实施。

1. 铁路的分类

(1)《铁路法》所称的铁路,包括国家铁路、地方铁路、专用铁路和铁路专用线。

国家铁路是指由国务院铁路主管部门管理的铁路。

地方铁路是指由地方人民政府管理的铁路。

专用铁路是指由企业或者其他单位管理,专为本企业或者本单位内部提供运输服务的铁路。

铁路专用线是指由企业或者其他单位管理的与国家铁路或者其他铁路线路接轨的岔线。

(2)国家铁路的技术管理规程,由国务院铁路主管部门制定,地方铁路、专用铁路的技术管理办法,参照国家铁路的技术管理规程制定。

2. 运输营业

(1)铁路运输企业应当保证旅客和货物运输的安全,做到列车正点到达。

(2)铁路运输合同是明确铁路运输企业与旅客、托运人之间权利义务关系的协议。旅客车票、行李票、包裹票和货物运单是合同或者合同的组成部分。

(3)铁路运输企业应当保证旅客按车票载明的日期、车次乘车,并到达目的站。因铁路运输企业的责任造成旅客不能按车票载明的日期、车次乘车的,铁路运输企业应当按照旅客的要求,退还全部票款或者安排改乘到达相同目的站的其他列车。

(4)国家铁路的旅客票价率和货物、包裹、行李的运价率由国务院铁路主管部门拟订,报国务院批准。国家铁路的旅客、货物运输杂费的收费项目和收费标准由国务院铁路主管部门规定。国家铁路的特定运营线的运价率、特定货物的运价率和临时运营线的运价率,由国务院铁路主管部门商得国务院物价主管部门同意后规定。

地方铁路的旅客票价率、货物运价率和旅客、货物运输杂费的收费项目和收费标准,由省、自治区、直辖市人民政府物价主管部门会同国务院铁路主管部门授权的机构规定。

(5)铁路的旅客票价,货物、包裹、行李的运价,旅客和货物运输杂费的收费项目和收费标准,必须公告;未公告的不得实施。

(6)国家铁路、地方铁路参加国际联运,必须经国务院批准。

(7)发生铁路运输合同争议的,铁路运输企业和托运人、收货人或者旅客可以通过调解解决;不愿意调解解决或者调解不成的,可以依据合同中的仲裁条款或者事后达成的书面仲裁协议,向国家规定的仲裁机构申请仲裁。

当事人一方在规定的期限内不履行仲裁机构的仲裁决定的,另一方可以申请人民法院强制执行。

当事人没有在合同中订立仲裁条款,事后又没有达成书面仲裁协议的,可以向人民法院起诉。

3. 安全与保护

(1)铁路运输企业必须加强对铁路的管理和保护,定期检查、维修铁路运输设施,保证铁路运输设施完好,保障旅客和货物运输安全。

(2)电力主管部门应当保证铁路牵引用电以及铁路运营用电中重要负荷的电力供应。铁路运营用电中重要负荷的供应范围由国务院铁路主管部门和国务院电力主管部门商定。

(3)铁路线路两侧地界以外的山坡地由当地人民政府作为水土保持的重点进行整治。铁路隧道顶上的山坡地由铁路运输企业协助当地人民政府进行整治。铁路地界以内的山坡地由铁路运输企业进行整治。

(4)在铁路线路和铁路桥梁、涵洞两侧一定距离内,修建山塘、水库、堤坝,开挖河道、干渠,采石挖砂,打井取水,影响铁路路基稳定或者危害铁路桥梁、涵洞安全的,由县级以上地方人民政府责令停止建设或者采挖、打井等活动,限期恢复原状或者责令采取必要的安全防护措施。

(5)禁止擅自在铁路线路上铺设平交道口和人行过道。平交道口和人行过道必须按照规定设置必要的标志和防护设施。

行人和车辆通过铁路平交道口和人行过道时,必须遵守有关通行的规定。

(6)运输危险品必须按照国务院铁路主管部门的规定办理,禁止以非危险品品名托运危险品。

禁止旅客携带危险品进站上车。铁路公安人员和国务院铁路主管部门规定的铁路职工,有权对旅客携带的物品进行运输安全检查。实施运输安全检查的铁路职工应当佩戴执勤标志。

危险品的品名由国务院铁路主管部门规定并公布。

(7)禁止偷乘货车、攀附行进中的列车或者击打列车。对偷乘货车、攀附行进中的列车或者击打列车的,铁路职工有权制止。

(8)禁止在铁路线路上行走、坐卧。对在铁路线路上行走、坐卧的,铁路工作人员有权制止。

(9)对聚众拦截列车或者聚众冲击铁路行车调度机构的,铁路职工有权制止;不听制止的,公安人员现场负责人有权命令解散;拒不解散的,公安人员现场负责人有权依照国家有关规定决定采取必要手段强行驱散,并对拒不服从的人员强行带离现场或者予以拘留。

(10)在列车内,寻衅滋事,扰乱公共秩序,危害旅客人身、财产安全的,铁路职工有权制止,铁路公安人员可以予以拘留。

(11)在车站和旅客列车内,发生法律规定需要检疫的传染病时,由铁路卫生检疫机构进行检疫;根据铁路卫生检疫机构的请求,地方卫生检疫机构应予协助。

货物运输的检疫,依照国家规定办理。

(12)因铁路行车事故及其他铁路运营事故造成人身伤亡的,铁路运输企业应当承担赔偿责任;如果人身伤亡是因不可抗力或者由于受害人自身的原因造成的,铁路运输企业不承担赔偿责任。

违章通过平交道口或者人行过道,或者在铁路线路上行走、坐卧造成的人身伤亡,属于受害人自身的原因造成的人身伤亡。

根据国家发展计划委员会和铁道部1993年11月17日发布的《关于发展中央和地方合资建设铁路的意见》实施办法规定,由国家铁道部门与地方政府、企业或其他投资者共同投资建设和经营的铁路称为合资铁路。目前,我国已开通运营和正在建设中的铁路客运专线和高速铁路大都属于合资铁路性质。

合资铁路由合资铁路公司自管自营,或与国家铁路运输企业联合经营,也可由国家铁路运输企业承包经营。目前,我国铁路客运专线和高速铁路大都采用委托经营模式,即由合资铁路公司委托相关铁路局负责日常运营管理。

二、《铁路交通事故应急救援和调查处理条例》有关规定

1. 铁路交通事故概念

铁路交通事故是指铁路机车车辆在运行过程中与行人、机动车、非机动车、牲畜及其他障碍物相撞,或者铁路机车车辆发生冲突、脱轨、火灾、爆炸等影响铁路正常行车的事故。

2. 事故等级

根据事故造成的人员伤亡、直接经济损失、列车脱轨辆数、中断铁路行车时间等情形,事故等级分为特别重大事故、重大事故、较大事故和一般事故。

3. 事故报告

事故报告应当包括下列内容:

(1)事故发生的时间、地点、区间(线名、公里、米)、事故相关单位和人员。

(2)发生事故的列车种类、车次、部位、计长、机车型号、牵引辆数、吨数。

(3)承运旅客人数或者货物品名、装载情况。

(4)人员伤亡情况,机车车辆、线路设施、道路车辆的损坏情况,对铁路行车的影响情况。

(5)事故原因的初步判断。

(6)事故发生后采取的措施及事故控制情况。

(7)具体救援请求。事故报告后出现新情况的,应当及时补报。

4. 事故调查处理期限

(1)特别重大事故的调查期限为60日。

(2)重大事故的调查期限为30日。

(3)较大事故的调查期限为20日。

(4)一般事故的调查期限为10日。

事故调查期限自事故发生之日起计算。

5. 事故赔偿

事故造成人身伤亡的,铁路运输企业应当承担赔偿责任;但是人身伤亡是不可抗力或者受害人自身原因造成的,铁路运输企业不承担赔偿责任。

违章通过平交道口或者人行过道,或者在铁路线路上行走、坐卧造成的人身伤亡,属于受害人自身的原因造成的人身伤亡。

6. 法律责任

(1)铁路运输企业及其职工违反法律、行政法规的规定,造成事故的,由国务院铁路主管部

门或者铁路管理机构依法追究行政责任。

(2)发生铁路交通事故后,铁路运输企业及其职工不立即组织救援,或者迟报、漏报、瞒报、谎报事故的,对单位,由国务院铁路主管部门或者铁路管理机构处10万元以上50万元以下的罚款;对个人,由国务院铁路主管部门或者铁路管理机构处4 000元以上2万元以下的罚款;属于国家工作人员的,依法给予处分;构成犯罪的,依法追究刑事责任。

(3)发生铁路交通事故后,国务院铁路主管部门、铁路管理机构以及其他行政机关未立即启动应急预案,或者迟报、漏报、瞒报、谎报事故的,对直接负责的主管人员和其他直接责任人员依法给予处分;构成犯罪的,依法追究刑事责任。违反《铁路交通事故应急救援和调查处理条例》的规定,干扰、阻碍事故救援、铁路线路开通、列车运行和事故调查处理的,对单位,由国务院铁路主管部门或者铁路管理机构处4万元以上20万元以下的罚款;对个人,由国务院铁路主管部门或者铁路管理机构处2 000元以上1万元以下的罚款;情节严重的,对单位,由国务院铁路主管部门或者铁路管理机构处20万元以上100万元以下的罚款;对个人,由国务院铁路主管部门或者铁路管理机构处1万元以上5万元以下的罚款;属于国家工作人员的,依法给予处分;构成违反治安管理行为的,由公安机关依法给予治安管理处罚;构成犯罪的,依法追究刑事责任。

三、《中华人民共和国合同法》有关知识

1. 一般规定

(1)合同法所称的合同是平等主体的自然人、法人、其他组织之间设立、变更、终止民事权利义务关系的协议。婚姻、收养、监护等有关身份关系的协议,适用其他法律的规定。

(2)当事人依法享有自愿订立合同的权利,任何单位和个人不得非法干预。

(3)当事人应当遵循公平原则确定各方的权利和义务。

(4)依法成立的合同,对当事人具有法律约束力。当事人应当按照约定履行自己的义务,不得擅自变更或者解除合同。依法成立的合同,受法律保护。

(5)当事人订立合同,有书面形式、口头形式和其他形式。法律、行政法规规定采用书面形式的,应当采用书面形式。当事人约定采用书面形式的,应当采用书面形式。

2. 违约责任

(1)当事人一方不履行合同义务或者履行合同义务不符合约定的,应当承担继续履行、采取补救措施或者赔偿损失等违约责任。

(2)当事人一方不履行合同义务或者履行合同义务不符合约定的,在履行义务或者采取补救措施后,对方还有其他损失的,应当赔偿损失。

(3)因不可抗力不能履行合同的,根据不可抗力的影响,部分或者全部免除责任,但法律另有规定的除外。当事人迟延履行后发生不可抗力的,不能免除责任。本法所称不可抗力,是指不能预见、不能避免并不能克服的客观情况。

(4)当事人一方因不可抗力不能履行合同的,应当及时通知对方,以减轻可能给对方造成的损失,并应当在合理期限内提供证明。

(5)当事人双方都违反合同的,应当各自承担相应的责任。

(6)当事人一方因第三人的原因造成违约的,应当向对方承担违约责任。当事人一方和第

三人之间的纠纷,依照法律规定或者按照约定解决。

(7)因当事人一方的违约行为,侵害对方人身、财产权益的,受损害方有权选择依照本法要求其承担违约责任或者依照其他法律要求其承担侵权责任。

3. 运输合同

(1)一般规定

①运输合同是承运人将旅客或者货物从起运地点运输到约定地点,旅客、托运人或者收货人支付票款或者运输费用的合同。

②从事公共运输的承运人不得拒绝旅客、托运人通常、合理的运输要求。

③承运人应当在约定期间或者合理期间内将旅客、货物安全运输到约定地点。

④承运人应当按照约定的或者通常的运输路线将旅客、货物运输到约定地点。

⑤旅客、托运人或者收货人应当支付票款或者运输费用。承运人未按照约定路线或者通常路线运输增加票款或者运输费用的,旅客、托运人或者收货人可以拒绝支付增加部分的票款或者运输费用。

(2)客运合同

①客运合同自承运人向旅客交付客票时成立,但当事人另有约定或者另有交易习惯的除外。

②旅客应当持有效客票乘运。旅客无票乘运、超程乘运、越级乘运或者持失效客票乘运的,应当补交票款,承运人可以按照规定加收票款。旅客不交付票款的,承运人可以拒绝运输。

③旅客因自己的原因不能按照客票记载的时间乘坐的,应当在约定的时间内办理退票或者变更手续。逾期办理的,承运人可以不退票款,并不再承担运输义务。

④旅客在运输中应当按照约定的限量携带行李。超过限量携带行李的,应当办理托运手续。

⑤旅客不得随身携带或者在行李中夹带易燃、易爆、有毒、有腐蚀性、有放射性以及有可能危及运输工具上人身和财产安全的危险物品或者其他违禁物品。旅客违反前款规定的,承运人可以将违禁物品卸下、销毁或者送交有关部门。旅客坚持携带或者夹带违禁物品的,承运人应当拒绝运输。

⑥承运人应当向旅客及时告知有关不能正常运输的重要事由和安全运输应当注意的事项。

⑦承运人应当按照客票载明的时间和班次运输旅客。承运人迟延运输的,应当根据旅客的要求安排改乘其他班次或者退票。

⑧承运人擅自变更运输工具而降低服务标准的,应当根据旅客的要求退票或者减收票款;提高服务标准的,不应当加收票款。

⑨承运人在运输过程中,应当尽力救助患有急病、分娩、遇险的旅客。

⑩承运人应当对运输过程中旅客的伤亡承担损害赔偿责任,但伤亡是旅客自身健康原因造成的或者承运人证明伤亡是旅客故意、重大过失造成的除外。前款规定适用于按照规定免票、持优待票或者经承运人许可搭乘的无票旅客。

⑪在运输过程中旅客自带物品毁损、灭失,承运人有过错的,应当承担损害赔偿责任。旅

客托运的行李毁损、灭失的,适用货物运输的有关规定。

四、《中华人民共和国侵权责任法》有关知识

1. 一般规定

(1)侵害民事权益,应当承担侵权责任。所称民事权益,包括生命权、健康权、姓名权、名誉权、荣誉权、肖像权、隐私权、婚姻自主权、监护权、所有权、用益物权、担保物权、著作权、专利权、商标专用权、发现权、股权、继承权等人身、财产权益。

(2)被侵权人有权请求侵权人承担侵权责任。

(3)侵权人因同一行为应当承担行政责任或者刑事责任的,不影响依法承担侵权责任。因同一行为应当承担侵权责任和行政责任、刑事责任,侵权人的财产不足以支付的,先承担侵权责任。

(4)其他法律对侵权责任另有特别规定的,依照其规定。

2. 责任构成

(1)行为人因过错侵害他人民事权益,应当承担侵权责任。根据法律规定推定行为人有过错,行为人不能证明自己没有过错的,应当承担侵权责任。

(2)行为人损害他人民事权益,不论行为人有无过错,法律规定应当承担侵权责任的,依照其规定。

(3)承担侵权责任的方式主要有:停止侵害;排除妨碍;消除危险;返还财产;恢复原状;赔偿损失;赔礼道歉;消除影响、恢复名誉。以上承担侵权责任的方式,可以单独适用,也可以合并适用。

(4)侵害他人造成人身损害的,应当赔偿医疗费、护理费、交通费等为治疗和康复支出的合理费用,以及因误工减少的收入。造成残疾的,还应当赔偿残疾生活辅助具费和残疾赔偿金。造成死亡的,还应当赔偿丧葬费和死亡赔偿金。

(5)因同一侵权行为造成多人死亡的,可以以相同数额确定死亡赔偿金。

(6)被侵权人死亡的,其近亲属有权请求侵权人承担侵权责任。被侵权人为单位,该单位分立、合并的,承继权利的单位有权请求侵权人承担侵权责任。

被侵权人死亡的,支付被侵权人医疗费、丧葬费等合理费用的人有权请求侵权人赔偿费用,但侵权人已支付该费用的除外。

(7)侵权行为危及他人人身、财产安全的,被侵权人可以请求侵权人承担停止侵害、排除妨碍、消除危险等侵权责任。

(8)侵害他人人身权益,造成他人严重精神损害的,被侵权人可以请求精神损害赔偿。

(9)损害发生后,当事人可以协商赔偿费用的支付方式。协商不一致的,赔偿费用应当一次性支付;一次性支付确有困难的,可以分期支付,但应当提供相应的担保。

3. 不承担责任和减轻责任的情形

(1)被侵权人对损害的发生也有过错的,可以减轻侵权人的责任。

(2)损害是因受害人故意造成的,行为人不承担责任。

(3)损害是因第三人造成的,第三人应当承担侵权责任。

(4)因不可抗力造成他人损害的,不承担责任。法律另有规定的,依照其规定。

(5)因正当防卫造成损害的,不承担责任。正当防卫超过必要的限度,造成不应有的损害的,正当防卫人应当承担适当的责任。

（6）因紧急避险造成损害的,由引起险情发生的人承担责任。如果危险是由自然原因引起的,紧急避险人不承担责任或者给予适当补偿。紧急避险采取措施不当或者超过必要的限度,造成不应有的损害的,紧急避险人应当承担适当的责任。

（7）宾馆、商场、银行、车站、娱乐场所等公共场所的管理人或者群众性活动的组织者,未尽到安全保障义务,造成他人损害的,应当承担侵权责任。因第三人的行为造成他人损害的,由第三人承担侵权责任;管理人或者组织者未尽到安全保障义务的,承担相应的补充责任。

4. 机动车发生交通事故造成损害的责任

机动车发生交通事故造成损害的,依照道路交通安全法的有关规定承担赔偿责任。

5. 高度危险责任

（1）从事高度危险作业造成他人损害的,应当承担侵权责任。

（2）非法占有高度危险物造成他人损害的,由非法占有人承担侵权责任。所有人、管理人不能证明对防止他人非法占有尽到高度注意义务的,与非法占有人承担连带责任。

（3）承担高度危险责任,法律规定赔偿限额的,依照其规定。

五、《最高人民法院关于审理人身损害赔偿案件适用法律若干问题的解释》(法释〔2003〕20号)有关规定

（1）受害人遭受人身损害,因就医治疗支出的各项费用以及因误工减少的收入,包括医疗费、误工费、护理费、交通费、住宿费、住院伙食补助费、必要的营养费,赔偿义务人应当予以赔偿。

受害人因伤致残的,其因增加生活上需要所支出的必要费用以及因丧失劳动能力导致的收入损失,包括残疾赔偿金、残疾辅助器具费、被扶养人生活费,以及因康复护理、继续治疗实际发生的必要的康复费、护理费、后续治疗费,赔偿义务人也应当予以赔偿。

受害人死亡的,赔偿义务人除应当根据抢救治疗情况赔偿本条第一款规定的相关费用外,还应当赔偿丧葬费、被扶养人生活费、死亡补偿费以及受害人亲属办理丧葬事宜支出的交通费、住宿费和误工损失等其他合理费用。

（2）受害人或者死者近亲属遭受精神损害,赔偿权利人向人民法院请求赔偿精神损害抚慰金的,适用《最高人民法院关于确定民事侵权精神损害赔偿责任若干问题的解释》予以确定。

（3）计算误工费、残疾赔偿金、被扶养人生活费所对应的"城镇居民人均可支配收入"、"农村居民人均纯收入"、"城镇居民人均消费性支出"、"农村居民人均年生活消费支出"、"职工平均工资",均按照政府统计部门公布的各省、自治区、直辖市以及经济特区和计划单列市上一年度相关统计数据确定。

（4）受伤人员的伤残等级评定按照公安部 2002 年 12 月 1 日发布的《道路交通事故受伤人员伤残评定标准》执行。

六、《最高人民法院关于审理铁路运输人身损害赔偿纠纷案件适用法律若干问题的解释》(法释〔2010〕5 号)

（1）铁路旅客运送期间发生旅客人身损害,赔偿权利人要求铁路运输企业承担违约责任的,人民法院应当依照《中华人民共和国合同法》第二百九十条、第三百零一条、第三百零二条

等规定,确定铁路运输企业是否承担责任及责任的大小;赔偿权利人要求铁路运输企业承担侵权赔偿责任的,人民法院应当依照有关侵权责任的法律规定,确定铁路运输企业是否承担赔偿责任及责任的大小。

(2)铁路旅客运送期间因第三人侵权造成旅客人身损害的,由实施侵权行为的第三人承担赔偿责任。铁路运输企业有过错的,应当在能够防止或者制止损害的范围内承担相应的补充赔偿责任。铁路运输企业承担赔偿责任后,有权向第三人追偿。

车外第三人投掷石块等击打列车造成车内旅客人身损害,赔偿权利人要求铁路运输企业先予赔偿的,人民法院应当予以支持。铁路运输企业赔付后,有权向第三人追偿。

? 复习思考题

1. 道德的概念是什么?

2. 职业道德的概念是什么?

3. 职业道德的含义包括哪些内容?

4. 职业道德的具体体现哪些内容?

5. 职业道德有哪几种评价形式?

6. 职业道德守则包括哪些内容?

7. 铁路客运职工的职业道德包括哪些内容?

8. 铁路客运监察的职责包括哪些内容?

9. 铁路客运监察具有哪些权力?

10. 铁路服务质量问题按性质可分为哪几类?

11. 铁路服务质量问题的处罚原则是什么?

12. 路风问题主要包括哪些内容?

13. 路风问题按照性质可以分为哪几类?

14.《铁路法》对铁路的分类是如何规定的?

15.《铁路法》规定,人身伤亡的责任划分如何确定?

16.《铁路交通事故应急救援和调查处理条例》中对铁路交通事故是如何定义的?

17.《铁路交通事故应急救援和调查处理条例》中对事故等级是如何划分的?

18.《铁路交通事故应急救援和调查处理条例》规定,事故报告包括哪些内容?

19.《铁路交通事故应急救援和调查处理条例》中对事故赔偿是如何规定的?

20.《中华人民共和国合同法》规定,客运合同包括哪些内容?

21.《中华人民共和国侵权责任法》规定的民事权益具体包括哪些内容?

22.《最高人民法院关于审理人身损害赔偿案件适用法律若干问题的解释》中,计算误工费、残疾赔偿金、被扶养人生活费的标准是如何规定的?

23.《最高人民法院关于审理铁路运输人身损害赔偿纠纷案件适用法律若干问题的解释》中,铁路旅客运送期间因第三人侵权造成旅客人身损害如何规定?

第一节　中国铁路发展概况

一、中国铁路发展史

1. 开创时期（1876—1893 年）

有关铁路信息和知识开始传入中国，大约是在 1840 年鸦片战争前后。当时爱国有识之士（如林则徐、魏源等人）先后著书立说，介绍铁路知识。

1876 年，中国土地上出现了第一条铁路，这就是英国资本集团采取欺骗手段擅筑的吴淞铁路。较之世界上第一条正式营业的铁路落后了 51 年。这条铁路经营了一年多时间，就被清政府赎回拆除了。

2. 帝国主义争夺路权，中国铁路缓慢发展时期（1894—1948 年）

1894 年，清政府在中日甲午战争中战败后，八国联军攫取中国的铁路权益。10 000 多 km 的中国路权被吞噬和瓜分，形成帝国主义掠夺中国路权的第一次高潮。随后，他们按照各自的需要，分别设计和修建了一批标准不一、装备杂乱的铁路，造成了中国铁路的混乱和落后局面。在清政府时期（1876—1911 年）修建铁路约 9 400 km。其中帝国主义直接修建经营的约占 41%；帝国主义通过贷款控制的约占 39%；国有铁路，包括中国自力更生修建的京张铁路和商办铁路及赎回的京汉、广三等铁路仅占 20%左右。

辛亥革命后，袁世凯在 1912 年宣布"统一路政"，解散了各省商办铁路公司，把各省已经建成和正在兴建的铁路全部收归国有，用于抵借外债，因而形成了帝国主义掠夺中国路权的第二次高潮。从 1912 年到 1916 年各国夺得的路权共达 13 000 多 km。北洋政府时期（1912—1927 年），在关内修了约 2 100 km 铁路。

1928 年，南京国民党政府执政以后，主要是以官僚买办资本与帝国主义垄断资本"合资"方式修建铁路，从而出现了帝国主义掠夺中国路权的第三次高潮。南京国民党政府时期（1928—1948 年），共修建铁路约 13 000 km。

3. 新中国成立，抢修和恢复铁路运输生产时期（1949—1952 年）

1949 年 10 月 1 日中华人民共和国成立后，1949 年一年共抢修恢复了 8 278 km 铁路。到 1949 年底，全国铁路营业里程共达 21 810 km，客货换算周转量 314.01 亿 t·km。

1952 年 6 月 18 日，满洲里至广州间开行了第一列直达列车，全程 4 600 多 km。到 1952 年底，全国铁路营业里程增加到 22 876 km，客货换算周转量达 802.24 亿 t·km。

4. 中国铁路网骨架基本形成时期（1953—1978 年）

从 1953 年开始，国家进入有计划发展国民经济的时期。到 1980 年铁路经过了五个五年计划的建设，取得了辉煌的成绩。

中国共产党十一届三中全会以后，国家工作的重点转移到社会主义现代化建设上来，并提出"调整、改革、整顿、提高"方针,铁路工作逐步得到恢复和发展,到 1980 年底,铁路营业里程达 49 940 km,全国铁路网骨架基本形成,客货换算周转量达 7 087 亿 t·km。

5. 中国铁路新的发展时期

贯彻改革开放政策,中国铁路步入新的发展时期,1982 年指出"铁路运输已成为制约国民经济发展的一个重要原因",提出"北战大秦,南攻衡广,中取华东"的战略。到 1985 年底,全国铁路营业里程达 52 119 km,客货换算周转量突破 1 万亿 t·km。截至 2010 年底,我国铁路营业里程达到 9.1 万 km。

二、中国特色铁路介绍

1. 青藏铁路

青藏铁路(西宁—拉萨,1 956 km,最高海拔 5 072 m)——世界最长的高原铁路。青藏铁路北起青海省西宁市,南至西藏自治区拉萨市,全长约 1 956 km,其中西宁至格尔木约 846 km 于 1984 年建成。青藏铁路穿越了可可西里、三江源等自然保护区,因其独具特色的环保设计和建设,也被称之为中国第一条"环保铁路"。

2. 包兰铁路

包兰铁路(包头—兰州,979 km)——穿越茫茫腾格里沙漠的中国第一条沙漠铁路。经过当地人民防沙治沙,在铁路沿线建起绿色屏障。这一治沙工程被誉为"世界奇迹",并荣获联合国"全球 500 佳环境保护奖"。

3. 南昆铁路

南昆铁路(南宁—昆明,828 km)——风景最美、最险峻的干线。南昆铁路东起南宁,西至昆明,北接红果,全长 828 km,是连接广西、贵州、云南的国家一级电气化铁路干线,沿途高峡深谷、山水奇秀。很多的世界第一和亚洲第一都在这条干线上创造出来,其中包括世界铁路第一高桥——清水河大桥,亚洲第一险隧道——家竹菁隧道,亚洲第一墙——石头寨车站锚拉式椿板墙,单线最长电气化隧道——米花岭隧道。

4. 成昆铁路

成昆铁路(成都—昆明,1 100 km)——在禁区建成的铁路。成昆铁路所在的路线,曾经是外国专家断言根本不能修建铁路的"禁区"。这条铁路贯穿成都至昆明,全长 1 100 km,1/3 的路段位于地震地区,沿线山高谷深,川大流急,地质复杂,气候多变,凿穿大山数百座,修建隧道 427 座,架设桥梁 653 座,桥梁隧道总长 400 多 km,平均每 1.7 km 一座桥梁,每 2.5 km 一座隧道,其工程之艰巨,为世界铁路建设上所罕见。

5. 南疆铁路

南疆铁路(吐鲁番—喀什,1 445 km)——一半是"火焰",一半是"冰山"的铁路。南疆铁路经过最低的陆地之一的吐鲁番盆地,进入天山山区,一处奇热,一处奇冷。南疆铁路全长 1 445 km,一半以上是深山峡谷,曲线占 80%。

6. 吴淞铁路

吴淞铁路——中国土地上的第一条铁路,1876 年英商怡和洋行在上海修建,全长 30 km。

7. 成渝铁路

成渝铁路(成都—重庆,504 km)——新中国自行设计施工、完全采用国产材料修建的第一条铁路。

8. 粤海轮渡铁路

粤海轮渡铁路(海安南—海口,180 km)——中国第一条跨海铁路,2003 年 1 月 7 日正式开通。总投资 45 亿元,由"两线一渡"工程组成。

三、高速铁路的发展

1. 高速铁路的技术经济特征及经济优势

(1)高速铁路的定义。

日本作为世界上最早开始发展高速铁路的国家,日本政府为制定全国新干线铁路发展的法律,于 1970 年发布第 71 号法令,对高速铁路进行了定义:凡一条铁路的主要区段,列车的最高运行速度达到 200 km/h 或以上者,可以称为高速铁路。

欧洲经济委员会(ECE)于 1985 年 5 月对高速铁路进行的定义是:列车在主要区间运行速度达到 300 km/h 以上,客货混线列车运行速度达到 250 km/h 以上,可以称为高速铁路。

国际铁路联盟(UIC)对高速铁路的定义是:新建线路列车运行速度达到 250 km/h 以上,通过对既有线改造(直线化、轨距标准化),使列车运行速度达到 200 km/h 以上。但随后国际铁路联盟(UIC)高速部,在《速度 320～350 km/h 的新线设计科技发展动态(第一部分)》(2001 年 10 月 25 日版本)中的观点是:新建高速铁路的速度目标值是 320～350 km/h。

我国对高速铁路的定义为:高速铁路为新建设计开行 250 km/h(含预留)及以上动车组列车,初期运营速度不小于 200 km/h 的客运专线铁路。

(2)高速铁路技术是当代世界铁路的一项重大技术成就,它集中地反映了一个国家铁路牵引动力、线路结构、运行控制、运输组织和经营管理等方面的技术进步,也体现了一个国家的科技和工业水平;同时,高速铁路在经济发达、人口密集的地区具有突出的经济效益和社会效益。

(3)与公路、航空相比,高速铁路的主要技术经济优势表现在:速度快、旅行时间短;列车密度高、运量大;列车乘坐舒适性好;土地占用面积小;能耗低;环境污染小;外部运输成本低;列车运行准点;安全可靠;不受气候影响,全天候运行;社会经济效益好。

2. 我国高速铁路的发展

(1)京沪高速铁路是我国规划修建的第一条高速铁路,对于究竟是采用轮轨技术还是磁悬浮技术,是整体引进还是与国产相结合,是单独采用一个国家的技术体系还是集成各国之长,有关方面一直争论不断,因此京沪高速铁路自论证到修建经历了一个漫长的历程。

2008 年 4 月 18 日,被称为"重大战略性交通工程"的中国京沪高速铁路全线开工,总理温家宝在北京出席了开工仪式。北京到上海的京沪高速铁路是新中国成立以来一次投资规模最大的建设项目,总投资预算达 2 209.4 亿元。

京沪高速铁路全线纵贯北京、天津、上海直辖市和河北、山东、安徽、江苏四省。京沪高速铁路是《中长期铁路网规划》中投资规模最大、技术含量最高的一项工程,正线全长 1 318 km,与既有京沪铁路的走向大体并行,设计时速 350 km,京沪高速铁路规划输送能力预测为单向每年 8 000 万人,北京至上海全程运行时间只需 5 h,比京沪间特快列车的运行时间缩短 7 h 左右。2011 年 6 月 30 日,京沪高速铁路全线开通运营。

(2)京津城际铁路是我国第一条建成的高速铁路,由北京南站至天津站,运营里程

120 km。2008 年 8 月 1 日正式投入运营,列车最高时速达到 350 km。

(3)2009 年 12 月 26 日我国京广高速线武广段正式开通运营,由武汉站至广州南站,运营里程为 1 069 km。2010 年 2 月 6 日郑西高铁正式开通运营,由郑州站至西安站,运营里程 484 km。2012 年 12 月 26 日京广高速线全线开通运营,由北京西至广州南站,运营里程为 2 298 km。近年来,我国还有合宁线、沪宁高速线、沪昆高速线沪杭段、沪深线甬福段、合武线、石太客专、长吉城际、广深港高速铁路、广珠城际、京广高速线郑武段等多条客运专线开通运营。

四、中国高速铁路总体规划及展望

1.《中长期铁路网规划》

2004 年 1 月,国务院常务会议讨论通过了《中长期铁路网规划》,这是国务院批准的第一个行业规划,也是截至 2020 年我国铁路建设的蓝图。为进一步适应我国铁路网建设为国民经济的推动作用,2008 年铁道部对《中长期铁路网规划》进行了调整,并于 2008 年 10 月 31 日获得国家批准正式颁布实施。根据《中长期铁路网调整规划方案》,到 2020 年,全国铁路营业里程由原计划达到 10 万 km,调整为达到 12 万 km 以上,复线率和电气化率分别达到 50%和 60%以上,主要繁忙干线实现客货分线,基本形成布局合理、结构清晰、功能完善、衔接顺畅的铁路网络。

在路网总规模扩大的同时,突出客运专线、区际干线和煤运系统的建设。为满足快速增长的旅客运输需求,建立省会城市及大中城市间的快速客运通道,规划"四纵四横"等客运专线以及经济发达和人口稠密地区城际客运系统。建设客运专线 1.6 万 km 以上,客车速度目标值达到 200 km/h 及以上。

2."四纵"客运专线

北京—上海客运专线(京沪高速铁路),包括蚌埠—合肥、南京—杭州客运专线,贯通京津至长江三角洲东部沿海经济发达地区。

北京—武汉—广州—深圳—香港客运专线(京港高速铁路),连接华北和华南地区。

北京—沈阳—哈尔滨(大连)客运专线,包括锦州—营口客运专线,连接东北和关内地区。

上海—杭州—宁波—福州—深圳客运专线(沿海高速铁路),连接长江、珠江三角洲和东南沿海地区。

3."四横"客运专线

徐州—郑州—兰州客运专线,连接西北和华东地区。

杭州—南昌—长沙—贵阳—昆明客运专线(沪昆高速铁路),连接西南、华中和华东地区。

青岛—石家庄—太原客运专线,连接华北和华东地区。

南京—武汉—重庆—成都客运专线(沪汉蓉高速铁路),连接西南和华东地区。

同时,建设南昌—九江、柳州—南宁、绵阳—成都—乐山、哈尔滨—齐齐哈尔、哈尔滨—牡丹江、长春—吉林、沈阳—丹东等客运专线,扩大客运专线的覆盖面。

4.城际客运系统

在环渤海、长江三角洲、珠江三角洲、长株潭、成渝以及中原城市群、武汉城市圈、关中城镇群、海峡西岸城镇群等经济发达和人口稠密地区建设城际客运系统,覆盖区域内主要城镇。

(1)环渤海地区:北京—天津,天津—秦皇岛,北京—秦皇岛,天津—保定。

（2）环鄱阳湖经济圈地区:南昌—九江,九江—景德镇。

（3）长株潭地区:长沙—株洲,长沙—湘潭。

（4）长江三角洲地区:南京—上海,杭州—上海,南京—杭州,杭州—宁波。

（5）珠江三角洲地区:广州—深圳,广州—珠海,广州—佛山。

第二节　客运设施设备

铁路客运设施设备是铁路旅客运输的基本条件,现代化的客运服务设施,既能提高工作效率,减轻客运人员的劳动强度,又能为旅客提供办理旅行手续的便利条件和舒适的旅行环境。因此,良好的客运设施设备,是提高客运服务质量,参与市场竞争的重要保证。

一、客运站的主要设施

办理旅客运输业务的车站,是铁路旅客运输的基层生产单位,是客运部门与旅客之间联系的纽带。其主要任务是为旅客提供购票、候车、乘降、问讯、购物等旅行服务的场所,同时安全地承运、装卸、保管、中转和交付行李、包裹,还应及时组织旅客列车到达、出发和车底取送。

办理客运的车站主要设施应包括站房、站场和站前广场三部分。

1. 站房

（1）站房是客运站的主体,包括为旅客服务的各种用房,运营管理工作所需的各种技术办公用房及办理售票、行包、邮政转运等用房。

（2）站房的设置应与城镇规划、车站总体布置相配合,还应考虑"流线"(即旅客、行包、交通车辆的流动过程和流动线路简称为"流线")合理设计。"流线"按流动方向不同可分为进站和出站两大流线;按流动实体可分为旅客流线(简称"人流")、行包流线(简称"货流")和车辆流线(简称"车流")。流线组织是否合理,不但影响客运站的作业效率和能力,同时也直接关系到客运设备的运用及服务质量的好坏。因此,站房布置是否合理,对提高服务质量,保证车站有良好秩序,提高车站运输能力是十分重要的。因此,站房必须满足下列要求:

①站房的位置要和城市规划及市内交通网密切配合。

②各种流线应保证畅通无阻、行程便捷,避免交叉干扰,使旅客、行包和各种车辆在站安全、迅速的集散和通行。

③站房建筑应按旅客的需要设置,便利旅客办理各种旅行手续,便于车站工作人员组织旅客上、下车。

④根据客流量的大小,尽可能使到达与始发客流、短途与长途客流分开。在站房内、站台上应将行包、邮件搬运与旅客上、下车的通路分开。

⑤站房应力求适用、经济、美观,并体现出城市的建筑风格和地理环境特点,还要求有良好的通风和采光条件。

⑥要考虑未来客流发展,留有余地,使站房扩建后仍然是一个协调的整体。

（3）高铁车站站房从其布局来看大体可分为:

①线上式车站,即车站的主体建筑在线路上方,旅客进出站流线按照上进下出的原则进行安排,各种流线互不交叉,进站旅客可由地面高架桥到达落客平台后,直接进入候车层。上车

时,由候车层通过电梯和楼梯下到站台层。到达旅客由站台层通过电梯和楼梯下到到达层后出站。高铁车站中的特大型、大型车站一般采取线上式站房设计,线上式站房的候车室与普速既有车站候车室的一大区别就是整个车站是一个超大型的候车室,宽敞、高大、明亮的候车环境给旅客带来良好的候车环境。线上式站房大都采取候、售一体的设计,即在候车室内设有售票处,方便旅客随到随购随走需求。线上式车站出站通道一般与地方市政的地铁系统相连,实现旅客市内疏散的零换乘。

②线下式车站,即车站的主体建筑均建设在高铁高架线路下方,线下式车站充分体现了高铁建设环保和节省土地的理念,车站充分利用高铁高架线路下方的有效空间建设候车、售票等功能性区域。普速既有车站是不存在线下式车站这种形式的。线下式车站受空间限制一般规模不大,且候车区会被高架线路的立柱分隔,对车站布局产生一定影响。同时,因高铁高架线路的高度因素,旅客进出车站的楼梯高差较大,因此,必须依靠电梯,该类车站对电梯设备的依赖较其他类型车站更加突出。

③线侧式车站,即车站的主体建筑建造在铁路的一侧或两侧,车站候车区与站台基本在一个平面上。线侧式车站在规模一般也不大,如车站候车区为二层,则进站的跨线设备为天桥,出站跨线设备为地道;如车站候车区为一层,则进出站的跨线设备均为地道。

(4)站房应根据客运量设置为旅客服务和客运生产、管理、办公、生活及驻站单位使用的各类房舍和设施。如候车室、售票处(厅)、问讯处、携带品寄存处、行包房等场所。

①候车室。候车室是旅客大量集结、候车、休息、排队进站的场所。候车室要为旅客候车创造舒适的环境,有良好的通风、采光、采暖、防暑、休息等设备,与其他站房的主要出入口有通道连接,并尽可能靠近站台,减少旅客检票上车的行程。候车室的使用面积,除有特殊要求者外,一般应根据一日同一时间在站旅客最高集结量,按每一旅客占地 $1.1 \sim 1.2 \ m^2$ 计算。

候车室应有为旅客服务的卫生间、盥洗间、饮水处等服务设施,并配备安全检查仪、列车信息显示屏、坐椅、空调、通风、照明、消防等设备,高架候车室还应配备自动扶梯、电梯可根据需要,设置贵宾室、软席候车室以及母婴、军人候车室。

高铁车站候车室除一般服务设备外,应配备自动检票机、自动查询机、电子显示屏等服务设备。

②售票处(厅)。售票处是为旅客办理售票、退票、改签手续的场所。售票处的位置及布置方式应根据客运站的规模和旅客进站办理作业的程序等因素决定。中、小型客运站的售票处设在进站口一侧,这样可使进、出站旅客不发生交叉。大型客运站的售票处应设在进站流线的前端,直通站前广场,与候车室要联系方便。在站房之外另设售票处时应通过走廊与站房连接,减少旅客的露天行程。大型高铁车站的售票处设置呈多层面、多地点的特点,方便旅客购票。

售票处的售票窗口设置应与车站客流量相适应,售票窗口应开设为残疾旅客服务的窗口,发售实名制车票的车站还应开设旅客临时身份证明的制证窗口。售票窗口应配备计算机售票系统、学生优惠卡读卡器、身份证识别仪、银行卡刷卡设备、剩余车票信息显示屏等设备;开行动车组列车的车站还可配备自动售票机和自动查询机等设备;还应配备空调、通风、照明、消防等设备。

③问讯处。问讯处是解答旅客问讯的处所。三等以上车站应设置专门的问讯处,其位置应在站内较明显的地方,并靠近售票处。在客流比较集中的大站可设几个问讯处或设电话问

讯、电子信息查询等设备。高铁车站在候车、售票等服务场所设置自动查询系统,方便旅客对信息的查询。

④携带品寄存处。寄存处是旅客暂时存放携带品和小件行李的场所。小型客运站可将小件寄存处附设在问讯处或行包房内。大、中型客运站应单独设置,其位置最好能供进出站旅客共用,如客流量大的车站可在进站大厅、出站口附近分设几处,方便旅客就近存取。高铁车站普遍采用自动暂存设备,方便旅客携带品的暂存。开设在车站主站屋内的小件寄存处未经过安检口的应配备安全检查仪。

⑤行包房。行包房是为旅客办理行包承运、保管、中转、交付手续的场所,包括行李、包裹的托运、提取处和行包仓库两部分。行包房的位置应与旅客托运、提取行包的流线密切结合,尽量减少与客流、车流的交叉干扰,并与客运用房、站台、广场取得有机联系,与跨线设备及运输方式取得密切配合。

行包房办理行包承运、交付的窗口数量应与行包量相适应,有计算机制票和行包到达查询系统。行包仓库应满足行包发送、到达、中转量的需要,有存放鲜活、易腐、放射性物品的区域;有防火、防盗、防水、防鼠、安全消防设施设备。配备安全检查仪、电子衡器、装卸搬运机具和维修、包装工具和材料。

⑥车站售票处、候车室、站台、天桥、地道、出站口等各服务场所应设置规范合理的动静态引导标识,引导标识应信息表达准确、更新及时、指示醒目,昼夜显示,方便旅客。同时,还应为残疾旅客设置无障碍厕所、盲道和服务设备。各服务场所的时钟应显示准确。

售票处、候车室应设置本站各次旅客列车到开时刻表、主要换乘站列车时刻表、车站平面示意图、全国铁路客运接算站示意图、安全宣传、旅客须知、儿童票标高线、客运杂费收费标准、公告栏、请勿吸烟等揭示标志;行李房应设置本站各次旅客列车到开时刻表、常见危险品品名表、托运须知、客运杂费收费标准、全国铁路客运接算站示意图、行包托运单填写式样挂图、行包包装标准图示、无法交付货物公告栏、严禁烟火等揭示标志。车站的业务揭示应充分体现实用性和美观性。

2. 站场

站场是列车通过、停靠和办理客运技术作业的场所,也是旅客和行包的集散地点,包括线路(到发线、机车走行线、机待线、车辆停留线等)、站台、雨棚、天桥、地道、照明、给排水、栅栏(围墙)、跨线路平过道和垃圾处理等设施。这些设施的布置应能满足安全需要,并合理地组织旅客和行包两大流线。

(1)旅客列车到发线

旅客列车到发线应设置在站台两侧,并在相邻两个旅客站台之间布置两股旅客列车到发线。

中间站旅客列车到发线的进路,一般应按方向固定线路。客车始发、终点站应按列车固定进路。这样的安排,既便利旅客的乘降,也便于客运(站、车)作业。

客运站除旅客列车到发线外,还应设有货物列车运行线、机车走行线、客车停留线等。

(2)旅客站台及雨棚

为保证旅客安全,方便乘降组织,提高旅客乘降速度,缩短行包、邮件的装卸时间,确保客运站的通过能力,在办理旅客乘降的车站均应设置旅客站台。旅客站台的数量与位置应与旅客列车到发线的数量相适应,并根据客运站类型不同而有所不同。当客运站为通过式时,应设基本站台和中间站台;当客运站为尽头式时应设分配站台和中间站台。

旅客站台应硬面化,以保证雨季也能正常使用。按站台与线路钢轨顶面的高差值,可分为三种:低站台高差为 300 mm,设在邻靠正线及通过超限货物列车到发线的旅客站台;一般站台高差为 500 mm,站台平面和客车车厢最低的阶梯踏板大致等高,这种站台也较便于旅客乘降和行包装卸,但邻靠这种站台的线路不能通过超限货物列车;高站台高差为 1 100 mm,站台平面和旅客车厢车底平面相同,便于旅客乘降和行包装卸,但不能通过超限货物列车,通过列车应限速行驶。

高铁车站站台高差为 1 250 mm。

旅客基本站台的宽度,特、一等站应不少于 20 m,二等站及县城所在地车站应不少于 12 m,其他站应不少于 6 m。中间站台的宽度,特、一等站应不少于 12 m,二等站及县城所在地车站应不少于 10 m,其他站应不少于 4 m。

高铁车站旅客基本站台宽度,特大、大型车站应在 15~20 m,中型车站 12~15 m,小型车站不小低于 8 m。中间站台的宽度,特大、大型车站应在 8.5~12 m,中型车站 7.5~12 m,小型车站应在 7~11 m。

旅客站台不宜邻靠正线,站台上设置安全标线,一般情况下安全标线距站台边 1 000 mm,白线宽 100 mm。旅客列车通过的车站,通过线路的站台安全标线与站台边缘距离为:列车通过速度不超过 120 km/h 时,1 000 mm;列车通过速度 120~160 km/h 时,1 500 mm;列车通过速度 160~200 km/h 时,2 000 mm。也可在距站台边缘 1 m 处设栅栏防护。

高铁车站站台安全标线应与站台提示盲道合并铺设。同时,为便于高铁车站站台上的旅客乘降组织,车站应在站台地面,对应动车组列车车门位置设置相应的车厢号地面标识,站台地标安装一般要求位于盲道靠近列车一侧。

旅客站台应设置雨棚,雨棚用于遮阳和避风雨,给旅客乘降和行包、邮件装卸带来便利。高铁及一、二等站站台上(含县城所在地车站)应设与站台等长的雨棚,其他站雨棚长度应不少于 250 m,站台地道出入口处必须设置雨棚。高铁站台的雨棚均采用大跨度的无柱雨棚,但由于无柱雨棚因线路上方接触网的因素一般高度较高,加之线路上方雨棚间所存在的间隙,对站台遮光挡雨的实际效果相对较差。

(3)跨线设备

跨线设备是站房与站台之间或站台与站台之间来往的道路。它对于保证旅客及工作人员安全、便利的通行,保证行包、邮件安全便利的运送,提高通过能力起着重要的作用。跨线设备按其与站内线路交叉关系可分为平过道及立体跨线设备。

①平过道是最简便的跨线设备。在通过式车站,站台端部的坡底一般设置平过道,供运送行包和邮件的车辆跨越线路。在较小的客运站,一般在站房进出口之间和中间站台适中的地方设置平过道。平过道的宽度应不小于 3 m。

②立体跨线设备中最常见的有人行天桥和地道。中型站一般应设立体跨线设备;大型以上的客运站,为避免进出站人流对流和阻塞,需设置两个立体跨线设备。修建天桥时,一般应设雨棚。天桥与地道的宽度应根据客流量确定,但不应小于 4 m,地道净空高度应不低于 2.5 m,并应设有照明、防、排水设施。特、一等站应设有输送行包、邮件的地道。

特大、大型高铁车站天桥、地道的宽度不小于 10 m、高度不低于 3.6 m;中、小型高铁车站天桥、地道的宽度不小于 6 m、高度不低于 3 m。

(4)给水设备

旅客列车始发、终到和技术作业站应设有客车给水设备,给水站分布距离以 150～200 km 为宜。客车给水设备包括水井、水栓和胶管,给水井设置以 25 m 为准。每两股旅客列车到发线之间应设置一组水井,每组水井的数量同列车编组相同,即主要干线不少于 20 个,其他干线不少于 18 个,一般线路不少于 16 个。主、干线及给水量较大的车站应配置一井双栓、一栓一管。给水能力应能保证按图定旅客列车对数的停站时分及在同一时间内满足客车最高聚集对数的给水需要。干线给水栓的流量在同一时间办理客车列数时,不得低于 2.5 L/s。

(5)吸污设备

铁路旅客列车原来的排水、排污装置都是采用直排式,即将污水、污物直接排到车外,这对环境污染较大。目前动车组列车、高原列车及部分旅客列车均采用污水、污物集便装置,减少了对外界环境的污染。但同时也对车站、车库卸污设备提出了要求。

旅客列车卸污站(点)的设置应符合铁路路网规划,合理布局。车站、动车段(所)内的卸污量应根据旅客列车的污物箱容积及其数量计算确定。固定式真空卸污系统卸污能力应符合旅客列车最大编组、整备时间或停站时间和日整备列车数量的要求;卸污单元布置间距应符合整备不同车型的要求;真空卸污干管可铺设在工作平台下、检修地沟内或线路间,其长度应符合最大编组列车的卸污要求;卸污干管管径不应小于 DN100 mm;卸污管道应向下坡向真空站,其坡度不宜小于 1‰。真空机组应有备用能力,并应保证其中一台故障检修时仍能符合系统真空度的要求。

为满足旅客列车临时应急吸污,在部分车站还应配备移动吸污车辆,满足旅客列车临时吸污的要求。

3. 站前广场

站前广场是客运站与城市联系的"纽带",是客流、货流、车流的集散地点,包括车行道、停车场和旅客活动地带等。站前广场应具备旅客和各种车辆集散、停留的场地,旅客活动地带和相应的绿化区域,并考虑远期规划用地。站前广场应设置为旅客使用的各种服务性设施,如售货亭、餐厅和厕所等。站前广场由以下三部分组成:

(1)各种车辆停车场,包括公共车辆停留场、小汽车及非机动车辆停留场、行包邮件专用车停留场。

(2)旅客活动地带,包括人行通道、交通安全岛、乘降岛和旅客活动平台。

(3)旅客服务设施,包括旅馆、商店、邮政、汽车站、厕所等。

站前广场的管理是由铁路和地方分别负责,管理界线一般以站房屋檐或站房最大外沿的垂直线为管理界线,俗称"滴水为界"。

4. 地下通道

车站地下通道是目前大型高铁车站地下层与城市地铁实现"零换乘"的连接通道,其管理一般由车站负责。地下通道设有铁路售票处和旅客购物、就餐等服务设施。

5. 高铁商业

高铁车站的商业物业开发是随着高铁不断发展而逐步形成,高铁商业物业的开发有别于既有线客运站的商业设施,其商业配套的整体开发从车站设计之初就进行了全面、系统的规划,与既有线商业设施布局零散、面积狭小、商品单一、设施不全的情况形成鲜明的对比。大型高铁车站的商业规划主要是利用车站宽大的地下层和候车室夹层进行整体开发,形成一定规模的商业区域,同时,在候车区利用宽阔的候车场地,开发大型商品展示等商业活动。高铁车站在商业项目开发上主要以餐饮、休闲、旅游、食品、百货等与高铁关联性较高的服务项目为主,其项目、空间及功能布局上更加注重整体性和品牌化,以打造品牌零售、餐饮和主题商业等多种商业业态,提升高铁服务的整体品质。随着高铁服务的发展,为实现最大限度地为旅客提供各种方便、快捷、舒适的服务目标,商业在其中扮演角色也越来越重要。

二、现代化服务设施

随着全路客运量的急剧增加,为了提高客运服务质量,减轻工作人员的劳动强度,近年来我国铁路客运正在进一步开发和采用一些现代化的技术设备。如计算机售票与预订系统,自动售票系统,自动广播系统,电子引导显示系统,站、车客运无线信息交互系统等。归纳起来说,车站客运服务系统(简称客服系统)主要包括票务系统和旅客服务系统两部分,其中票务系统包含售票系统、自动检票系统、站台票发售系统;旅客服务系统包含导向揭示系统、广播系统、监控系统、时钟系统、求助系统、查询系统、寄存系统、安检系统、门禁系统等。

高铁车站同时采用集成平台系统,对票务系统和旅客服务系统实现信息共享,并对旅客服务系统各子系统进行统一集中操作控制。

1. 计算机售票与预订系统

该项目自1996年启动以来经过1.0、2.0、3.0、4.0、5.0、5.1、5.2版的研制和铁道部、地区中心、车站三级系统的建设,已建成包括铁道部客票中心、铁路局客票中心、车站售票系统的全国联网统一售票系统,实现了计算机联网售票。

售票模块供售票员在售票窗口售票时使用。售票员可根据旅客要求办理本站直达票、通票、联程票、异地票、返程票、中转签证、始发签证、同席孩票、团体票等业务。

2012年春运期间,售票系统又实现了互联网售票,旅客可以通过登录铁路12306.cn网站,实现网上购票。

2. 新一代客票系统

(1)2011年在铁道部的领导下,启动了新一代客票系统科研立项工作,并于2011年9月完成了对新一代客票系统需求报告的评审,同年12月完成总体技术方案的评审。建设期限为2012~2015年。

(2)随着铁路运能的快速扩充,铁路客运将面临由"卖方市场"到"买方市场"的转变,迫切需要我们更新营销理念、转变服务方式、创新服务模式,提高服务水平。客票系统也将面临从提高内部管理效率到提高对外服务水平的转变,因此尽快开发新一代客票系统成了铁路客运服务发展的要求。新一代客票系统的开发是解决超大规模并发的需要、提升客运服务水平的需要、提高企业经营效益的需要、适应信息技术发展的需要。

(3)新一代客票系统设计开发应满足全路年售票量40亿张、日均售票量1 100万张、高峰日售票量1 500万张、互联网、短信、电话和手机的售票量占总售票量的50%、高峰小时应售出不少于全天15%票额的车票。

(4)新一代客票系统的功能需求上主要满足旅客服务功能、市场营销功能、营运管理功能。

①旅客服务功能。以票务服务为核心,针对旅客多元化、个性化、一站式的综合服务需求,提供旅程规划服务,实现多渠道购票、多种支付方式以及多种票制,支撑送票、餐饮、酒店、旅游、租车等各种延伸服务的预订业务,体现以旅客为中心的服务理念。

a. 票务服务。在现有客票系统的基础上拓展售票渠道、支持多种支付方式、丰富多种票制,实现多渠道售票终端的界面友好、内容丰富,实现短信查询、短信订票等服务,同时优化车站自动检票系统,提高铁路票务自动化服务水平。

b. 旅程规划。旅程规划是指以旅客提供的出发地点和目的地点(或旅游景点等)为依据,在条件允许的前提下,方便旅客自行选择或为其推荐包含多种交通方式的旅行接续或中转方案。

c. 延伸服务。在旅客出行过程中除票务服务之外的其他服务,如列车订餐、送票、租车等服务。延伸服务为旅客提供"一站式"全过程服务支撑。

②市场营销功能。以运输企业效益最大化为中心,建立客户关系管理体系,开展铁路客户常旅客计划,建立旅客积分、奖励制度,吸引和稳定客户资源,提升铁路整体竞争力。提高营销辅助决策水平,对运力调整、票价优惠、售票组织提出合理化建议。

a. 客户关系管理。建设客户关系管理子系统,开展铁路客户常旅客计划,对客户进行分群分析,建立旅客积分、奖励制度,提高旅客满意度和忠诚度,吸引和稳定客户资源,提升铁路整体竞争力。

b. 辅助决策。通过对市场调查、客票发售、购票请求等数据的收集和整理,以列车盈亏分析及监控预警为手段,为列车开行方案、运力调整提供指导,为票种设计、票价折扣、积分奖励等优惠策略提供测算手段,为超售、票额预分、共用、区段限售等售票组织手段制定策略。

③营运管理功能。创新售票组织方式,由原票额管理全程对号变为按席位和数量相结合的控制方式;提高售票组织管理水平,由传统的人工管理变为系统智能化、自动化管理;强化售票业务监控、公平公正,由分散管理变为集中与分散管理相结合。

a. 列车服务。通过站、车客运信息无线交互系统,实现站、车信息的双向传输,满足列车信息查询、车上验票、车上补票、车地办公、常旅客和重点旅客服务、车上餐饮保洁服务、路外信息服务等。

b. 售票组织。在现有售票组织的基础上,引入精细化的有座席管理和无座席/自由席存量管理相结合的席位管理方式;以营销自动生成售票组织策略加以人工辅助调整,实现席位调整的自动化和智能化;同时提供方便、快捷的操作手段,提高业务操作的工作效率。满足窗口、互联网、支付平台、电话、手机、站车交互等多渠道接入后的业务需求。

c. 售票管理。售票管理遵循公平、公正、公开的原则,规范权限管理和设备管理,完善业务量统计和考核机制,加强关键业务的卡控和监控,规范业务操作,提高业务管理效率,建立信息沟通机制和平台,实现信息共享,为相关部门提供数据支撑。

3. 自动售票系统

自动售票机(图2-1、图2-2)又称无人售票机,这是一种旅客自助服务的终端,操作和支付票费均由购票者自己完成。这类售票机的投资比普通窗口售票机大,其设备的可靠性和稳定性要求较高,需有一套严格鉴别旅客合法性和易于旅客掌握的操作流程。铁路自动售票机在国外早已使用,特别是地铁和市郊短途铁路售票更为普及,它不需要专人守护,可日夜提供服务,减少旅客与售票员之间因理解、口语交流上的差异带来的差错。同时,因旅客使用自动售票机的频率较之一般窗口售票机低,因此还可提供必要的查询功能,使旅客获得更多的旅行信息。

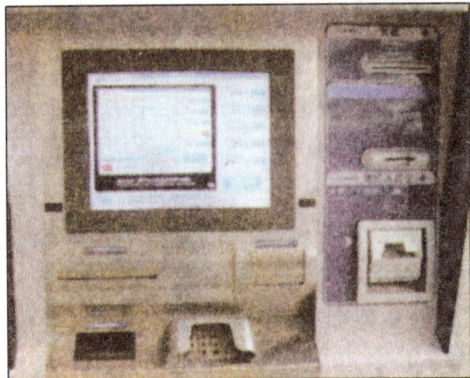

图 2-1　自动售票机

图 2-2　自动售票区

采用自动售票机对旅客的文化和实践能力有一定的要求,因此它是一种体现社会文明的现代化设备。

自动售票机用于支付票款的方式有纸币和电子货币两种。

自动售票机采用现金(或银行卡)自助售票的方式,旅客可根据自己的需要选用具体的方式,使用方法如下:

(1)按屏幕提示逐项选择车票信息。

(2)确认所选信息无误后,点击【确认购票】字样。

(3)将二代身份证放置界面提示的指定位置并读取信息。

(4)入钞口左上方绿灯亮时,逐张插入所需金额的纸币,可识别 5 元、10 元、20 元、50 元、100 元的现钞,并进行找零(如使用银行卡支付,点击【转银行卡支付】字样,在规定位置插入银行卡并输入密码进行支付)。

(5)从出票口、找零口,分别取走车票和所找零钱(或银行卡)。

(6)购票过程中如想停止或取消购票,可点击【取消购票】字样退出当前界面,并从退钞口取回插入的人民币(或银行卡)。

互联网购票在自动售票机上取票方法:

(1)点击界面显示的【取互联网订票】字样。

(2)将二代身份证放置界面提示的指定位置并读取信息。

(3)确认界面提示所购车票信息是否正确,如遇到取部分网订车票时,可根据界面提示选择打钩。

(4)点击【打印车票】字样,在出票口取走车票。

4.自动检票系统

自动检票机(图 2-3、图 2-4)是自动检验旅客车票的设备。随着高速铁路及动车组列车的快速发展,磁介质车票逐步代替传统纸质车票,为铁路车站实行自动检票提供了基础条件,实现了旅客自助检票、快速通关。自动检票机目前一般主要安装于高铁车站,通过自动从客服系统集成管理平台获取列车检票信息和检票计划,旅客持当日当次有效的磁介质车票,将车票插入磁票入口由自动检票机读磁,检查票磁信息合法性并判断检票计划、票种。如车票非法时则从磁票入口退出,车票合法时则回写检票磁信息并打印进站标志(进站标志为▶,出站标志为覆盖进站标志的■),然后车票从磁票出口弹出。旅客取回车票后闸门会打开,等待旅客通过,

图 2-3 自动检票机

图 2-4 自动检票区

旅客如超时未通过,闸门将会自动关闭。

闸机检票车次与广播、引导系统显示的作业内容一致。

5. 剩余票额动态显示屏

剩余票额动态显示屏(图 2-5)安装在售票厅或售票窗口用以揭示各方向、日期、车次、票额及车票的发售,并与计算机售票与预订系统网络联网,随时显示剩余票额动态情况。

更新时间: 2010-8-10 10:00				8月10日					8月11日				
车次	始发站	终到站	开点	软卧	硬卧	软座	硬座	无座	软卧	硬卧	软座	硬座	无座
2594	杭州	郑州	00:03	——	200	200	200	有	——	200	200	200	有
K527	南京西	广州	00:14	——	205	0	0	无	——	205	0	0	无
K188	上海	丹东	00:15	——	220	220	220	有	——	220	220	220	有
K8356	杭州	连云港东	00:34	——	200	200	200	有	——	200	200	200	有
K8358	连云港东	杭州	00:49	——	200	200	200	有	——	200	200	200	有
T178	杭州	济南	00:59	——	200	200	200	有	——	200	200	200	有
余票信息每10分钟更新一次													

图 2-5 剩余票额屏显方式样及内容

6. 集成管理平台

车站旅客服务系统总体采用两级架构,分别部署在区域中心和车站,铁道部设置公共数据管理平台。旅客服务系统以集成管理平台为核心,完成区域内公共音视频数据的制作、发布和转发,以及系统间信息共享和功能联动;实现对车站导向、广播、监控、时钟等各子系统及自动检票系统的集中管控。旅客服务系统运用之初是采取本站管控方式,即站与站之间的系统是互不联网,车站的集成管理平台只对本站旅客服务系统各子系统实现管控。随着旅客服务系统的不断完善和站与站间系统联网的实现,其管理方式出现了大站带小站的管理模式,即由一个中心车站的集成管理平台,在实现对本站旅客服务系统各子系统实现管控的同时,可根据线路情况,对相邻的其他若干车站的各子系统进行代管;被代管的车站只设置简易的操作平台,用于系统故障时的应急操作和处置。目前,集成管理平台的管控模式已实现集中管控方式,即在铁路局调度所设系统集成管理平台,实现对一条高速铁路管辖内车站或几条高速铁路管辖内车站各子系统的集中管控,从而进一步提高旅客服务系统的工作

效率;集中管控的高速铁路车站中,大型车站设置集成管理平台,中、小型车站只设置简易操作平台,用于系统故障时的应急操作和处置。

因旅客服务系统集成管理平台是近年开发的系统,主要针对各高铁车站,而普速既有车站的广播、电子导向、监控等系统仍为各自独立,采取人工分别控制的方式。

2011年7月开通运营的京沪高速铁路即采取集中管控管理模式,分别在北京、济南、上海铁路局的调度所设置集成管理平台,负责对全线各站旅客服务系统的日常管控。

铁道部中心对全路高速铁路旅客服务系统提供信息上的支撑,进行宏观上的管理,实现对全路旅客服务的监督、管理和统计分析,并完成公共数据管理和音视频基础信息库的制作以及视频监控的功能。

目前,全路高铁车站的旅客服务系统各子系统中的站台票发售系统、求助系统、寄存系统一般不投入使用。其中站台票系统是因为高铁车站不向旅客发售站台票,故暂不使用。

　7. 电子引导显示系统

客运量较大的车站为指示旅客在站内有秩序地办理各种旅行手续,要在站前广场、进站口、售票厅(处)、行李房、各候车室、贵宾室、检票口、站台及各种通道的明显处,设置了大小不同、型号不一的电子引导显示系统,向旅客通告列车到发去向、到发时刻、候车地点、列车停靠站台、晚点变更等情况,引导旅客购票、候车、乘车。使旅客在站内办理各种旅行手续径路最短、最合理,并能尽量避免在站内各种通道上交叉干扰。这些现代化的服务设施,既减轻了工作人员的劳动强度,方便了旅客,也提高了工作效率,同时也标志着我国铁路设施设备正在逐步向现代化迈进。

旅客引导显示,分为固定的(如售票处、候车室、行包房等)和随机的(如旅客列车始发、终到时间、车次、晚点情况、停靠站台等)两种。该系统具有按预排程序自动控制显示,传输校验纠错,人工键控修改程序,临时变更、查询、监视系统工作状态以及故障告警等功能。

站台屏应显示车次、始发站、终到站、实际开点(终到站为实际到点)、列车编组、引导提示等内容,如图2-6所示。

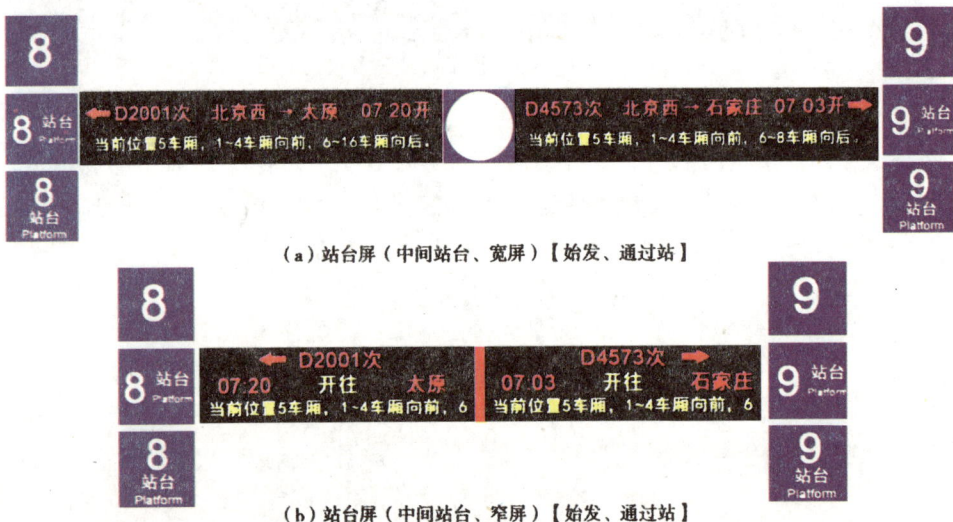

（a）站台屏（中间站台、宽屏）【始发、通过站】

（b）站台屏（中间站台、窄屏）【始发、通过站】

图 2-6（之一）

（c）站台屏（基本站台）【始发、通过站】

（d）站台屏（中间站台、宽屏）【终到站】

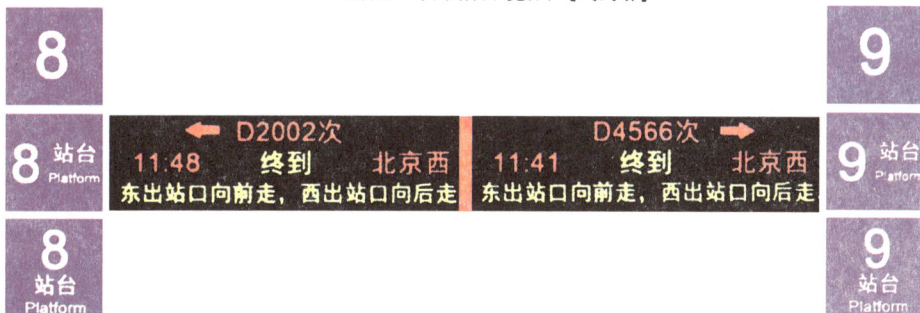

（e）站台屏（中间站台、窄屏）【终到站】

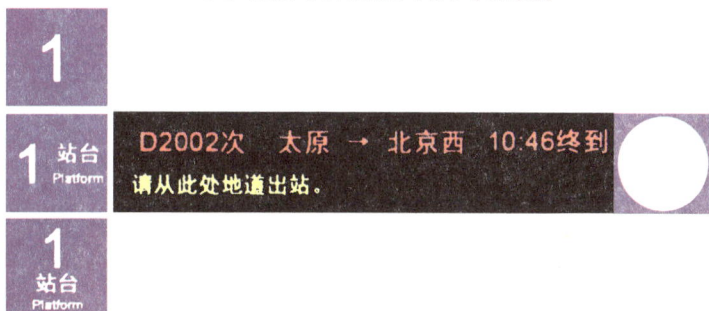

（f）站台屏（基本站台）【终到站】

图 2-6（之二）　站台屏显示式样及内容

编组屏应显示车次、始发站、终到站、实际开点（终到站为实际到点）等内容，如图 2-7 所示。

进站通道屏应显示车次、始发站、终到站、站台、实际开点、编组信息等内容，如图 2-8 所示。

出站通道屏应显示车次、始发站、终到站、站台、实际到点、编组信息等内容，如图 2-9 所示。

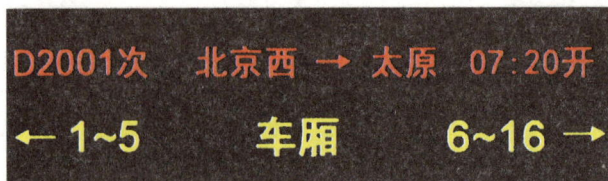

（a）始发、通过站

（b）终到站

图 2-7 编组屏显示式样及内容

车厢	车次	始发站	终到站	站台	开点	车厢
←1~4	D4573	北京西	石家庄	9	07:03	5~8→
←1~4	D2001	北京西	太原	8	07:20	5~16→

图 2-8 进站通道屏显示式样及内容

车厢	车次	始发站	终到站	站台	到点	车厢
←1~4	D4566	石家庄	北京西	9	11:41	5~8→
←1~4	D2002	太原	北京西	8	11:48	5~16→

图 2-9 出站通道屏显示式样及内容

进站大屏应显示车次、始发站、终到站、开点（图定开点）、候车室（或检票口）、状态（候车、正在检票、停止检票、晚点××分钟、晚点未定）等信息，如图 2-10 所示。

出站大屏应显示车次、始发站、到点（图定到点）、站台、状态（正点、晚点未定、晚点××分钟）等信息，如图 2-11 所示。

候车引导屏应显示车次、始发站、终到站、开点（图定开点）、检票口、状态（候车、正在检票、停止检票、晚点××分钟、晚点未定）等信息，如图 2-12 所示。

到发通告屏应显示车次、到点（图定到点）、开点（图定开点）、站台、状态（正点、正在检票、晚点××分钟）等信息，如图 2-13 所示。

进站检票屏应显示车次、终到站、开点（实际开点）、站台、状态（正在检票、候车）等信息，如图 2-14 所示。

车次	始发站	终到站	开点	候车室	状态
K1204	上海	郑州	05:50	3	停止检票
G7252	上海	苏州	06:24	4	正在检票
G7022	上海	南京	06:42	5	晚点10分钟
D182	上海	郑州	06:52	6	晚点未定
G7026	上海	南京	07:02	7	候车

（a）多候车室（区）

车次	始发站	终到站	开点	检票口	状态
K1204	上海	郑州	05:50	3	停止检票
G7252	上海	苏州	06:24	4	正在检票
G7022	上海	南京	06:32	5	晚点10分钟
D182	上海	郑州	06:52	6	晚点未定
G7026	上海	南京	07:02	7	候车

（b）单候车室（区）

图 2-10　进站大屏显示式样及内容

车次	始发站	到点	站台	状态
D198	沈阳北	21:11	3	正点
G7045	南京	21:17	4	正点
D31	北京南	21:23	5	晚点10分钟
K8377	淮南	21:30	6	晚点未定
G7225	无锡	21:40	7	正点
D84	郑州	21:43	8	正点

图 2-11　出站大屏显示式样及内容

车次	始发站	终到站	开点	检票口	状态
K1204	上海	郑州	05:50	3	正在检票
G7252	上海	苏州	06:24	4	候车
G7022	上海	南京	06:42	5	晚点10分钟
D182	上海	郑州	06:52	6	候车
G7026	上海	南京	07:02	7	候车

图 2-12　候车引导屏显示式样及内容

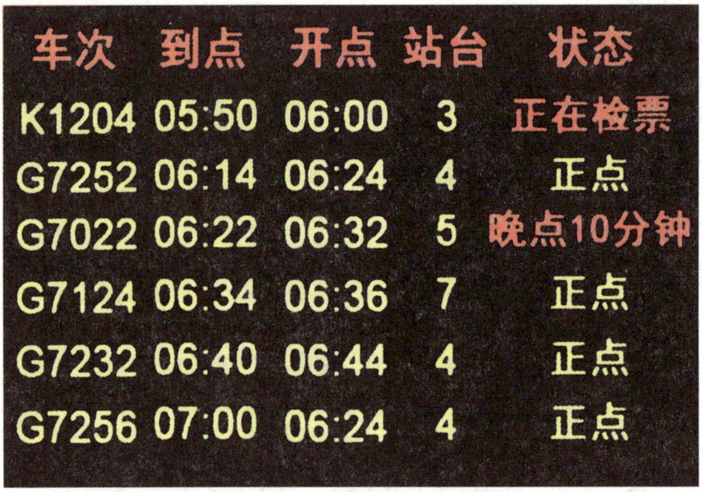
车次 到点 开点 站台 状态
K1204 05:50 06:00 3 正在检票
G7252 06:14 06:24 4 正点
G7022 06:22 06:32 5 晚点10分钟
G7124 06:34 06:36 7 正点
G7232 06:40 06:44 4 正点
G7256 07:00 06:24 4 正点

图 2-13　到发通告屏显示式样及内容

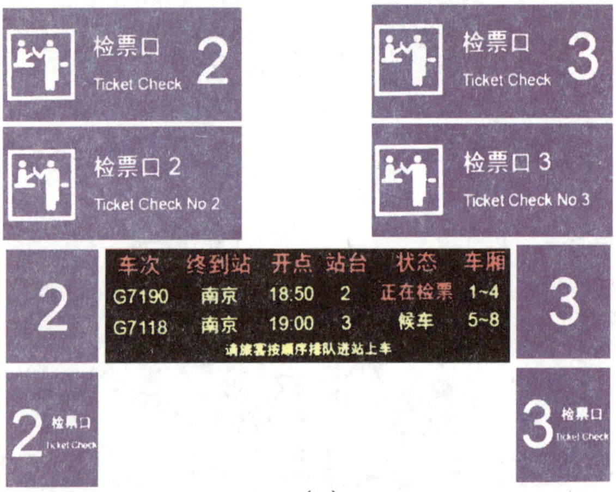
检票口 Ticket Check 2
检票口 Ticket Check 3
检票口 2 Ticket Check No 2
检票口 3 Ticket Check No 3
2
车次 终到站 开点 站台 状态 车厢
G7190 南京 18:50 2 正在检票 1~4
G7118 南京 19:00 3 候车 5~8
请旅客按顺序排队进站上车
3
2 检票口
3 检票口

(a)

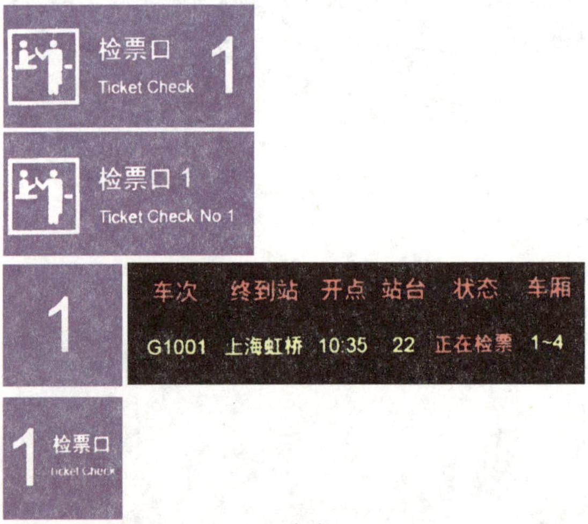
检票口 Ticket Check 1
检票口 1 Ticket Check No 1
1
车次 终到站 开点 站台 状态 车厢
G1001 上海虹桥 10:35 22 正在检票 1~4
1 检票口

(b)

图 2-14　进站检票屏显示式样及内容

8. 广播系统

车站的广播系统主要用于语音广播,基本由业务广播和消防广播两部分组成,正常情况下进行业务广播,向站内的旅客提供信息,实时地播放有关业务、宣传、背景音乐、资讯等信息;在出现火灾等紧急情况时进行消防广播。

车站广播系统的广播方式包括自动广播和人工广播两种方式,自动广播支持中文普通话和英语两种语言。

自动广播内容由车站工作人员编制相应的广播模板,并输入集成管理平台,由集成管理平台按照广播规则进行自动广播。

9. 旅客安全监控管理系统

旅客安全监控管理系统包括电视监控系统、旅客携带品及行包安全检查设施、火灾自动报警监控系统和防盗监控系统。通过在车站各场所安装的摄像头等视频采集设备对现场进行拍摄监控,并通过传输网络将视频采集设备采集到的视频信号传送到车站(或铁路局调度所)综合控制室的显示幕墙上,综合控制室工作人员可通过集成管理平台对作业现场视频摄像头进行控制。

(1)电视监控系统

该系统为客运值班员、广播员、行包房值班员、车站值班员等观察旅客列车到发和进出车场情况,车站客流动态及岗位服务状况而设置。电视监控系统由各种摄像机(头),传输设备,控制、切换和显示设备组成,根据作业需要可设置多处集中监视点(尾),构成"多头多尾"式结构。

(2)旅客携带品及行包安全检查设施

该设施为车站对旅客携带品及托运的行包进行安全检查而设置,由通过式检查仪、操作仪和监视器组成。安全检查设施具有对当检携带品或行包中的物品进行图形和物质属性判别的功能,并能保证感光材料、磁性介质材料、疫苗等医药品和微生物制品及旅客其他携带品的绝对安全,当发现被检物品中有违禁物品时,具有屏幕提示或声光报警功能和自动诊断功能。

(3)火灾自动报警监控系统

该系统由集中报警控制器、状态显示中心、区域报警控制器、消防广播、各种联动控制接口装置及各类探测器组成,可对火灾进行监测、报警及联动控制各项消防装置。

(4)防盗监控系统

该系统由监控主机、监视器、各类监测报警装置及各种摄像机组成,是对客运站重点场所(如票库、财务室、行包房等处)进行监测(视)的一项安全防范设施。防盗监控系统具有对设防场所进行监测、告警、监视与录像功能,并能定位封锁,目标追踪。

10. 时钟系统

时钟系统为车站工作人员和旅客提供统一的标准时间,并为其他各有关系统提供统一的标准时间信号,使各系统的定时设备与本系统同步,从而实现铁路全线统一的时间标准。

高速铁路时钟系统的构成均采用子母钟校时和网络校时方案,利用旅客服务系统局域网实现系统设备之间的网络连接和数据交换。

11. 求助系统

求助系统是通过在车站各服务场所设置求助终端,实现旅客通过救助终端远程与车站工作人员进行沟通,并获得车站工作人员帮助。

车站在站台、候车室、售票处等旅客聚集位置设置求助终端,上方设置醒目标志及使用说明,旅客通过按动救助终端上的按钮,实现与车站综控室工作人员的直接通话交流。

12. 问询系统

旅客问询系统包括可视问询系统(人工问讯)、半自动应答系统设施、自动图文查询系统设施;电话查询系统(人工接听)、半自动应答系统设施;自动通报系统三个方面。

(1)可视问询系统

这是通过声、像、图、文解答旅客问询,包括两类工作方式和相应的系统设施。一类是由值班人员人工或半自动应答;另一类是由旅客自行按键选择查询内容,自动显示应答。

(2)电话查询系统

这是为市内自动电话用户和铁路地区电话用户提供查询铁路车站列车运行情况和各项旅行常识的系统设施。

(3)自动通报系统

这是供客运、行包、行政管理部门进行业务通报使用的一项自动化系统设施,可按各部门业务需求,设定程式、预排程序,自动拨叫各用户电话并通报有关内容。

13. 站、车客运无线信息交互系统

站、车客运无线信息交互系统由地面系统、无线传输平台及移动系统组成。地面系统由信息发布服务器、GPRS 接口服务器、安全隔离系统、路由器及防火墙构成。地面系统负责从客票系统获取乘车人数通知单、列车席位等信息,并通过无线传输通道,推送给指定的移动终端设备。无线传输平台是利用中国移动 GSM/GPRS 网络构建的无线传输通道,用以完成列车与地面之间的信息传递。移动系统是指配备专用 SIM 卡、具备接收指定无线信息功能的手持终端或笔记本电脑,在列车上和客运段使用。列车终端设备主要提供乘车人数通知单统计、列车席位信息查询及车票查验等功能;客运段终端设备主要提供列车密度表查询、监控列车移动终端设备使用情况等功能。

列车客运无线信息交互手持终端具备席位统计、席位查询、车次查询、查验车票等功能。列车客运无线信息交互手持终端主界面如图 2-15 所示,席位统计界面如图 2-16 所示。

图 2-15　列车客运无线信息交互手持终端主界面

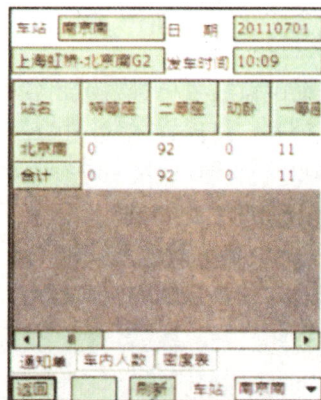

图 2-16　席位统计界面

席位查询所需的席位数据,是终端系统根据登录车次信息按停靠站时间点进行自动下载的,列车到站前5 min数据下载,席位信息作为列车补票的依据,车长可以不看通知单等信息。席位查询界面如图2-17所示。

车次查询满足显示本次列车的停靠站及发点信息;为终端系统按停靠站及发点自动下载相关业务数据提供了依据;在列车晚点早点等情况下,提供了人工干预的手段,可以选择车站手工调整自动下载时间。车次查询界面如图2-18所示。

查验车票功能为车上补票人员提供了便捷的验票手段,辅助列车的日常验票作业。查验车票界面如图2-19所示。

图 2-17　席位查询界面

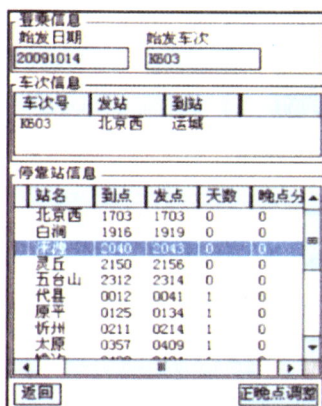

图 2-18　车次查询界面

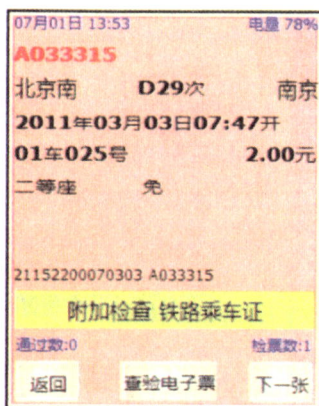

图 2-19　查验车票界面

三、铁路客运常用标志用公共信息图形符号

铁路客运常用标志用公共信息图形符号见表2-1。

表 2-1　铁路客运常用标志用公共信息图形符号

图形符号	含　义	说　明	图形符号	含　义	说　明
	火车 Train	表示铁路车站或提供铁路运输服务		高速列车 High-Speed Train	表示高速铁路车站或提供高速旅客列车运输服务
	硬座 Hard Seat	表示该车厢为硬座车厢		软座 Soft Seat	表示该车厢为软座车厢

图形符号	含　义	说　明	图形符号	含　义	说　明
	硬卧 Hard Sleeper	表示该车厢为硬卧车厢		软卧 Soft Sleeper	表示该车厢为软卧车厢
	行李包裹 Baggage	表示该车厢为运输行李和包裹的车厢		开门 Open the Door	表示开门的把手或按钮
	靠窗座椅 Window Seat	表示紧邻窗户的座椅		列车办公席 Conductor Office	表示列车上办理客运业务的场所
	乘务员室； 乘务员席位 Trainman Room	表示乘务员值乘的场所		广播 Announcer	表示提供广播服务的场所
	中转签证 Transfer	表示旅客办理中转签证手续的场所		自动售票 Automatic Ticket	表示自动售票的设备或提供自动售票服务
	开水 Boiled Water	表示提供开水的场所，如开水间、茶炉室等		烟灰盒 Ash Tray	表示该设施为烟灰盒，或该处有烟灰盒
	冲水按钮 Flush Button	表示该设施为冲水按钮，或该处有冲水按钮		盥洗间 Washroom	表示提供洗漱的场所，如盥洗间、盥洗室等
	感应出水 Inductive Washing	表示该设施具有感应出水功能		洗手液 Hand Lotion	表示提供洗手液的设施，或该处有洗手液

续上表

图形符号	含 义	说 明	图形符号	含 义	说 明
	干手器 Hand Drier	表示该设施为干手器		擦手纸;纸巾纸 Facial Tissue	表示擦手纸、纸巾纸,或该处有擦手纸、纸巾纸
	卫生纸 Toilet Paper	表示卫生纸,或该处有卫生纸		座便器垫圈纸 Gasket of Close Stool	表示座便器垫圈纸,或该处有座便器垫圈纸
	空调 Air Condition	表示空调设施,或该空间内有空调设施,可对空气进行调节		温度调节 Temperature Control	表示该设施可对温度进行调节,或该处有温度调节设施
	风量调节 Fan Control	表示该设施可对风量进行调节,或该处有风量调节设施		音量调节 Volume Control	表示该设施可对音量进行调节,或该处有音量调节设施
	电灯开关 Light Switch	表示该设施为电灯开关,或该处有电灯开关		电源插座 Electrical Outlet	表示该设施为电源插座,或该处有电源插座
	耳机插座 Earphone Outlet	表示耳机插座,或该处有耳机插座		供氧 Oxygen Outlet	表示该设施可提供氧气,或该处有供氧设施
	紧急呼救 Emergency Signal	表示紧急情况下,供人们发生警报,以请求救援或帮助的设施。不用于发出特殊警报(如火情警报)的设施		请勿将烟头扔进容器 Do Not Throw Cigarette Into Container	表示不允许将烟头等易燃物品扔进容器

图形符号	含 义	说 明	图形符号	含 义	说 明
	请勿向窗外扔东西 Do Not Throw Rubbish Outside	表示不允许向窗外扔东西，如酒瓶、易拉罐等		请勿开窗 Do Not Open the Window	表示该车窗不允许打开，如空调车厢的窗户等
	请勿躺卧 Do Not Lie Down	表示该处不允许躺卧，如候车室座椅等		请勿翻越栏杆 No Crossing	表示该处不允许翻越栏杆
	请勿将杂物扔进容器 Do Not Throw Sundries Into Container	表示不允许将杂物扔进该容器		禁止跳下 No Jumping Down	表示该处（如站台等）禁止跳下
	当心烫伤 Caution, Scald Burns	警告人们有烫伤的危险		当心碰头 Caution, Low Clearance	警告人们有碰头的危险
	医疗点 Clinic	表示提供简单医疗服务的场所，如医务室、医疗站、急救站等。不表示医院		方向 Direction	表示方向 符号方向根据实际情况设置 ISO 7001:1990(001)
	入口 Way in; Entrance	表示入口位置或指明进去的通道 应根据实际情况使用本符号，或旋转90°或180°后的符号 ISO 7001:1990(026)		出口 Way Out; Exit	表示出口位置或指明出去的通道 应根据实际情况使用本符号，或旋转90°或180°后的符号 ISO 7001:1990(027)

续上表

图形符号	含　义	说　明	图形符号	含　义	说　明
	楼梯 Stairs	表示上下共用的楼梯 　不表示自动扶梯 　应根据实际情况使用本符号或其镜像符号 　ISO　7001：1990(011)		上楼楼梯 Stairs Up	表示通往楼上或仅允许上楼的楼梯 　不表示自动扶梯 　应根据实际情况使用本符号或其镜像符号
	下楼楼梯 Stairs Down	表示通往楼下或仅允许下楼的楼梯 　不表示自动扶梯 　应根据实际情况使用本符号或其镜像符号		天桥 Overpass	表示过街天桥 　应根据实际情况使用本符号或其镜像符号
	地下通道 Underpass	表示地下通道 　应根据实际情况使用本符号或其镜像符号		自动扶梯 Escalator	表示自动扶梯 　不表示楼梯 　应根据实际情况使用本符号或其镜像符号 　替代 GB/T 10001. 1—2000 (21)
	上行自动扶梯 Escalator Up	表示向上自动扶梯 　不表示楼梯 　应根据实际情况使用本符号或其镜像符号		卜行自动扶梯 Escalator Down	表示向下自动扶梯 　不表示楼梯 　应根据实际情况使用本符号或其镜像符号
	靠右站立 Stand on the Right	表示乘客应靠右站立		电梯 Elevator；Lift	表示公用电梯 　替代 GB/T 10001. 1—2000 (22)
	无障碍电梯 Accessible Elevator	表示供残障人乘坐的电梯		男 Male	表示专供男性使用的设施，如男厕所、男浴室等 　ISO　7001：1990(006)

续上表

图形符号	含义	说明	图形符号	含义	说明
	女 Female	表示专供女性使用的设施，如女厕所、女浴室等 替代 GB/T 10001.1—2000 (25)		卫生间 Toilet	表示卫生间应根据男、女卫生间的实际位置使用本符号或其镜像符号 替代 GB/T 10001.1—2000 (26)
	无障碍设施 Accessible Facility	表示供残障人使用的设施，如轮椅、坡道等应根据实际情况使用本符号或其镜像符号		休息区 Rest Area	表示供人们休息的区域或场所，如商场休息区、剧场休息区等
	等候室 Waiting Room	表示供人们休息等候的场所，如车站的候车室、机场的候机室、医院的候诊室等 ISO 7001：1990(013)		会合点 Meeting Point	表示会合、约见的场所或地点
	安全保卫 Security；Police	表示安全保卫人员（警察或保安）或指明安全保卫人员（警察或保安）值勤的地点，如警卫室等 替代 GB/T 10001.1—2000 (44)		票务服务 Tickets	表示出售各种票据的场所，如机场、车站、影院、体育场馆、公园等处的售票处及医院的挂号处等 ISO 7001：1990(050)
	行李寄存 Left Luggage	表示临时存放行李的场所 ISO 7001：1990(028)		婴儿车 Baby Carriage	表示提供婴儿车服务的场所
	哺乳室 Feeding Area	表示可喂哺婴儿或给婴儿更换尿布的场所		电话 Telephone	表示电话或提供电话服务的场所 ISO 7001：1990(008)

图形符号	含　义	说　明	图形符号	含　义	说　明
	网络服务 Internet Service	表示网络服务或提供网络服务的场所		餐饮 Restaurant	表示餐饮或提供餐饮服务的场所，如酒楼、餐厅等 具体应用时，如确需将中餐、西餐分开，本符号还可表示西餐厅等 替代 GB/T 10001.1—2000（57）
	中餐 Chinese Restaurant	表示中餐或提供中餐服务的场所，如中餐厅、中餐馆等 不表示餐饮、西餐 替代 GB/T 10001.1—2000（58）		快餐 Snack	表示快餐或提供快餐服务的场所 不表示酒吧、咖啡、茶饮
	酒吧 Bar	表示饮酒及其他饮料的场所 不表示咖啡、快餐、茶饮 替代 GB/T 10001.1—2000（60）		咖啡 Coffee	表示喝咖啡及其他饮料的场所 不表示酒吧、快餐、茶饮 替代 GB/T 10001.1—2000（61）
	茶饮 Tea	表示喝茶及其他饮料的场所 不表示酒吧、咖啡、快餐		书报 Book and Newspaper	表示出售各种书报的场所，如书报亭、书店等
	商场；购物中心 Shopping Area	表示出售各种商品的场所，如商场、商店、购物中心等 替代 GB/T 10001.1—2000（40）		超级市场 Supermarket	表示可自助购买大量陈列食品、日常用品和家用商品的场所
	自动售货机 Automatic Vending Machine	表示可以自动出售商品的设施	VIP	贵宾 Very Important Person	表示对贵宾提供服务的场所，如贵宾室、贵宾接待处等 替代 GB/T 10001.1—2000（67）

续上表

图形符号	含义	说明	图形符号	含义	说明
	信息服务 Information Service	表示提供各种信息的场所		问讯 Enquiry	表示提供咨询服务的场所 替代 GB/T 10001.1—2000(47)
	失物招领 Lost and Found; Lost Property	表示丢失物品的登记或认领场所 替代 GB/T 10001.1—2000(50)		停车场 Parking	表示供停放机动车的场所,如停车场 替代 GB/T 10001.1—2000(11)
	自动柜员机 Automatic Teller Machine	表示可以进行自动存款、取款、交费的设施		室内停车场 Indoor Parking	表示室内停放机动车的场所,如地下停车场等
	安静 Quiet	表示应保持安静的场所 替代 GB/T 10001.1—2000(66)		饮用水 Drinking Water	表示可以饮用的水 替代 GB/T 10001.1—2000(29)
	脚踏操作 Pedal-operated	表示用脚踏方式操作 替代 GB/T 10001.1—2000(30)		废物箱 Rubbish Receptacle	表示供人们扔弃废物的设施 ISO 7001:1990(018)
	允许吸烟 Smoking Allowed	表示允许吸烟的场所 替代 GB/T 10001.1—2000(68)		请勿吸烟 No Smoking	表示该处不允许吸烟 替代 GB/T 10001.1—2000(69)
	请勿通过 No Thoroughfare	表示该处不允许进入、通行或穿越 替代 GB/T 10001.1—2000(70)		请勿坐卧 No Sitting or Lying	表示该处不允许坐卧

续上表

图形符号	含　义	说　明	图形符号	含　义	说　明
	请勿打扰 No Disturbance	表示谢绝打扰		请勿乱扔废弃物 Do Not Throw Rubbish	表示该处不允许乱扔废弃物
	非饮用水 Not Drinking Water	表示该处的水不可以饮用		检票 Check in	表示检票的场所，如火车站、汽车站、码头等场所的检票口
	自动检票 Automatic Check in	表示提供自动检票服务的场所，如地铁站、汽车站等场所的自动检票口		刷卡 Swiping Card	表示提供刷卡服务的场所，如地铁站、汽车站等场所的刷卡处
	出租车 Taxi	表示出租车站，也可表示出租车上客的场所或区域　采用 ISO 7001:1990(012)		自助行李寄存 Self-service Luggage Storage	表示提供行李自助寄存或电子寄存的场所，如自助寄存箱、电子寄存柜等
	行李检查 Baggage Check	表示对行李或包裹进行安全检查的场所		行李托运 Baggage Check in	表示托运行李或包裹的场所
	行李提取 Baggage Claim	表示提取行李或包裹的场所		行李查询 Baggage Inquiries	表示查询行李或包裹的场所
	安全检查 Safety Check	表示对旅客进行安全检查的通道		海关 Customs	表示进行海关检查的场所

续上表

图形符号	含 义	说 明	图形符号	含 义	说 明
	绿色通道 （无申报物品） Green Channel (Nothing to Declare)	表示没有需要 申报物品的旅客 通过的通道		母婴等候室 Waiting Room for Mothers with Babies	表示母婴等 候的场所，如母 婴候车室、母婴 候船室等
	头等舱、软席 等候室 First Class Lounge	表示持头等舱 机票、船票及软 卧车票的旅客等 候的场所		火车售票 Railway Ticket	表示出售火 车票的场所

四、铁路信号

信号是指示列车运行及调车工作的命令,有关行车人员必须严格执行。

铁路信号主要是通过颜色、形状、灯光以及音响等方式表示的。为了统一指挥行车工作,信号必须有统一的显示方式及使用方法,以保证行车工作正常进行。

1. 铁路信号的种类及颜色

(1)铁路信号分为视觉信号和听觉信号。

(2)视觉信号的基本颜色及要求:

红色——停车;

黄色——注意或减低速度;

绿色——按规定速度运行。

(3)听觉信号:号角、口笛、响墩发出的音响和机车、轨道车的鸣笛声。

鸣示要求:长声为 3 s,短声为 1 s,音响间隔为 1 s。重复鸣示时,须间隔 5 s 以上。

2. 与客运人员有关的信号

(1)手信号

①停车信号:要求列车停车。

昼间:展开的红色信号旗,昼间无红色信号旗时,两臂高举头上向两侧急剧摇动。

夜间:红色灯光,夜间无红色灯光时,用白色灯光上下急剧摇。

②发车指示信号:要求运转车长显示发车信号。

昼间:高举展开的绿色信号旗靠列车方面上下摇动。

夜间:高举绿色灯光上下摇动。

③发车信号:要求司机发车。

昼间:展开的绿色信号旗上弧线向列车方面作圆形转动。

夜间:绿色灯光上弧线向列车方面作圆形转动。

在设有发车表示器的车站,按发车表示器显示发车。

（2）机车鸣笛鸣示

①起动注意信号：鸣示方式——一长声，主要是在列车起动时和接近车站，线路有行人，天气不良时等使用。

②警报信号：鸣示方式——一长声三短声，主要是发现线路有危及行车安全的不良处所，列车发生重大、大事故及其他需要救援情况时。

③退行信号：鸣示方式——二长声，是列车和车辆，单机开始退行时。

为了保证信号显示明确，防止行车有关人员误认，在铁路沿线和站内不得设置妨碍确认信号的红、黄、绿色的装饰彩布标语和灯光等。

第三节　客 运 车 辆

客运车辆是运送旅客的工具。虽然客运车辆有许多类型，但其构造基本相同，大体由车体、车体架、走行部、车钩缓冲装置、制动装置和车辆内部设备 6 部分构成。

车体是容纳运输对象的地方，又是安装与连接其他组成部分的基础。

车体架是承托车体的长方形构架，是车体的基础。

走行部是承受车辆自重和载重并引导车辆沿轨道行驶的部分。走行部大多采用转向架结构形式，以保证车辆运行质量。

车钩缓冲装置由车钩及缓冲器等部件组成，装成车底架两端，其作用是将机车车辆连挂到一起，并传递纵向牵引力和冲击力，缓和机车车辆间的动力作用。

制动装置是保证列车安全运行的最重要部分，使高速运行中的车辆能于规定距离内停车或减速。制动装置一般包括空气制动机、人力制动机和基础制动装置部分。

车辆内部设备主要指客车上为旅客旅行所提供的设备。如客车上的座席、卧铺、行李架、给水、取暖、空调、通风、车电等装置。

一、普通旅客列车

1. 普通旅客列车的分类

（1）运送旅客用的车辆，如硬座车（YZ）、软座车（RZ）、硬卧车（YW）、软卧车（RW）。

（2）为旅客服务的车辆，如餐车（CA）、行李车（XL）。

（3）特种用途的车辆，如邮政（UZ）、公务车（GW）、卫生车（WS）、医务车（YI）、实验车（SY）、维修车（EX）、文教车（WJ）等。

旅客列车在轴数一般为 4 轴。

2. 发展历史

新中国成立前我国几乎没有独立的客车制造工业，使用的客车车辆均由国外进口，类型复杂，设备简陋，载重力小、因而有"万国车辆博览会"之戏称。

新中国成立后为适应经济飞速发展，我国从 1953 年开始自行设计制造客车。至今，先后批量制造了 21 型、22 型和 25 型客车。我国最早设计制造的主型客车是 21 型车，从 1961 年开始被 22 型车取代。30 多年时间里，22 型客车在我国客运中一直占据着主导地位，是我国铁路第二代主型客车，1994 年停止生产。车体长 23.6 m，车宽 3.105 m，构造速度 120 km/h。

硬座车有两个密闭式透过台,1个温水循环独立锅炉暖房,两个厕所,两个敞开式盥洗室、1个乘务员室。座位为二、三配置,定员120名,座位之间设有固定式茶桌,如图2-20所示。1961年将取暖方式改为大气压式,定员增加到122名,即YZ23型。1962年,对22、23型车重新修改设计,将23型定员又改为120名。1970年对车内造型及部分结构又作了较大的设计改进,仍采用独立取暖房,定员改为116名。车体为全金属焊接结构。在钢骨架外焊有金属板,形成1个封闭壳体,俗称薄壁筒型结构车体;为增加结构的强度和刚度,壳体内采用了墙板压筋方式,形成整体承载。以后内墙板和保温层又广泛采用了塑料贴面板和硬质聚苯乙烯泡沫塑料,具有不吸潮,不需包装,耐碰撞,制造工艺简单等优点。

1957年首批22型硬卧车有9个各容纳6个卧铺(两层睡铺带边铺)及1个可容纳4个卧铺(两层睡铺不带边铺)的敞开式单间。1958年改为9个各容纳8个卧铺(三层睡铺带边铺)及1个可容纳5个卧铺(三层睡铺带边铺)的敞开式单间。1966年后,改为10个敞开式单间,每间三层半软席卧铺两组,取消了边铺,改为18个活动座椅和10个活动小茶桌,并将厕所与洗脸间分开,YW22型车外形如图2-21所示。22型硬卧车从20世纪90年代初才逐渐被25型车替代。

25型客车是中国铁路第三代主型客车,1967年开始生产,YZ25B型车外形如图2-22所示。25型客车除基本车型外还有双层客车,SRW25B型车外形如图2-23所示。这种客车结构上的特点有:定员较多,比21、22型客车有所增加;构造速度较高,有较好的舒适性和安全性;采用低磨耗低噪声的风挡及橡胶风挡。为满足1998年客车再次提速的需要,制造新型的25K型快速客车。

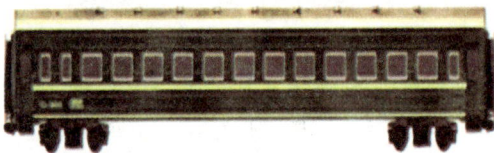

图2-20 YZ22型车外形图

图2-21 YW22型车外形图

图2-22 YZ25B型车外形图

图2-23 SRW25B型车外形图

二、动车组列车

(一)动车组概念

所谓动车组是指列车的牵引动力装置(相当于机车)和载客的装置(相当于客车车底)固定为一体的特殊车底,具有机车和客车车底双重性质。

(二)动车组分类

按牵引动力方式:可分为内燃动车组和电力动车组。

按动力配置方式:分为动力集中式动车组和动力分散式动车组。

(三)动车组编号规则

1. 动车组的型号和列车编号构成

动车组的型号和列车编号构成,如图 2-24 所示。

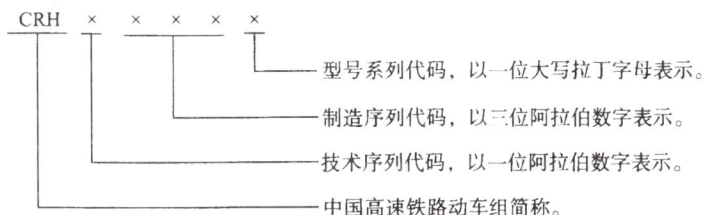

CRH × × × × ×

—— 型号系列代码,以一位大写拉丁字母表示。

—— 制造序列代码,以三位阿拉伯数字表示。

—— 技术序列代码,以一位阿拉伯数字表示。

—— 中国高速铁路动车组简称。

图 2-24　动车组的型号和列车编号构成

2. 动车组中车辆的车种和编号构成

动车组中车辆的车种和编号构成,如图 2-25 所示。

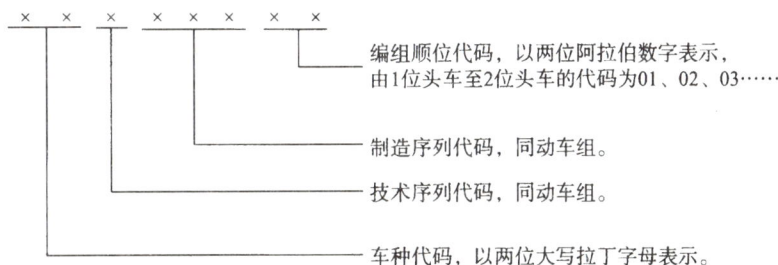

× × × × × × ×

—— 编组顺位代码,以两位阿拉伯数字表示,由1位头车至2位头车的代码为01、02、03……

—— 制造序列代码,同动车组。

—— 技术序列代码,同动车组。

—— 车种代码,以两位大写拉丁字母表示。

图 2-25　动车组中车辆的车种和编号构成

(四)动车组车型情况

1. CRH$_1$(A 型)动车组列车

(1)编组结构:由 8 辆车组成,其中 5 辆动车;首尾车辆设有两个司机室,可双向驾驶。

(2)车辆长度:动车组头车长 26.95 m,中间车长度 26.6 m,总长 213.5 m,车体宽度 3.331 m,车体高度 4.04 m,适应站台高度 1.25 m。

(3)车顶设备:在 2、7 号车设受电弓附属装置,受电弓工作高度最低 5 300 mm,动车组正常运行时,采用单弓受流,另一台备用,处于折叠状态。

(4)车端设备:设密接式车钩装置、风挡及空气、电的连接设施等,包括列车通信总线连接、制动控制线连接、供电母线连接、直流供电母线连接、列车总风管、电路电气设备连接、电缆连接和高压电线连接。

(5)车下悬吊设备:每辆车下有空调机组、制动装置。在动车下有牵引变流器,在拖车下面有牵引变压器。

(6)车内布置:全列 8 辆车,其中,两辆一等车(1 车、8 车)、6 辆二等车、餐车设在 5 号车。一等车内座椅 2+2 布置,二等车 2+3 布置,所有座椅可以悬转,用脚踩手转动。全列车定员 645 人。

一等车设有一个坐式厕所。二等车设二个蹲式厕所,其中在 5 号车设一个残疾人厕所,并配备残疾人辅助设备和婴儿护理台。

(7)车体结构：车体为不锈钢焊接结构，车门处地板距轨面高度 1 270 mm，并设有翻板脚蹬装置，可以适应 300～1 200 mm 的站台高度。

2. CRH₁(B、E 型)动车组列车

(1)编组结构：由 16 辆车组成，其中 6 辆动车；首尾车辆设有两个司机室，可双向驾驶。

(2)车辆长度：动车组头车长 26.95 m，中间车长度 26.6 m，总长 426.3 m，车体宽度 3.331 m，车体高度 4.04 m，适应站台高度 1.25 m。

(3)车顶设备：在 2、5、12、15 号车设受电弓附属装置，受电弓工作高度最低 5 300 mm，动车组正常运行时，采用双弓受流，另两台备用，处于折叠状态。

(4)车端设备：设密接式车钩装置、风挡及空气、电的连接设施等，包括列车通信总线连接、制动控制线连接、供电母线连接、直流供电母线连接、列车总风管、电路电气设备连接、电缆连接和高压电线连接。

(5)车下悬吊设备：每辆车下有空调机组、制动装置。在动车下有牵引变流器，在拖车下面有牵引变压器。

(6)车内布置：CRH₁B 型动车组列车全列 16 辆车，其中，3 辆一等车(14 车、15 车、16 车)、12 辆二等车、1 辆餐车(9 号车)。一等车内座椅 2+2 布置，二等车 2+3 布置，所有座椅可以悬转，用脚踩手转动。全列车定员 1 299 人。一等车设有一个坐式厕所，二等车设二个蹲式厕所。

CRH₁E 型动车组列车全列 16 辆车，其中，2 辆二等车(1 车、16 车)、12 辆软卧车、1 个高级软卧车(10 号车)、1 辆餐车(9 号车)。二等车内座椅 2+3 布置，所有座椅可以悬转，用脚踩手转动；软卧车每节车厢 10 个包间，每个包间上下共 4 个铺；高级软卧共 8 个包间，每个包间上下两个铺。全列车定员 618 人，其中二等座定员 122 人，软卧定员 480 人，高包定员 16 人。

除餐车外，各卧铺车厢内设卫生间，各设置一个蹲式厕所、一个坐式厕所和盥洗室，二等车各设有两个坐式厕所和一个盥洗室。

(7)车体结构：车体为不锈钢焊接结构，车门处地板距轨面高度 1 270 mm，并设有翻板脚蹬装置，可以适应 300～1 200 mm 的站台高度。

3. CRH₂(A、C 型)动车组列车

(1)编组结构：动车组由 8 辆车组成，其中 4 辆动车 4 辆拖车，首尾车辆设有司机室，可双向驾驶。

(2)车辆长度：动车组头车长度：动车组头车长 25.7 m，中间车长度 25 m，总长 201.4 m，车体宽度 3.38 m，车体高度 3.7 m。

(3)车顶设备：在 4、6 号车设受电弓附属装置，受电弓工作高度最低 4 888 mm，最高 6 800 mm，最大升弓高度 7 000 mm。动车组正常运行时，采用单弓受流，另一台备用，处于折叠状态。

(4)车端设备：设密接式车钩装置、风挡及空气、电的连接设施等，包括列车通信总总线连接、制动控制线连接、供电母线连接、直流供电母线连接、列车总风管、电路电气设备连接、电缆连接和高压电线连接。

(5)车下悬吊设备：每辆车下有空调机组、制动装置。在 2、3、6 和 7 号车下分别设有有牵引变压器和牵引变流器。

(6)车内布置:全列 8 辆车,其中,1 辆一等车(7 车)、7 辆二等车、餐车设在 5 号车。一等车内座椅 2+2 布置,二等车 2+3 布置,所有座椅可以悬转,用脚踩手转动,在 7 号车有一残疾座椅,座椅下部有供固定轮椅用的固定带。全列车定员 610 人。

CRH2A 型车在单号车厢设有两个坐式厕所、一个小便池(CRH2C 型动车组列车为一个蹲式厕所)和一个盥洗室,其中在 7 号车设一个残疾人厕所,并配备残疾人辅助设备和婴儿护理台。

(7)车体结构:车体采用铝合金结构,车门地板距轨面高度 1 300 mm,适合 1 100~1 200 mm 的站台。

(8)集便装置:集便装置由水箱、集便器及污物箱组成,污物箱和水箱容积均为 700 L,在车体下部两侧裙板设有上水口和排污口。上水嘴组装形式符合 TB/T 112—1974"客车用注水(A、B 型)形式与尺寸",排污嘴形式符合 UIC563 规定的通用 2.5 快速接头。

4. CRH2(B、E 型)动车组列车

(1)编组结构:由 16 辆车组成,其中 5 辆动车;首尾车辆设有两个司机室,可双向驾驶。

(2)车辆长度:动车组头车长 25.7 m,中间车长度 25 m,总长 403.4 m,车体宽度 3.38 m,车体高度 3.7 m。

(3)车顶设备:在 4、13 号车各设 2 个受电弓附属装置,受电弓工作高度最低 4 888 mm,最高 6 800 mm,最大升弓高度 7 000 mm。动车组正常运行时,采用双弓受流(4 号、13 号各升一弓,都升前弓或都升后弓),另两台备用,处于折叠状态。

(4)车端设备:设密接式车钩装置、风挡及空气、电的连接设施等,包括列车通信总总线连接、制动控制线连接、供电母线连接、直流供电母线连接、列车总风管、电路电气设备连接、电缆连接和高压电线连接。

(5)车下悬吊设备:每辆车下有空调机组、制动装置。在 2、6、10 和 14 号车下有牵引变压器。

(6)车内布置:CRH2B 型动车组列车全列 16 辆车,其中,3 辆一等车(1 车、2 车、3 车)、12 辆二等车、1 辆餐车(9 号车)。一等车内座椅 2+2 布置,二等车 2+3 布置,所有座椅可以悬转,用脚踩手转动,在 3 号车有一残疾座椅,座椅下部有供固定轮椅用的固定带。全列车定员 1 230 人。在单号车厢内设卫生间,各设置两个蹲式厕所、1 个坐式厕所、小便间和盥洗室,其中 3 号车为残疾人设 1 个坐式厕所。

CRH2E 型动车组列车全列 16 辆车,其中,两辆二等车(1 车、16 车)、13 辆软卧车、1 辆餐车(9 号车)。二等车内座椅 2+3 布置,所有座椅可以悬转,用脚踩手转动;软卧车每节车厢 10 个包间,每个包间上下共 4 个铺。全列车定员 630 人,其中,二等座定员 110 人,软卧定员 520 人。除餐车外,各车厢内设卫生间,各设置 1 个蹲式厕所、1 个坐式厕所和盥洗室。

(7)车体结构:车体采用铝合金结构,车门地板距轨面高度 1 300 mm,适合 1 100~1 200 mm 的站台。

(8)集便装置:集便装置由水箱、集便器及污物箱组成,污物箱和水箱容积均为 770 L,在车体下部两侧裙板设有上水口和排污口。上水嘴组装形式符合 TB/T 112—1974"客车用注水(A、B 型)形式与尺寸",排污嘴形式符合 UIC563 规定的通用 2.5 快速接头。

5. CRH3C 型动车组列车

(1)编组结构:动车组由 8 辆车组成,其中 4 辆动车 4 辆拖车,首尾车辆设有司机室,可双向驾驶。

（2）车辆长度：动车组头车长 25.7 m，中间车长度 24.825 m，总长 200 m，车体宽度 3.265 m，车体高度 3.89 m。适合站台高度 1.25 m。

（3）车内布置：全列 8 辆车，其中，1 辆一等车（5 号车）、7 辆二等车，餐车设在 4 号车，头尾司机室后部设有观光区各有 8 个特等座。一等车内座椅 2＋2 布置，二等车 2＋3 布置，所有座椅可以悬转，用脚踩手转动，在 3 号车有一残疾座椅，座椅下部有供固定轮椅用的固定带。全列车定员 556 人。

6. CRH5 型动车组列车

（1）编组结构：动车组由 8 辆车组成，其中 5 辆动车 3 辆拖车，首尾车辆设有司机室，可双向驾驶。

（2）车辆长度：动车组头车长度 27.6 m，中间车长度 25 m，总长 211.5 m，车体宽度 3.2 m，车体高度 3.73 m，适合站台高度 0.5～1.25 m。

（3）车内布置：全列 8 辆车，其中，1 辆一等车（7 车）、7 辆二等车，餐车设在 6 号车。一等车内座椅 2＋2 布置，二等车 2＋3 布置，所有座椅可以悬转，用脚踩手转动，在 7 号车有一残疾座椅，座椅下部有供固定轮椅用的固定带。全列车定员 570 人。

7. CRH380A 型动车组列车

动车组以 CRH2 型 300 km/h 动车组为基础，通过速度提升和优化设计，完成自主研制。

（1）编组结构：动车组由 8 辆车组成，其中 6 辆动车 2 辆拖车，首尾车辆设有司机室，可双向驾驶。

（2）车辆长度：动车组头车长度 26.25 m，中间车长度 25 m，总长 202.5 m，车体宽度 3.38 m，车体高度 3.7 m，适合站台高度 1.25～1.30 m。

（3）车内布置：全列 8 辆车，其中，2 辆一等车（3 车、4 车）、6 辆二等车，头尾司机室后部设有观光区各有 6 个特等座，3 号车尾部设小包间有 6 个特等座，餐车设在 5 号车。观光区特等座椅布置为 1＋2，小包间特等座为 3 对 3，一等车内座椅 2＋2 布置，二等车 2＋3 布置，所有座椅可以悬转，用脚踩手转动。全列车定员 480 人。

8. CRH380AL 型动车组列车（一阶段）

动车组以 CRH2 型时速 300 km 动车组为基础，通过速度提升和优化设计，完成自主研制。

（1）编组结构：动车组由 14 辆动车 2 辆拖车，共 16 辆车构成编组，首尾车辆设有司机室，可双向驾驶。

（2）车辆长度：动车组头车长度 26.5 m，中间车长度 25 m，总长 403 m，车体宽度 3.38 m，车体高度 3.7 m，适合站台高度 1.25～1.30 m。

（3）车内布置：全列 16 辆车，其中，1 辆商务车（3 号车，图 2-26）、4 辆一等车（1 车、2 车、4 车、16 车）、10 辆二等车、1 辆餐车（9 号车）。头尾司机室后部设有观光区（图 2-27）有两个商务座和 3 个特等座。观光区商务座布置为 1＋1，特等座椅布置为 1＋2，商务车商务座座椅布置为 1＋2，一等车座椅 2＋2 布置，二等车 2＋3 布置，所有座椅可以悬转，用脚踩手转动，商务座悬转装置为座椅侧部的手柄。全列车定员 1 028 人。

图 2-26　商务车

图 2-27　观光区

9. CRH$_{380BL}$ 型动车组列车(一阶段)

CRH$_{380BL}$ 型新一代高速动车组以 CRH$_3$ 型动车组产品技术平台为基础,满足满足长编组大运量需求而设计建造的。

(1)编组结构:动车组由 14 辆动车 2 辆拖车,共 16 辆车构成编组,首尾车辆设有司机室,可双向驾驶。

(2)车辆长度:动车组头车长度 25.85 m,中间车长度 24.825 m,总长 400 m,车体宽度 3.257 m,车体高度 3.89 m,适合站台高度 1.25 m。

(3)车内布置:全列 16 辆车,其中,1 辆商务车(3 号车)、4 辆一等车(1 车、2 车、4 车、16 车)、10 辆二等车、1 辆餐车(9 号车)。头尾司机室后部设有观光区两个商务座和 3 个一等座。观光区商务座布置为 1＋1,特等座椅布置为 1＋2,商务车商务座座椅布置为 1＋2,一等车座椅 2＋2 布置,二等车 2＋3 布置,所有座椅可以悬转,用脚踩手转动,商务座悬转装置为座椅侧部的手柄。全列车定员 1 005 人。

10. CRH$_{380BL}$ 型动车组列车(二阶段)

CRH$_{380BL}$ 型动车组列车二阶段车型,是在一阶段车型编组结构、车辆长度等条件不变的基础上,对车内布置进行了适当调整。

(1)车内布置:全列 16 辆车,其中,2 辆商务车(1 车、16 车)、2 辆一等车(2 车、3 车)、11 辆二等车、1 辆餐车(9 号车)。头尾司机室后部设有观光区各有 2 个商务座和 3 个一等座。全列车定员 1 015 人。

同时,列车分别在 1 号、5 号、9 号、16 号车设置了 6 个折叠式乘务员边座,供乘务员休息用。

(2)CRH$_{380BL}$ 二阶段列车车内布置的调整,使得动车组列车商务座高端旅客服务的私密性更强,为列车单位实行高端服务提供更好的环境。

11. 各种车型的性能比较

CRH$_1$、CRH$_2$、CRH$_5$ 动车组技术平台可满足时速 200～250 km 要求;CRH$_3$ 动车组技术平台可满足时速 300～350 km 的要求;CRH$_2$ 动车技术平台可直接提升,满足时速 300 km 及以上高速动车组开发要求。各种车型性能比较见表 2-2。

表 2-2　各种车型性能比较

车型项目	CRH1	CRH2	CRH3	CRH5
编组形式	8辆编组,可两编组连挂运行			
动力配置 (M——动车;T——托车)	2×(2 M+1T)+(1M+1T)	4M+4T/6M+2T	4M+4T	3M+1T+(2M+2T)
车种	一等车、二等车、酒吧座车合造车			
运营速度(km/h)	200	200/300	300	200
试验(km/h)	250	250/330	330	250
牵引功率(kW)	5 300	4 800/7 200	8 800	5 500
车体型式	不锈钢车体	大型中空型材铝合金车体		
转向架	H形无摇枕、转臂式定位、空气弹簧			
轴重	≤16	≤14	≤17	≤17(动)/16(拖)
受流电压制式	AC25 kV—50 Hz			
牵引电机功率(kW)	265	300	562	550
制动方式	直通式电空制动+再生制动			
辅助供电制式	3相 AC380 V 50 Hz,DC110 V	DC110V、单相 AC100V、AC220V、AC400V、3相 AC400V	3相 AC440 V 60 Hz,DC110 V	3相 AC380 V 50 Hz,DC24 V
列车控制网络系统	车载分布式计算机网络系统			

12. 动车组列车的上水装置

CRH1A、CRH1B、CRH1E 型车的注水口处有盖板,需要使用专用钥匙打开;CRH3C、CRH380BL 型动车组列车的注水口处有盖板,上水时需要按压盖板自动打开后上水。

动车组列车上水作业人员在上水作业完毕后,必须将动车组列车注水口盖板关闭,并严格按规定锁闭到位,进行确认。因为动车组列车注水口盖板如未关闭到位,经列车高速运行,注水口盖板会松动弹开,并造成盖板变形,影响以后的锁闭效果。同时,动车组列车在高速运行情况,如注水口盖板松动弹开,往往会造成与站台边沿的摩擦,甚至脱落等问题,这对高铁运行安全都是极大的隐患。

(五)动车组座席号编制规则

为体现人性化的服务,直观显示座席的具体位置(靠窗、中间、靠走廊),铁道部于 2011 年 4 月对新上线运营的 CRH380 型动车组列车的座席号编制采用数字和字母组合的方式表示座席号,其中数字表示排号,字母表示座位位置。

座位位置采用 A、B、C、D、F 这 5 个字母表示,A—靠窗、B—中间、C—靠走廊、D—靠走廊、F—靠窗。其中,3+2 座椅排列中,3 人座椅用 A、B、C 表示,2 人座椅用 D、F 表示;2+2 座椅排列中,分别用 A、C 和 D、F 表示;2+1 座椅排列中,分别用 A、C 和 F 表示;1+1 座椅排列中,分别用 A 和 F 表示。

第四节　铁路客运服务

铁路旅客运输服务是指为满足旅客和行包托运人、收货人的需要,凡从事铁路旅客运输业务和与铁路企业签订合同,在站、车内从事经营活动的单位和个人与旅客、货主接触的活动和其内部经营活动所产生的结果。

一、铁路车站旅客运输服务质量标准

铁路旅客运输服务质量标准是指为了有质量地为旅客、货主服务,根据客运质量特性的要求,按照质量形成的过程和规律,利用科学原理,在深入调查研究,认真总结先进经验的基础上,遵循有关规定,为保证和提高客运工作服务质量而作的统一规定和制定的技术文件。

旅客乘坐铁路客车旅行的全过程,就是客运部门的站、车工作人员为旅客提供旅行服务的过程。为了安全、准确、迅速、便利、优质地运送旅客,在车站和列车客运服务工作中的大量重复出现的作业内容、程序、方法、服务语言、服务时限、服务活动等方面都应有统一的要求,制定统一的标准。以此把各部门、工种、工序的工作从技术组织上联结起来,形成统一整体,使作业协调地进行,维护良好的作业程序和工作秩序,确实保证旅客安全运输和提高客运服务质量。

客运服务质量标准本身具有先进性、科学性。在实际的服务工作中,认真按服务标准去做,会把自身原有水平提高到一个新的高度。另一方面,在服务实践中,又会不断涌现新的、先进的服务方式和经验,经过提炼和精选,再充实到现行的服务标准中,使服务标准始终保持先进性。只有标准化才能适应客运服务工作不断发展的需要。

铁路车站旅客运输服务质量标准,以满足旅客需求为中心,突出体现了"以人为本,旅客至上"的服务理念,是客运人员应遵循的准则。

1. 总则

树立"以人为本,旅客至上"的服务理念,坚持"安全第一,方便快捷"的原则,实现"安全正点、设备良好、环境适宜、饮食卫生、服务文明"的质量目标。

2. 安全

(1)安全设备设施齐全,作用良好;安全通道、出口畅通;安全标志规范、明显。

(2)安全管理制度健全,非正常情况下的应急处置预案完善。

(3)做好安全宣传和防范,加强综合治理,维护站内秩序,无围车叫卖、拣拾、讨要等人员;供工作人员使用的进出口有专人管理。

(4)对旅客携带品、小件寄存物品和承运的行包实施安全检查;对查没的危险品按规定处理。

(5)严格控制进站车辆,在站台上行驶的车辆限速 10 km/h,无骑车穿越站台;各种装卸、搬运设备定位摆放,不堵塞通道,不影响旅客乘降和通行;行包、邮政拖挂车的辆数重车(含混编)不超过 4 辆,空车不超过 5 辆。

(6)安全使用电源,规范使用电器设备;配电室(箱)锁闭,不应堆放物品。

(7)掌握消防知识,对消防器材做到知位置、知性能、会使用。

(8)发生人身伤害或突发疾病以及接收列车移交的伤、病人员,应积极采取措施,及时联系医疗机构救治。

3.设备设施

(1)基础设备设施齐全,符合 GB 50226 和 TB 10083 的要求,无违规改造或改变用途;防寒、防暑、照明、通风、广播、供水、电梯、无障碍等设施作用良好,正常使用。

(2)站房质量良好,地面平整,门窗完好,楼梯踏步无缺损,墙面、天花板无脱落,房屋、风雨棚、天桥、地道无渗漏。

(3)图形标志符合 GB/T 10001.1、GB/T 10001.3、GB/T 10001.10 的规定,齐全醒目,使用规范。

(4)各服务处所根据用途设置方便旅客、货主的揭示揭挂。

(5)引导系统设置符合 GB/T 15566.1 和 GB/T 15566.3 的规定,位置恰当,安装牢固,内容规范、准确,美观醒目,方便旅客。

(6)二等以上车站设服务台,配置相关的业务和服务资料及用品。

(7)服务备品齐全,干净整洁、作用良好,定位摆放;软席候车室、贵宾室厕所配有卫生纸,洗手间有洗手液(皂)、擦手纸(干手器)。

(8)候车室(厅)配备与候车面积相适应的候车座椅,三等以上车站有安全检查、问讯、小件寄存、饮用水等设备设施,二等以上车站有室内洗漱、厕所等设施,一等以上车站有重点旅客、军人候车室(区),有通风良好的吸烟室。

(9)售票厅(室)根据客流量设置售票窗口,采用计算机联网售票,售票窗口有双向对讲设备;二等以上车站设售票信息动态显示系统,一等以上车站设置不同用途的售票窗口,可增设售票对外显示屏、自动售票机、POS 机、自助提款机等设备。

(10)行包房配备衡器、搬运机具,有维修、包装工具和材料,提供办理行包托运的桌椅、笔等必要的服务设施;三等以上车站采用计算机制票,二等以上车站配备安全检查设备,有行包到达查询系统。

4.环境卫生

(1)加强环境保护宣传,使用备品、材料等符合国家环保规定。

(2)各服务处所空气质量符合 GB/T 9672 的规定;候车室、售票厅、行包房、站台、天桥、地道等处所保持清洁,无积水、积冰、积雪,股道无杂物,厕所干净、无异味。

(3)站容整洁,环境绿化;清扫工具隐蔽存放。

(4)广告设置规范安全,与车站环境相协调,不影响站容和车站应有的服务功能;不在车站主站房正面外立面设置固定商业广告。

(5)各服务处所设置适量垃圾箱(桶),定期消毒,保持清洁,垃圾桶内配有垃圾袋,可在站台、站前广场的垃圾箱(桶)上设烟灰盒;列车投放的垃圾及时清运;垃圾隐蔽存放,日产日清,储运密闭化。

(6)各服务处所定期进行"消、杀、灭",蚊、蝇、蟑螂等病媒昆虫指数及鼠密度符合国家规定。

(7)禁止吸烟的服务处所做好不吸烟宣传,及时制止吸烟行为。

5. 服务

(1)做到全面服务、重点照顾,帮助旅客解决旅行困难;尊重民族习俗和宗教信仰,不分种族、国籍、民族,一视同仁。

(2)上岗着装统一、得体,仪容整洁,佩戴职务标志,不穿高跟鞋、尖跟(头)鞋、拖鞋,除婚戒外不戴其他饰物,不染彩色头发、指甲,男不留长发、胡须,女淡妆上岗,发不过肩。

(3)行走、坐立姿态端正;立岗姿势规范、精神饱满;服务时,态度和蔼,表情自然,举止文明,庄重大方,应做到:

①使用普通话,用语文明,表达准确,口齿清晰;对旅客、货主称呼恰当;软席候车室及贵宾室客运员能使用简单英语为外籍旅客服务。

②旅客问讯时有问必答,回答准确;当面解答时应面向旅客站立(需坐着完成工作的人员除外),电话解答时应先通报单位和工号;对旅客提出的问题不能解决时应耐心解释。

③在旅客多的地方行走时要先示意后通行,与旅客走对面时要主动让路,不与旅客抢行;挪动旅客物品时,应征得旅客同意。

④为旅客服务遇有失误时,应向旅客表示歉意;对旅客的配合与支持应表示感谢。

(4)熟知本岗位业务知识,执行规章、制度、作业标准;熟练操作设备设施,具备妥善处理突发情况的能力。

(5)实行首问首诉负责制;各服务处所设旅客留言簿,及时关注旅客留言;在醒目位置向社会公布本单位投诉受理电话、通信地址、邮政编码,24 h 接受旅客投诉并及时处理。

(6)广播以方便旅客旅行生活为主,覆盖各服务处所,及时通告列车运行情况,语音清晰,音量适宜;可根据需要做好专题宣传,增加英语、少数民族语言广播。

(7)有空调的服务处所冬季室内温度 18~20℃,夏季 26~28℃;无空调的服务处所冬季不低于 14℃,夏季超过 28℃使用电风扇。

(8)各服务处所有充足的照明和应急照明设备,无风雨棚站台、天桥照明照度不低于 10 lx,有风雨棚站台、天桥及进出站地道照明照度不低于 50 lx,候车室、行包营业厅照明照度不低于 100 lx,售票厅、问讯处、软席候车室、贵宾室照明照度不低于 150 lx。

(9)列车晚点时及时向旅客通告晚点时间,超过 30 min 站长代表铁路向旅客道歉,并积极做好服务工作。

(10)收费项目和标准公开,符合国家规定。

(11)票据、现金妥善保管;票面完整、清晰,内容准确,填写规范。

(12)对旅客遗失物品应及时公告,妥善保管,设法归还失主,无法归还时按规定处理。

(13)信息发布及时,采取多种方式通告列车运行、票务、旅行须知等信息。

6. 售票

(1)根据客流量开设售票窗口,日常旅客排队不超过 20 人;向旅客公布窗口车票发售信息和售票时间。

(2)开展预售、预订、流动售票,办理团体票、异地票及代售、送票等业务,方便旅客购票。

(3)车站可设购票"一米线"。

(4)售票、退票做到准确无误,唱收唱付,旅客退票时应提供报销凭证。

(5)售票网点布局合理,管理规范,符合铁路售票相关规定。

7. 候车乘降

(1)旅客进站安全检查秩序良好,通道畅通,日常旅客等候不超过 5 min。

(2)按方向、车次组织旅客有序候车,提醒旅客对超重、超大等物品办理托运。

(3)在满足旅客候车条件下,开办的收费候车场所应提供相应服务,做到经营规范,不得提前进站、代办车票。

(4)根据客流量和站场条件确定检票时间,始发列车开始检票一般不少于开车前 40 min;根据检票口到列车的距离合理确定停止检票时间,并向旅客公告。

(5)引导旅客有序进出站,不产生对流;站台上应组织旅客在安全线内等候,先下后上。

(6)出站快速畅通,按规定查验车票,正确为旅客办理补票业务和携带品超过规定补收运费的手续。

8. 饮食供应

(1)卫生管理制度健全,卫生许可证有效;个人卫生符合规定,持有效健康证上岗。

(2)确保食品卫生,防止食物中毒;食品加工、储存场所符合卫生要求,各种用具清洁,消毒合格;不出售无生产单位、生产日期、保质期和过期、变质食品;销售无包装直接食用的食品时有防蝇、防尘措施,不徒手接触食品。

(3)经营行为规范,明码标价,质价相符,文明售货,提供发票。经营场所设置合理,不影响旅客通行、购票、候车;站台售货车定位管理,数量适宜,不堵占车门、天桥、地道,不影响旅客乘降和通行。

(4)给水设备设施作用良好,正常使用,冬季有防冻措施;始发、过往列车辆辆满水,水质符合国家生活饮用水卫生规定。三等以上车站为旅客免费提供饮用水,并确保安全。

9. 行包运输

(1)方便旅客、货主托运行包,及时准确运输,不逾期、不破损、不丢失;管理逐步信息化。

(2)托运人自愿选择托运、保价运输方式,承运做到品名相符,正确检斤、制票、核收运杂费;易碎品、流质物品、放射性物品外包装上粘贴安全标志;限制运输的物品应有相关运输证明,需要押运的物品应办理押运手续。

(3)装卸、搬运行包轻搬轻放,大不压小、重不压轻,箭头向上、标签向外,堆码整齐。非工作人员不应进入仓库。

(4)运输过程中发生行包包装松散、破损应及时修整,并有记录、有交接。

(5)按规定期限保管行包,正确交付;及时通知收货人领取包裹;无法交付物品按规定处理。

(6)认真处理行包差错,发生行包事故应先赔付、后定责。

(7)行包代办点管理规范,符合铁路行包运输规定。

二、高铁车站服务规范

高铁车站应树立"以服务为宗旨,待旅客如亲人"的服务理念,坚持"安全正点、方便快捷"的原则,采用先进设备,推进科学管理,创新服务方式,实现服务文明、设备良好、环境舒适、饮食卫生。

高铁车站分为大型、中型、小型三种类型。其中,大型车站是指建筑规模特大型和大型的高铁车站,中型车站是指建筑规模中型的高铁车站,小型车站是指建筑规模小型的高铁车站。其他停靠动车组列车的非高铁车站,根据车站等级(特、一等站对应大型车站,二、三等站对应中型车站,四、五等站对应小型车站)参照执行。

1. 安全秩序

(1)安全管理制度健全,非正常情况下的应急处置预案完善。

(2)安全设备设施齐全,作用良好;安全通道和应急出口畅通;安全标志设置齐全、规范。

(3)配有危险品检查仪、安全门、手持金属探测器等安全检查设备,对旅客及携带品、小件寄存物品实施安全检查;对检查发现和列车移交的危险物品按规定处理。

(4)通过广播、揭示揭挂、电子显示等方式,宣传安全常识和车站设备设施的使用方法,方便旅客自助服务。

(5)车站实行封闭式管理。站台两端设置防护栅栏并有"禁止通行"标志,加强综合治理,及时清理站台,维护站内秩序。

(6)灭火器、消火栓、烟雾报警、自动喷淋、防火卷帘门等消防设备齐全,性能良好。车站工作人员掌握消防知识,对消防器材做到知位置、知性能、会使用。

(7)安全使用电源插座,额定功率不得超过允许范围,公共区域的电源应保证旅客旅行生活的小型电器正常使用,不得私拉电线、违规使用电器。配电室(箱)锁闭,严禁堆放物品。

(8)电梯有检验合格证和使用登记证,定期检验合格,保证正常使用。操作人员有操作证。

(9)严格控制机动车辆进站,在站台上行驶的车辆严格限速,不得超过 10 km/h,不得侵入安全线行驶。非作业车辆原则上不得进入中间站台。站台两侧线路有动车移动时,禁止该站台机动车辆行驶。

(10)跨线候车区(室)窗户、天桥等处所设有"禁止抛物"安全提示。

(11)大、中型车站给水人员防护用具齐全,提前到岗接车,确保始发列车辆辆满水。

(12)发生人身伤害或突发疾病以及接收到列车移交的伤、病人员,积极采取措施,及时联系医疗机构救治。

2. 设备设施

(1)防寒、防暑、照明、空调、供暖、通风、供水、排水、消防等基础设备设施齐全,具备吸污条件的大、中型车站吸污设备良好,符合国家标准《铁路旅客车站建筑设计规范》及铁路行业标准《高速铁路设计规范》的要求,作用良好,正常使用,无违规改造和改变用途。

(2)站房质量良好,地面平整,门窗完好,楼梯踏步无缺损,墙面、天花板无脱落,房屋、风雨棚、天桥、地道无渗漏。

(3)图形标志符合国家标准《标志用公共信息图形符号》的规定,齐全醒目,使用规范。大型车站站房站名标志有中英文;站台上中英文站名牌可与静态标志合设。

(4)引导系统设置符合国家标准《公共信息导向系统》的规定,位置合理,安装牢固作用良好,内容规范,指引准确,美观醒目,方便旅客。

(5)各服务处所根据用途设置方便旅客的揭示揭挂,内容规范、准确、齐全。售票处、候车区(室)、出站闸机和补票处设有儿童票标高线,售票处设购票"一米线"。

(6)自动售检票机、自助查询机、客运服务信息显示屏、电梯等服务设备设施齐全,作用良好,正常使用,遇故障及时修复,影响旅客使用时应及时提示。

(7)设有客服系统管理平台,对自动检票、导向、广播、时钟、查询、监控、寄存、求助等旅客服务设备设施进行集中控制。客服系统管理平台可采用路局综控室集中控制和大型车站综控室集中控制等模式,在非集控站设置简易操作平台。

(8)候车区(室)配有与候车面积相适应的座椅,设置饮水处、卫生间等处所。大、中型车站应设置问讯处或服务台,以及重点旅客专用候车区,并有明显标志。

(9)售票处配置剩余票额屏、窗口屏;售票窗口配有二代身份证识别器、学生优惠卡识别器、双向对讲、对外显示屏、视频监控设施等服务设备;部分售票窗口配有 POS 机。

(10)站台上设置的座椅和垃圾箱(桶)应固定;站台面有安全线、车厢位置标志等;应在站台设置供保洁作业使用的水、电设施和存放保洁工具的处所。

(11)无障碍电梯、轮椅升降平台、无障碍售票窗、无障碍卫生间、盲道等无障碍设施符合铁路行业标准《铁路旅客车站无障碍设计规范》的要求,设置规范,正常使用。盲文标志准确、易辨别、无破损、不影响使用。

(12)服务备品齐全完整,质地良好。卫生间配有卫生纸、洗手液(皂)、擦手纸(干手器),及时补充。各服务处所设置适量的垃圾桶,设在站前广场(或落客平台)、站台的垃圾箱(桶)上应有烟灰盒。候车室应配备轮椅、担架等服务备品。

(13)客运人员应配置相应数量的手持电台,确保作用良好。

(14)根据车站条件和特点,统一规划,合理布局,完善服务功能,开展必备型、服务型和特色型不同商业服务。必备型商业以满足旅行基本需求为主,可开展食品、饮料、旅行用品等零售及快餐等简单餐饮服务,可配备自动售货机和 ATM 机。服务型商业以旅行配套便民服务为主,可开展寄存、交通、旅游等旅行服务。特色型商业以满足个性化、区域性、特色化消费需求为主,可开展土特产及品牌专卖、餐饮服务。

(15)广告设置规范安全,与车站环境相协调,不影响站容和车站应有的服务功能;车站广告业务应当依法经营,广告发布的内容、形式应当符合有关规范,布局合理,安全牢固,内容健康,不得挤占和遮挡铁路图形标志、业务揭示、安全宣传等客运服务内容或位置。除车站站区围墙、栅栏外,不得在任何载体上采取直接涂写的方式发布广告。

3. 环境卫生

(1)加强环境保护宣传,使用备品、材料等符合国家环保规定。

(2)应使用专业保洁机具和清洁工具适时保洁,不干扰旅客,保洁用具隐蔽存放。

(3)各服务处所定期开展"消毒、杀虫、灭鼠"工作,蚊、蝇、蟑螂等病媒昆虫指数及鼠密度符合国家规定。

(4)禁止吸烟的服务处所做好不吸烟宣传,及时制止吸烟行为。

(5)站容整洁美观,环境幽雅,窗明地净,物见本色;卫生间干净整洁,设施良好,正常使用。站台、天桥、地道等处所无积水、积冰、积雪,股道无杂物。

(6)垃圾箱(桶)定期消毒,保持清洁,垃圾桶内配有垃圾袋。列车投放的垃圾及时清运。设置垃圾处理或中转场所,日产日清,储运密闭化。

4. 文明服务

(1)做到全面服务、重点照顾,帮助旅客解决旅行困难;为有需求的老、幼、病、残、孕旅客提供帮助;尊重民族习俗和宗教信仰。

(2)根据车站条件,为不同等级席别或有不同需求的旅客提供相应服务。大型车站设置的贵宾候车区应为商务座旅客提供免费的小食品、饮品、报刊等服务,配备专职服务员,引导乘车。对其他有需要的旅客实行收费服务,服务项目和收费标准对外公布。

(3)上岗着装统一、得体,仪容整洁,佩戴职务标志,不穿高跟鞋、尖跟(头)鞋、拖鞋,不佩戴明显饰物;女客运人员着裙装时,丝袜颜色应统一。不染彩色头发、指甲,男不留长发、胡须,女淡妆上岗,发不过肩。

(4)行走、坐立姿态端正。立岗姿势规范,精神饱满;服务时,态度和蔼,表情自然,举止文明,庄重大方。

(5)在旅客多的地方行走时要先示意后通行,与旅客走对面时要主动让路,不与旅客抢行;挪动旅客物品时,应征得旅客同意。

(6)为旅客服务遇有失误时,向旅客表示歉意;对旅客的配合与支持应表示感谢。

(7)办理交接时行举手礼;客运人员在列车进出站时,面向列车行注目礼。

(8)使用普通话,用语文明,表达准确,口齿清晰,对旅客称呼恰当。

(9)实行首问首诉负责制。旅客问讯时有问必答,回答准确,对旅客提出的问题不能解决时,应引导到相应岗位,并做好耐心解释。

(10)有空调的服务处所温度适宜。各服务处所空气质量符合国家标准《公共交通等候室卫生标准》的规定。

(11)各服务处所有充足的照明和应急照明设备。

(12)广播以方便旅客旅行生活为主,覆盖各服务处所,实现分区广播。及时通告列车运行情况、检票信息等,语音清晰,音量适宜;可根据需要做好专题宣传,不得播放商业广告。

(13)列车晚点应及时通告,晚点超过 15 min 以上时,站长代表铁路向旅客道歉。

(14)收费项目和标准公开,符合国家规定。

(15)对旅客遗失物品应及时公告,妥善保管,设法归还失主,无法归还时按规定处理。

5. 售票组织

(1)根据客流量开设适当数量的售票窗口。

(2)车站窗口办理车票预售、改签、退票等业务,发售团体票、异地票等。大、中型车站设置不同用途的售票窗口,向旅客公布窗口车票发售信息和售票时间。

(3)积极推广电话、互联网、自动售票机等多种售票方式,以及方便快捷的支付和检票方式,车站可设置专用取票窗口。

(4)中国铁路客户服务中心网站(www.12306.cn)为旅客提供购票、改签、退票等服务,车站、铁路客票代售点或自动售票机应为旅客提供换票服务。

(5)为在中国铁路客户服务中心网站购票的旅客提供凭购票时所使用的二代居民身份证原件进出站检票服务。

(6)车站应公布本站各次旅客列车到开时刻、剩余票额、旅客须知、客运杂费收费标准等信息。

(7)售票、改签、退票做到准确无误,唱收唱付,为退票旅客提供报销凭证。残疾人专用席位按规定发售。

(8)自动售票机性能良好,保证使用。随时补充零钞、票卷、凭条,发生故障及时修复。

(9)车站售票网点布局合理,管理规范,符合铁路售票相关规定。

6. **候车乘降**

(1)候车区(室)应公布本站各次旅客列车到开时刻、车站平面示意图、安全须知、旅客须知、服务项目等信息。补票处配备衡器,设置列车到达预告显示屏,公布到达补票相关规定、客运杂费收费标准等信息。

(2)旅客进站安全检查秩序良好,通道畅通。

(3)大、中型车站服务台或问讯处,配备查询终端、电话等服务设施和服务备品,受理旅客问询、投诉等服务。

(4)根据客流量和站场条件确定检票时间,应在本站营业场所通告停止检票的提前时间。原则上列车检票时间不晚于开车前 15 min。

(5)进出站检票前,宣传自动检票机使用方法,设有人工检票通道,保证旅客快速进出站。

(6)加强乘车安全宣传,组织旅客按站台地面车厢位置标志在安全线内排队等候,列车停稳后组织旅客有序乘降,车站客运人员应与列车长在规定地点进行交接。

(7)同一站台有两趟动车组同时乘降作业时,车站工作人员应加强站台组织和宣传,防止旅客误乘。

(8)出站快速畅通,按规定查验车票,正确为旅客办理补票业务和携带品超过规定补收运费手续。

(9)换乘客流较大的大型车站,可设置相应设备和引导标志,方便旅客换乘。

7. **饮食供应**

(1)高铁车站内的食品经营者应符合《铁路运营食品安全管理办法》的有关规定,经铁路食品安全监督机构许可后,方可从事食品经营活动。食品经营单位的食品安全管理制度健全,从业人员个人卫生良好,持有效健康证明上岗工作。

(2)食品经营者应严格执行食品安全有关规定。饮食品的加工、贮存场所符合卫生要求,各种用具清洁,消毒合格;不出售不符合《食品标识管理规范》的食品;销售散装熟食品时符合卫生规范要求,使用售货工具,不徒手接触食品,提供符合卫生要求的小包装。

(3)经营行为规范,明码标价,质价相符,文明售货,提供发票。经营场所设置合理,不影响旅客通行。

(4)大、中型车站给水设备设施作用良好,正常使用,冬季有防冻措施,车站为旅客免费提供饮用水,水质符合国家标准要求。

8. **人员素质**

(1)客运人员应当具备高中(中专)及以上文化程度和较强的语言表达能力。体检合格,持有效健康证。按国家职业标准要求,通过职业技能鉴定,取得职业资格证书。

(2)客运人员上岗前应经过本岗位铁路安全知识、业务规章、应急演练和设备操作培训,通过理论、实作考试合格,持证上岗。

(3)客运人员应熟知本岗位业务知识,严格执行规章、制度、作业标准;熟练操作客运服务设备设施,具备妥善处理突发情况的能力。

(4)客运值班员须从事客运工作时间满两年以上,一般具有大专及以上文化程度。熟悉客运各工种业务,具备较强的组织管理、妥善处理问题和较强的语言表达能力。

(5)综控室人员须从事客运工作时间满一年以上，一般具有大专及以上文化程度。熟悉客运各工种业务，能够熟练掌握计算机和综控室相关设备设施操作技能，具备较强的组织指挥和妥善处理问题能力。

9．基础管理

(1)管理制度健全，有制度、有考核、有记载。业务资料配置齐全，规章、文电、摘抄修改及时、正确。票据、台账、报表填制规范、数据准确、保管完整。

(2)票据、现金管理制度健全，营运进款结算准确，及时入柜，按时解款，保证安全。

(3)定期分析服务质量状况，制定改进措施，完善管理制度。

三、重点旅客服务

1．重点旅客范围

根据《铁路旅客运输服务质量标准》中的规定，"重点旅客"是指老、幼、病、残、孕旅客。根据铁道部《关于加强重点旅客运输服务工作的通知》规定，"特殊重点旅客"是指靠辅助器具才能行动的重点旅客。

2．完善重点旅客服务设施

车站应设重点旅客售票窗口，供重点旅客优先购票。

车站应设重点旅客候车室，不具备条件的车站，已经开设军人、母婴候车室的，可与其共用，未开设军人、母婴候车室的，应在方便的区域设重点旅客专座。

已有无障碍设施设备的车站，应确保相关设备设施功能完好并供旅客使用。

3．规范服务作业程序

车站应优先满足重点旅客购票。优先安排重点旅客检票进站。发现需要特殊照顾的特殊重点旅客，必须主动询问，主动提供服务。送上车时，应与列车长办理交接。旅客列车对车站交接和列车上发现的特殊重点旅客要做好重点服务，并与到站办理交接。

站、车之间应及时通报特殊重点旅客服务信息，车站发现特殊重点旅客时，由客运值班站长通知旅客到站客运值班站长；车上发现时，由列车长通知旅客到站客运值班站长。

通知内容包括发站、车次、到站、到达日期、车厢号和服务需求(轮椅、担架、救护车、人工服务等)。到站根据通知要求做好提前接站准备及服务工作。

车站、列车要建立"重点旅客服务登记交接簿"，交接办理签字手续。

四、铁路客户服务中心

2010年，为更好地为广大旅客、货主服务，铁道部以部信息技术中心注册了"中国铁路客户服务中心"网站(http://www.12306.cn)。该网站是铁路服务客户的重要窗口，在建立之初，该网站主要是为旅客、货主提供铁路客货运输业务和公共信息查询服务，旅客、货主可以通过网站查询旅客列车时刻表、票价、运价和相关客货运规章等，随着网站功能不断的完善，逐步增加了列车正晚点、车票余票等查询功能。

2011年，铁道部推出了互联网售票功能，使"中国铁路客户服务中心"网站的服务功能更趋完善。

2011年1月，为满足铁路旅客、货主对客货服务质量要求，不断创新服务方式，提高服务质量,根据铁道部要求,各铁路局相继成立铁路客户服务中心。其中北京铁路客户服务中心除承担北京铁路局管辖范围内铁路客户服务业务外,同时受铁道部委托,负责铁路的客户服务业务,并对其他铁路局的铁路客户服务中心进行业务指导。

各铁路局铁路客户服务中心主要通过互联网、电话、短信、信函、邮件等形式,为客户提供客货运输信息咨询、客货运输及延伸服务,受理铁路客户投诉、咨询和建议,进行铁路客户关系管理等服务。

目前,铁路客户服务中心主要的功能和服务项目包括客运服务、货运服务、行包服务、车站引导、铁路常识、站车风采和客户信箱等。其中,客运服务包括网上购票/预约、退票、余票查询、旅客列车时刻表查询、旅客列车正晚点查询、票价查询、客票代售点查询和客运营业站站点等业务模块。

五、铁路客运服务工作的礼仪规范

服务礼仪是服务人员在自己的工作岗位上对别人表示尊重的一种规范化礼仪和应当严格遵守的行为规范,是要求服务人员在自己的工作岗位上向服务对象提供服务时标准的、正确的做法,是在服务过程中对旅客的尊重,也是对自己的尊重。它主要包括客运服务人员的仪容仪表、职业化妆、动作规范、行为规范、语言规范等内容。

1. 仪容仪表

(1)仪容仪表修饰的总体要求是整洁、庄重、简洁、大方。

(2)衣容整洁是指穿着制服要整洁干净,规范得体,颜色搭配整体协调,根据制服配置打领带、扎领结。制服尺寸要得体,过分地肥大,会显得无精打采,呆板滑稽,过分地瘦小,则又有可能捉襟见肘,工作不便;衣服穿前烫平,穿后挂好,做到上衣平整,裤线笔挺,夏季穿立领短袖衬衫时,衣摆不外露;有褶皱、残破、污渍、异味的衣服不能穿。注意四长(袖至手腕、衣至虎口、裤至脚面、裙至膝盖)、四围(领口以能插入一指大小为宜,上衣的胸围、腰围及裤裙的臀围,以配穿一套羊毛衣裤的松紧为宜)。

(3)职务标志佩戴。胸章(长方形职务标志)佩戴在上衣左胸口袋上方正中,上衣左胸无口袋时,佩戴在相应位置;臂章(菱形职务标志)佩戴在上衣左袖肩下四指处。

(4)要求客运人员上岗时穿着统一路服、制服,能够最大限度地发挥服饰所具有的体现职业的职能,进一步强化其职业特点,是树立企业品牌形象的最佳宣传和广告;穿着统一制服具有鲜明的标识、易于大家区别身份,使着装者在内心之中形成一种良好的特殊感、责任感和荣誉感,有助于维护自尊,又易于受人尊敬,它还具有鞭策作用,促使其更为积极、主动地服务于人,并且能约束自己的行为,同时可以起到保护自己,方便工作,便于管理的作用。

(5)不歪戴帽子、敞胸露怀,不高卷袖筒、挽起裤脚,女性应避免穿颜色华丽的鞋袜;穿裙子时短袜袜口不外露,丝袜要高于裙装,并留意是否脱线和破损;工作中不穿高跟鞋、尖跟(头)鞋、拖鞋,穿凉鞋时不露脚趾、脚跟。

2. 职业化妆

(1)化妆修饰是指使用专用的化妆用品所进行的仪容修饰,适度的化妆修饰,可展示自己的优点,掩饰弊短,体现服务人员的自尊自爱、爱岗敬业、训练有素。恰当的化妆是对自己的一种尊重,同时也是对个人形象的一种爱护。职业妆的要求是得体大方,既要讲究美观自然不呆板,又要讲究合乎常情,不标新立异、不追求前卫、不追求另类、不残妆示人。应以淡雅、简洁、适度、庄重、避短为主要风格。客运服务人员不能浓妆艳抹、离奇出众,禁忌在岗上和旅客面前化妆。

(2)面部修饰包括眉、眼、口、唇部,要保持洁净卫生、清爽自然,无灰尘、泥垢、汗渍,无分泌物。眼部的修饰要清洁,不戴墨镜、太阳镜。

(3)口部的修饰要自然无异味,嘴唇口红的颜色色彩柔和自然,不宜太红、太艳,男士不留胡须;上岗前避免食用一些气味过于刺鼻的饮食,主要包括葱、蒜、韭菜、虾酱等,保持口腔无异味。

(4)发部修饰要保持干净整洁,风格庄重,要经常洗头,保持头发不粘连、无发屑、无异味;不染彩色头发和怪异的发型,五彩斑斓的发色和怪异的发型不适合服务人员的形象;男不留长发,头发长短要适当,最长前发不覆额头,侧发不掩耳朵,后发不触衣领,也不得留光头;女发不过肩、不挡眼,这样便于工作,过长的头发要采取一定的措施,在上岗前盘起、束起、编起,或置于工作帽之内。

(5)肢体修饰要注重手部的修饰保洁,经常清洗,不蓄留过长的指甲,通常指甲不宜长过其指尖,不染彩色指甲,不在手背、手臂上刺字、刻画。

(6)饰物一般是指能够起到装饰作用的物件,佩戴饰物对于人们的穿着打扮,尤其是对于服装而言,只起着辅助、烘托、陪衬、美化的作用,它与服装不同,可以使用,也可以不使用。客运服务人员在其工作岗位上,不提倡佩戴饰品,不能佩戴耳环、手链、手镯和外露的项链、脚链、腰链,不能在面部耳垂以外佩戴饰品,以保持整洁、庄重、大方;佩戴耳钉、婚戒、胸针、发饰时注意要男女有别、适合身份、把握分寸、区分品种、慎重选择,掌握以少为佳的原则,同时佩戴饰品不得超过两件。

3. 行为规范

(1)站姿。头正,肩平,身直。两腿立直并拢,双脚的根部紧靠于一起,站姿亦应男女有别,形成不同的风格,男子的站姿应刚毅洒脱、挺拔向上,女子应站得庄重、大方;男性双脚呈"V"字形,分开约一拳左右的距离,女性双脚并拢右脚略向后,脚尖分开成"丁"字形,穿裙装的女士站立时双腿则必须并拢;双手置于身前时,男士的左手搭在右手上,女士的右手搭在左手上,搭在一起的双手自然下垂贴放在腹部。不要探脖、塌腰、耸肩、双腿弯曲或不停地颤抖。

(2)立岗时,挺胸,收腹,两脚跟并拢,脚尖略分开,身躯正直,两肩齐平放松,稍向下沉,身体有向上的感觉,呼吸自然;两臂和手在身体两侧自然下垂,手指自然弯曲,掌心向内轻触裤缝;下颌微收,双眸平视前方,面带微笑,胸部稍挺,小腹收拢。两脚间距离不超过肩宽,双腿并拢立直,膝盖、两脚跟靠紧,脚尖分开呈60°;要保持姿势规范、精神饱满,体现出客运服务人员良好的职业素养、充满活力和生气的精神面貌,体现出纪律严明、训练有素的队伍形象,充分显示一个单位的管理水准和铁路客运职工的人员素质、精神面貌。不要手插在衣兜内或抱肩,不要做小动作。

(3)行姿。身体协调,姿势优美,双臂平稳,双肩前后自然摆动,摆幅以 30°~35°为宜,双肩不要过于僵硬;步伐从容,步态平稳,步幅适中、均匀,两只脚的内侧落地时理想的行走线迹是一条直线,男性和女性着裤装时行姿应自然大方,脚印落于一线的两侧,女性着裙装行走时脚印基本在一条线上;眼睛平视,微收下颌,面带微笑,不左顾右盼、盯住行人乱打量或低头看地不抬头;与人告别时,先后退两步再转身离去,退行时脚轻擦地面步伐要小,先转身后转头;停步、拐弯、上下楼梯时,应从容不迫,控制自如。不要摇头晃肩、弯腰佝背、迈"八字步"、脚蹭地面。

(4)坐姿。入座前,腿与座椅应有 30 cm 的距离;就座后要端正、文雅、得体、大方。坐时双腿并拢,上体挺直,坐正,两脚略向前伸,双手放在膝盖上或座椅扶手上,也可双手相叠或相握,有办公桌时双手置于其上;女士两腿并拢,同时向左放或向右放,也可两脚交叉,置于一侧,两手叠放置于左腿或右腿上。

(5)不能前倾后仰、歪歪扭扭,腿脚不可不停地抖动,不宜双腿叉开过大或直伸出去,不能将脚放在桌上或蹬踏物品和跷"二郎腿",工作期间不能头部靠在椅背上或上身趴伏在桌椅上。

4. 动作规范

(1)手势是人们交往时不可缺少的动作,是最有表现力的体态语言。与旅客交谈时,不宜手势过多,介绍他人或为旅客引路、指引方向手势要柔美、流畅,手掌自然伸直,掌心向内向上,手指并拢,拇指自然稍稍分开,手腕伸直,使手与小臂成直线,肘关节自然弯曲,大小臂的弯曲以 140°为宜。指示方位时根据指示距离的远近调整手臂的高度,身体随手的方向自然转动,目光与所指示的方向一致;收回时,小臂向身体内侧略成弧线自然收回。切忌用单个手指指示方位。

(2)和旅客说话、站立、引路、要保持适当的距离,一般服务距离在 0.5~1.5 m 之间为宜,引导带路服务在左前方 1.5 m 左右为宜,待命服务距离在 3~5 m 之间为宜。

(3)鞠躬时应面带微笑,双脚并拢,脚尖略分开,双手四指并拢,交叉相握,右手叠放在左手之上,自然垂于腹前,身体向前,腰部下弯成 15°,头、颈、背自然成一条直线;上身抬起时,要比向下弯时稍慢些;视线随着身体的移动而移动,视线的顺序是:旅客的眼睛—脚—眼睛,礼毕直起身时,双眼应该有礼貌地注视着对方。一般情况下,鞠躬时必须脱下帽子,因戴帽鞠躬是不礼貌的。

(4)取拾物品。在较低位置取拾物品时,不得弯腰,必须下蹲。下蹲时,一腿在前一腿在后,双腿并拢,腿高一侧的手轻扶在膝盖上,腿低一侧的手用来取拾物品,背部尽量保持自然挺直,轻蹲轻起,直蹲直起。

(5)端拿递送时面带微笑,和旅客有适当的语言交流和眼神交流。端托盘时,双手端住托盘的后半部分,大拇指握紧托盘内沿,其余四指托住托盘底部;托盘的高度应在腰间以上胸部以下,托盘端平,微向里倾斜;托盘上放置的物品不应过高,以不超过胸部为宜。拿东西时,应轻拿轻放。拿水杯时,应该一手握住水杯把手(无把手水杯应拿水杯的下 1/3 处),一手轻托水杯底部。递送东西时,应站在旅客的正面与之成 45°的地方,双手递送;递送东西应到位,当对方接稳后再松手。

(6)客运服务人员通常不宜主动伸手与旅客握手,旅客与你握手时,不能戴手套和旅客握手。

(7)举止行为要注意,不在旅客面前背手、叉腰、抱膀、手插兜,不高声喧哗、嬉笑打闹、勾肩搭背,不在旅客面前接打手机、吃食物、吸烟、剔牙齿、挖鼻孔、掏耳朵,不出现随地吐痰、乱扔杂物等其他不文明、不礼貌的动作、行为。

5. 语言规范

(1)言为心声。语言是思想的流露,在生活交往中,我们无时无刻不在利用语言进行交流,能够掌握语言的规范,尽其所能在工作中施展自己的语言魅力,定会带来意想不到的效果,使服务更出色。

(2)客运服务人员和旅客讲话时,语言一定要讲文明有礼貌,要表达准确,口齿清晰,发音正确,语调柔和,音量适中,快慢有度,语气谦恭。工作中,要使用"请、您好、谢谢、对不起、再见"十字文明用语。对旅客称呼时必须使用"您"字;接待旅客时必须首先说"您好";要求旅客做某件事时必须说"请";工作失误或未能满足旅客要求时必须说"对不起";需要旅客协助工作时必须说"劳驾";旅客对工作予以配合时必须说"谢谢"。

(3)对旅客讲话时应态度和蔼,音量适宜,称呼恰当,语言表达得体准确。听旅客讲话时应认真倾听,不得随意打断,正在行走遇有旅客问话时应停下来回答。

6. 客运人员服务礼仪规范要求

(1)上岗前,做好仪容仪表的自我检查,着统一服装,做到仪表整洁、仪容端庄,符合铁道部《铁路旅客运输服务质量标准》的要求。

(2)接待旅客时,保持精神饱满、面带微笑、思想集中,注意讲究自己的形象,坐姿、站姿和行姿都要自然得体。

(3)有旅客来问讯时,应主动上前或起立,彬彬有礼亲切问候,或请旅客就座慢慢细说。对内宾要用普通话,不能用方言;对外宾能用英语或其他外语进行交谈。

(4)对旅客的问题,要尽力给予全面详细准确的答复,使对方感到可信、放心、满意。对自己能答复的问题,决不借口推托给其他部门解答。

(5)对待旅客要做到百问不厌、用词贴切、简洁明了、口齿清楚。

(6)在接待旅客投诉时,首先要做到热情接待、耐心听取、冷静分析,即使对方怒气冲冲、情绪激动,甚至蛮不讲理,也不能受其影响而冲动。相反,要心平气和、善解人意、逐步引导,充分尊重投诉者的心情,尽力帮助旅客处理好事务。

(7)在听取旅客投诉时,应同时做好必要的书面记录,表示本部门对事情的重视,避免旅客误认为在敷衍了事、办事草率。

(8)对旅客的投诉,除表示理解、同情、重视外,要迅速根据实际情况做出必要的调查和核实,拿出妥善解决的方法。但需要注意,处理问题不能主观武断,不得轻易表态,不要简单回答"是"或"非",更不可擅自做不合实际的承诺,以免部门遭受不必要的名誉和经济损失。

(9)在处理突发事件时,要沉着、冷静、果断,及时与有关方面通报信息,尽快求得指示和协助,在礼貌服务中体现优质高效。

六、客运服务技能技巧

车站是铁路的"窗口",热情周到的服务能让"窗口"更明亮。客运人员不仅要有娴熟的业务技能,还要有一定的服务技巧,让每一位旅客感受到真诚的服务。

1. 问讯服务技能技巧

(1)一般问讯服务技能技巧

①当旅客来到你面前,你应面带微笑地正视他,并彬彬有礼地问上一句"您需要帮助吗?"这样,很快就会消除旅客的焦虑和不安的情绪,双方间可在融洽的氛围中交流。

②当旅客向你询问时,应热情回答他的提问。在路上遇到有人问讯时,应停下脚步主动关

切地问他"先生（女士），您有什么事需要我帮忙吗？"以示你的诚恳和亲切。

③解答旅客问讯，应做到首问负责制，对不知道的事或拿不准的事不要信口开河，敷衍应付旅客。应把旅客带到问讯处或和有关岗位去咨询，力求做到问讯工作的善始善终。

④当旅客向你问路时，如果你知道他所问的地方，应清楚详细地告诉对方怎么走，必要时可以画一张路线图；若不知道，可以说"对不起，先生（女士），您说的这个地方我也不太清楚，不过您可以到车站问讯处，让那儿的工作人员帮您查一下地图，好吗？"这时，你应马上带他到问讯处，或清楚地指示他怎么走才能到问讯处。

⑤在问讯服务中，应尽量做到百问不厌、百问不倒。

(2)问讯处服务技能技巧

①问讯处是旅客求助的中心，应为旅客提供整洁明亮的问询环境和先进的问讯设备。设备尽量采取"开放式"，让旅客与服务人员面对面进行微机和联网查询，有条件车站还应安装触摸式电子查询设备，以供旅客查询。另外，还应提供丰富的问讯资料供旅客翻阅。

②面对旅客的询问，应双眼正视旅客全神贯注地倾听，注意不要随便打断对方的问话，要让对方把话讲完。需要插话时，应当在对方讲话告一段落再进行。不要直接否定对方的讲话，更不要"抬杠"。如果没有听清旅客的问话时应说"对不起，请您再说一遍，好吗？"

③回答询问时要站立端正，使用普通话，声音大小适中，语气要温和、耐心、愉快、准确地回答。同时，应注意对旅客一视同仁，不以貌取人，以丰富的业务知识，用自己的热情、真诚来赢得每位旅客的信任。当旅客向你表示感谢时，应微笑谦逊地回答"不用谢，这是我应该做的。"

④如果有众多旅客询问时，要从容不迫地一一作答，不能只顾一位，冷落了其他人。凡是答应旅客随后再作答复的事，一定要守信用，适时作出答复。

"问不倒，是努力的方向；问不恼，是职责标准"，大连站问讯处吕玉霜对问讯工作给出了很好的回答。

2. 危险品检查服务技能技巧

(1)检查前，应主动说"谢谢您的合作"，并主动伸手帮旅客把包放到检测仪上或抬到桌上进行例行检查。如果旅客较多，应手脚利索地协助旅客进行检查，同时提醒后一个旅客做好准备，以加快速度。

(2)检查中，对旅客携带物品有疑问时，最好不要当着其他旅客的面检查包内的违禁品，应把包拿到一旁，协助公安值勤人员开包检查。开包时，应由旅客自己开包，再进行检查。检查时，应注意动作幅度，不能乱翻乱找，检查完毕，应主动为旅客关包。发现了违禁品，应保持平和的心态，向旅客详细指出哪些物品属于违禁品，严禁带进站、带上车，同时没收违禁品。若未发现违禁品，应当立即向旅客表示致歉，以示诚意。

(3)检查过后，应向旅客表示感谢"对不起，给您添麻烦了，祝您旅行愉快，再见。"

3. 候车室服务技能技巧

候车室是旅客等候乘车的场所，昼夜都有大量的旅客流动，客运人员必须为旅客创造一个整洁卫生、秩序良好的候车环境。

(1)卫生宣传要讲究艺术，忌用警告的语言。如"根据××部门的规定，一不准……，二不准……，否则罚款"等。这种生硬的语气让人听后感觉很不舒服，甚至会使旅客产生逆反心理。

(2)清扫卫生应把握好时机，应根据列车开、到时刻，在候车室内旅客较少时进行清扫工作,减少对旅客的干扰。清扫时服务态度应热情,语言表达上应该更多地体现出相互尊重、友好相处的意愿。例如,扫地需要旅客配合时,可以轻轻地说"对不起,请您抬一下脚。"扫地结束后,为感谢旅客的配合,应说"谢谢"。

(3)旅客候车,客运人员应主动迎候,随时为他们提供服务,指明他们确切的候车地点,按照"人坐两行,包摆一趟"(小件物品除外)的方法,安排旅客候车,这样既保证旅客休息,又做到井然有序。

(4)检票时,客运人员应面带笑容地向旅客点头,说一声"您好"或者说"您好,先生(女士),请您出示您的车票",执行"一看、二唱、三下剪"制度,并做到"六不放"(即携带品超重超限不放、身份证件不符不放、日期车次不符不放、小孩单独旅行不放、精神病人无人护送不放、携带危险品不放)。检票后,应主动把车票递到旅客手中,交还车票时可说:"祝您旅途愉快"或者说"请您走好,再见"等等。

如果几个旅客的车票全由一个人拿着,而这个人又走在最后面时,可委婉地说:"请问你们几位的车票在谁哪儿? 别着急,让我先核对一下车票再走,好吗?"。

当看到不是本次列车的旅客来检票时,可对他(她)说:"对不起,先生(女士),您的车票不是这趟车的,请您到×号候车室等待检票上车。"

检票停止后再有旅客赶来时,应委婉地制止让他进站,同时,用和蔼亲切的语气耐心地安慰他:"您别着急,您改乘××列车同样可以到达,您可去售票处×号窗口办理改签手续。"

高铁车站在检票前客运人员应主动向旅客宣传和演示自动检票机使用要求。检票时,做好引导,对不会使用检票闸机的旅客应主动协助,耐心地说:"请让我来帮助您,应将车票正面向上插入闸口,等车票从出口弹出,再取回车票。"

4. 出站口服务技能技巧

(1)出站引导

多数旅客刚下车时,很难辨别方位,应通过广播适时宣传引导。在站台、地道、天桥、出站口等处设置引导装置,通过电子屏无声地引导旅客出站。同时,客运人员应服务在刚下车的旅客身边,随时为旅客指明出站方向,以保证旅客井然有序地快速出站。

(2)验票

①验票时,应着装整洁、精神饱满地站在岗位上,向旅客微笑致意,同时,主动伸手去接车票,认真看清票面内容。不要等旅客把票递到你胸前你再去接或干脆让旅客举到你面前让你查验,这样做是对旅客的怠慢和不尊重。

②计算机票、代用票、区段票应销角后交给旅客,注意不要毁坏印有票价的部分。出站人员的站台票应将其副券撕下。误撕车票时,应换发代用票。对旅客遗弃的车票,应及时装入废票箱中,以免流失。

高铁车站出站口客运人员应做好对旅客的引导,帮助旅客正确使用自动检票机。

(3)补票

①发现旅客没有车票想混出车站,不应大喊大叫、尖酸刻薄地训斥、挖苦,也不要用劲地拉拽或推操旅客,可以用手或身体礼貌地挡住他,声音平缓、语气委婉地告诉他到补票处去补票。

②当看到旅客拿的包很重很大、背着都吃力有可能超重时,不能生拉硬拽非让他去补费。你应主动走上前去,帮他抬着走,唠家常式的说"先生,您从哪里来呀,就你自己拿这个大包,

可够重的。"然后,再切入主题"先生,您拿的这包好像有点超重了,上车时怎么没去托运呢? 我帮您拿去称下重量,好吗?"如果确实超重,应及时向旅客指出"先生,您看,您的包都超20 kg了,应该补收运费。"如果没有超重,应及时向旅客道歉"对不起,给您添麻烦了,有人接您吗? 我可以帮您叫一辆出租车。"

③遇见小孩超高补票的情况,应注意一定要量过以后才能确定小孩是否超高。有家长在身边,一定要先说服家长,不要自行拉着小孩去补票。如看见有带小孩的旅客时,你可以主动走到他们的身旁,弯下腰关切地问小孩"你叫什么名字? 今年多大了,从哪里来呀?",以消除小孩害怕和紧张情绪,让他感到你很亲切。然后,再问他的家长"这小孩有多高? 几岁了?"如果家长不愿意说,你可以拉着小孩的手说"小朋友,叔叔(阿姨)领你去量一下身高好吗?"如果小孩确实超高了,就应跟他的家长说"您看,您的小孩才×岁就长这么高了,该买大人票了。"

④补费时,应和颜悦色地用通俗易懂的语言描述相关的补费规定,并准确地说出应收费用,该补多少就补多少,不能含糊其辞。

⑤旅客没钱补票或不愿意补票时,应注意避免与旅客争吵,更不能拿旅客的物品做抵押或接受旅客的赠品,对确实没钱补票的旅客按国务院的相关规定办理。碰上蛮不讲理的旅客,可把他请到值班室,耐心和蔼地向他解释,等到他心平气和时再补票(补费)。必要时可由公安值勤人员出面,尽量避免与旅客之间产生摩擦,激化矛盾。

? 复习思考题

1. 高速铁路的定义是什么?

2. "四纵"、"四横"是指哪些客运专线?

3. 办理客运车站的主要设施包括哪三部分?

4. 我国铁路客运采用了哪些现代化服务设施?

5. 自助售票机的使用方法有哪些?

6. 铁路客运常用标志用公共信息图形符号有哪些?

7. 动车组是如何分类的?

8. 动车组上水设备的特点和作业要求是什么?

9. CRH₃₈₀型动车组列车的座席号编制采用数字和字母组合的方式,其编制规则如何规定?

10. 《铁路旅客运输服务质量标准》中规定的候车室温度范围是多少?

11. 何谓铁路旅客运输服务?

12. 站台行驶车辆的速度要求以及行邮拖挂车的辆数限制要求是什么?

13. 各铁路局客户服务中心提供哪些服务项目?

第三章　铁路旅客运输

第一节　铁路旅客运输合同

一、铁路旅客运输合同的定义

（1）铁路旅客运输合同是明确承运人与旅客之间权利义务关系的协议。起运地承运人依据本规程订立的旅客运输合同对所涉及的承运人具有同等约束力。铁路旅客运输合同的基本凭证是车票。

（2）合同是当事人之间设立、变更或者终止权利义务的协议。运输合同是承运人将旅客或者货物运输到约定地点，旅客、托运人或者收货人支付票款或者运费的合同。《铁路法》第11条明确规定"铁路运输合同是明确铁路运输企业与旅客、托运人之间权利义务关系的协议。旅客车票、行李票、包裹票和货物运单是合同或者合同的组成部分。"旅客运输合同是承运人将旅客及其行李按约定的时间安全送达目的，旅客向承运人支付规定运费的协议。客运合同的当事人，有承运人和旅客两方。

二、铁路旅客运输合同的有效期

铁路旅客运输合同从售出车票时起成立，至按票面规定运输结束旅客出站时止，为合同履行完毕。旅客运输的运送期间自检票进站起至到站出站时止计算。铁路站、车同意旅客上车补票或旅客持车站开具的上车补票证进站，也即是旅客运输运送期间的开始。

三、旅客的基本权利和义务

1. 旅客含义

持有铁路有效乘车凭证的人和同行的免费乘车儿童。根据铁路货物运输合同押运货物的人视为旅客。

2. 旅客的权利

（1）依据车票票面记载的内容乘车。

（2）要求承运人提供与车票等级相适应的服务并保障其旅行安全。

（3）对运送期间发生的身体损害有权要求承运人赔偿。

（4）因承运人过错造成的旅客随身携带物品损失有权要求承运人赔偿。

3. 旅客的义务

（1）支付运输费用，当场核对票、款，妥善保管车票，保持票面信息完整可识别。

（2）遵守国家法令和铁路运输规章制度，听从铁路车站、列车工作人员的引导，按照车站的引导标志进、出站。

（3）爱护铁路设备、设施，维护公共秩序和运输安全。

（4）对所造成铁路或者其他旅客的损失予以赔偿。

四、承运人的基本权利和义务

1. 承运人定义

承运人是指与旅客或托运人签有运输合同的铁路运输企业、铁路车站、列车及与运营有关人员在执行职务中的行为代表承运人。

2. 承运人的权利

（1）依照规定收取运输费用。

（2）要求旅客遵守国家法令和铁路规章制度,保证安全。

（3）对损害他人利益和铁路设备、设施的行为有权制止、消除危险和要求赔偿。

3. 承运人的义务

（1）确保旅客运输安全正点。

（2）为旅客提供良好的旅行环境和服务设施,不断提高服务质量,文明礼貌地为旅客服务。

（3）对运送期间发生的旅客身体损害予以赔偿。

（4）对运送期间因承运人过错造成的旅客随身携带物品损失予以赔偿。

五、增强合同权利和义务的意识

铁路旅客运输合同是依据《合同法》、《铁路法》等相关法律法规制定的标准合同,《客规》等是合同的具体内容,承运人和旅客需共同履行、遵守合同的内容。铁路客运工作人员在执行职务中的行为代表承运人,所以,铁路客运工作人员一定要掌握合同内容,强化合同意识。

铁路旅客运输合同对承运人权利和义务有明确的表述。主要体现在:

1. 承运人依法享有如下权利

（1）票款请求权。作为履行运送旅客及其行李义务的对价,承运人有权按规定或者约定向旅客收取运输费用。《铁路法》第14条规定"旅客乘车应当持有效车票。对无票乘车或者持失效车票乘车的,应当补收票款,并按照规定加收票款;拒不交付的,铁路运输企业可以责令下车。"《合同法》第294条也规定"旅客无票乘运、超程乘运、越级乘运或者持失效客票乘运的,应当补交票款。承运人可以按照规定加收票款。旅客不交付票款的,承运人可以拒绝运输。"

（2）对危险品、违禁品的处理权。危险品是指在运输途中可能发生爆炸、燃烧、腐蚀、毒害或者射线危害而需要加以特别防护的物品。违禁品是指国家法律、法规明文禁止旅客携带的物品。为了确保旅客人身安全和运输工具及其他财产的安全,《合同法》第297条第2款规定"旅客违反规定携带危险品或者其他违禁品的,承运人可以将违禁品卸下、销毁或者送交有关部门。旅客坚持携带或者夹带违禁物品的,承运人应当拒绝运输。"《铁路法》第48条规定"运输危险品必须按照国务院主管部门的规定办理,禁止以非危险品品名托运危险品。禁止旅客携带危险品进站上车。铁路公安人员和国务院铁路主管部门规定的铁路职工,有权对旅客携带的物品进行运输安全检查……"为了便于操作,《客规》第52、53条明确规定了不得带入车内的物品和相关处理规定。

（3）要求赔偿权。作为铁路运输合同的旅客方,应爱护铁路的运输服务设备设施,因旅客、托运人或者收货人的责任造成的铁路运输服务设备设施损坏,铁路有权要求赔偿。《铁路法》

第 23 条明确规定"因旅客、托运人或者收货人的责任给铁路运输企业造成财产损失的,由旅客、托运人或者收货人承担赔偿责任。"《客规》第 9 条规定"旅客应爱护铁路设备、设施,维护公共秩序和运输安全,对所造成铁路或者其他旅客的损失予以赔偿。"

2. 承运人依法应承担的义务

(1) 不得拒绝当事人合理的运输要求。《合同法》第 289 条规定"从事公共运输的承运人不得拒绝旅客、托运人通常、合理的运输要求。"铁路运输属于公共运输。通常、合理的运输要求,是指承运人在正常的运输条件下,能够做到而且不损害承运人、其他人合法利益的运输要求。《合同法》的规定实质上是为了保护旅客和托运人的利益,对承运人的缔约自由和决定合同内容的权利进行的限制。

(2) 安全、及时、准时运输的义务。《合同法》第 290 条规定"承运人应当在约定期间或者合理期间内将旅客、货物安全运输到约定地点。"《合同法》第 299 条规定"承运人应当按照客票载明的时间和班次运输旅客。承运人迟延运输的,应当根据旅客的要求安排改乘其他班次或者退票。"《铁路法》第 10 条规定"铁路运输企业应当保证旅客和货物运输的安全,做到列车正点到达。"《铁路法》第 12 条规定"铁路运输企业应当保证旅客按车票载明的日期、车次乘车,并到达目的站。因铁路运输企业的责任造成旅客不能按车票载明的日期、车次乘车的,铁路运输企业应当按照旅客的要求,退还全部票款或者安排改乘到达相同目的站的其他列车。"承运人在运输过程中,如果不能保证运送的旅客安全,除非具备法定的免责事由,否则就应对受到损害的旅客承担赔偿责任。承运人的及时运输义务,是指承运人应当按照合同约定的运输时间和车次将旅客运送到目的地。承运人应该按照客票记载的时间和席别运送旅客否则应当承担迟延运输的责任。根据《合同法》和《铁路法》的规定,其责任形式包括根据旅客的要求安排改乘其他车次或者退票。目前我们是以退票或安排改乘其他车次来解决迟延运输的问题。但需要指出的是,从《合同法》的立法趋势看,迟延运输的责任形式是否仅限于此是有争议的。一种观点认为:承运人迟延运输是一种违反客运合同的违约行为,承运方应当承担违约责任。如果承运人的这种违约给旅客造成了损失,应按《合同法》第 107 条"当事人一方不履行合同义务或者履行合同义务不符合约定的,应当承担继续履行、采取补救措施或者赔偿损失等违约责任"的规定,向旅客承担赔偿损失的民事责任。持该种观点的结果是:承运人的迟延运输给旅客造成损失的,旅客除可以要求改乘其他车次或退票外,还可以要求承运人赔偿损失。作为承运方的铁路运输部门,应当以不断提高运输服务质量,保证安全、及时、准时地履行客运合同来应对上述情况。

(3) 告知义务。承运人的告知义务是指在运输过程中应及时向旅客提供有关信息、说明有关情况的义务,包括不能正常运输的重要事由和安全运输注意事项的告知义务。《合同法》第 298 条规定"承运人应当向旅客及时告知有关不能正常运输的重要事由和安全运输应当注意的事项。"《客规》第 104 条规定"线路中断,列车不能继续运行时,应妥善安排被阻旅客。车站应将停办营业和恢复营业的信息及时向旅客公告。"铁路运输部门履行告知义务主要是通过站、车的各类揭示揭挂、安全警示标志、广播和工作人员口头宣传等。如果承运人没有履行告知义务,使旅客在运输途中受到损害或扩大了旅客的损害,承运人应当承担损害赔偿责任。

(4) 救助义务。《合同法》第 301 条规定"承运人在运输过程中,应当尽力救助急病、分娩、遇险的旅客。"承运人的救助义务是法定义务而非约定义务,故不需要在合同中约定,只要承运人与旅客订立了客运合同,就应当对旅客负有此义务。因为在运输过程中,旅客的活动范围很有限,只能在承运人提供的运输工具上活动,承运人理应为旅客提供必要的服务和帮助。《合同法》对承运人救助义务的规定,既是人道主义的表现,也是国际上通行的做法。《客规》第112条对此也有规定"发生旅客人身伤害或急病时,车站或列车应会同公安人员勘察现场,收集旁证、物证,调查事故发生原因,编制客运记录或旅客伤亡事故记录并积极采取抢救措施,按照旅客人身伤害或疾病处理的有关规定办理。"承运人在履行救助义务时应注意几个方面的问题:

①承运人对旅客的救助义务是有特定指向性。法律条文上规定承运人在旅客运输合同履行过程中对旅客的救助义务,即患急病、发生分娩及遇险的三类旅客。急病是指因旅客体质等自身原因,突然发生的疾病,如不立即抢救会造成后果。分娩是指从将要分娩到分娩结束的整个过程。旅客遇险是指由于外力的作用,使旅客受到伤害。当旅客受到伤害时,不管何种原因承运人都应进行救助。

②救助的方式。承运人遇旅客需要救助,特别是患急病旅客需要抢救、治疗时,应立即拨打"120"急救电话、广播寻找医护人员、采取正确的现场急救、及时上报等方式,进行正确救助。现场客运人员无权对旅客是否死亡进行判断。站、车客运人员应将现场情况及时向上级报告。

③承运人履行救助义务时,如果只是有救助的姿态,而未尽全力救助,则不能认定承运人履行了法定的救助义务。

④救助费用的负担。救助行为产生费用的,原则上由被救助的旅客或责任人负担;如因第三人责任的,应由第三人承担,如第三人一时无力承担,则因由承运人先行垫付,并向第三人追偿;承运人因为救助行为给其他旅客造成了损失,根据《民法通则》关于紧急避险的规定,免除对其他旅客的赔偿责任。承运人采取措施不当给其他旅客造成损失的除外。

(5)损害赔偿义务。对运输过程中因事故导致的旅客伤亡,除承运人具备法定免责事由外,应当履行赔偿义务。旅客自带物品发生毁损、灭失的,如承运人有过错的,也应予以赔偿。

第二节　乘 车 凭 证

乘车凭证包含车票和各类乘车证。

一、车　票

(一)车票的作用

(1)旅客乘车的凭证。

(2)旅客和铁路缔结运输合同发生运输关系的依据和基本凭证。旅客购票后即与铁路的运输合同关系成立,旅客进站剪票后即是运输合同关系生效。旅客按票面规定运输结束出站后,即为旅客和铁路运输合同履行完毕。旅客运输的运送期间自检票进站起至到站出站时止计算。

(二)车票票面载明的信息

车票票面(特殊票种除外)主要应当载明:

（1）发站和到站站名。

（2）座别、卧别。

（3）径路。

（4）票价。

（5）车次。

（6）乘车日期。

（7）有效期。

实名制车票应标明旅客购票时使用的有效身份证件号码，使用二代居民身份证时还应标明旅客姓名。

（三）车票的分类

1. 车票按性质分

（1）车票中包括客票和附加票两部分。客票部分为软座客票、硬座客票。附加票部分为加快票、卧铺票、空调票。

（2）附加票是客票的补充部分，可以与客票合并发售，但除儿童外不能单独使用。

2. 车票按形式分

车票按形式分为磁介质、薄纸式、电子式车票。

（1）磁介质车票

磁介质车票票面长宽尺寸为：85.6 mm×53.98 mm，四角倒圆。票面以细微网格为基本底纹，票面主要背景图案为一列动车组列车从右向左快速行驶的画面。票面下方有一条英文字母 CR 组成的微缩防伪线。票面左上角印有本张车票票号，票号为红色。票面整体颜色基调采用浅蓝色系。车票背面印有白色"铁路旅客乘车须知"。用于动车组列车时，右下角打印"和谐号"字样，如图 3-1 所示，用于其他列车时无此字样。

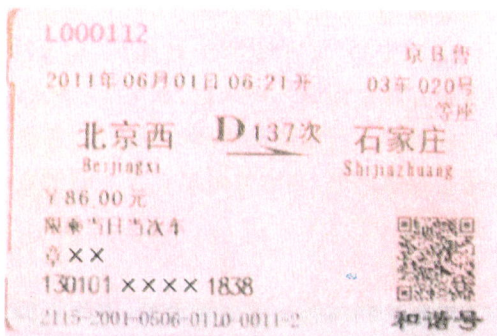

图 3-1 磁介质车票

磁介质车票主要适用于车站配备的自动检票机，自动检票机能识别当日当次车的车票，持磁介质车票的旅客可通过自动检票机检票后快速进出站，磁介质车票通过自动检票机，如为当日当次车票，检票闸机会回写检票磁信息并打印进站标志（进站标志为▶，出站标志为覆盖进站标志的■）。

（2）薄纸式

①计算机票。计算机票尺寸为 90 mm×90 mm，正面为粉红色，底纹是"中国铁路 CR"字迹，在字迹间横向有三角花纹对称图案，四周有 4 mm 宽的白边，背面为白色或者是广告。票面上除左上角是红色油墨字迹的票号以外，其余均为黑色字迹，右上角是发售站，下面是到站、车次，再下面依次是乘车日期、发车时间、车厢号、坐号（卧铺号）、票价、有效日期、条码（根据铁运函〔2009〕1560 号规定，自 2009 年 12 月 10 日，条码由一维码改为二维码）、数字等内容，文字采用铁路专用的字库字体，如图 3-2 所示。

（a）

（b）

图 3-2　薄纸式计算机票

②列车移动补票机补的车票。列车移动补票机补的车票红色水纹线组成"中国铁路"和"CR"。票纸采用 120 g 白色热敏纸，尺寸58 mm×80 mm，如图 3-3 所示。

③代用票。代用票为甲、乙、丙三页复写式，尺寸为 120 mm×185 mm。甲页为存根；乙页为旅客用，加印浅褐色底纹；丙页为报告页。代用票是站、车办理团体旅客票、包车及旅行变更等时使用的一种票据，如图 3-4 所示。

图 3-3　移动补票机票

④区段票。区段票分为硬座区段票、普通加快区段票和硬座普快联合区段票三种。根据票价里程分组印刷，都为厚纸单页式。票页宽度为 75 mm，长度为 265 mm，如图 3-5 所示。

（3）电子式

①乘车卡

为满足铁路旅客高速运输需要，为旅客提供方便、快捷的购票、乘车服务，铁路推出铁路乘车卡。铁路乘车卡是内装磁介质或者集成电路芯片、通过自动检票机记录旅客乘车信息的卡片式乘车凭证。

铁路乘车卡可由铁路运输企业依法自行发行，也可以采用其他企业发行，但在实施前均须报经铁道部批准。

旅客使用铁路乘车卡时，经进站自动检票机读卡确认进站、乘车至到站、经出站自动检票机读卡确认出站，为一次铁路旅客运输。自动检票机在读卡时所作的进站、出站记录分别为铁路旅客运输合同运送期间的起、止证明。

旅客向铁路运输企业购买铁路乘车卡时，铁道部门应当在旅客购卡时或者乘车后出具"客运运价杂费收据"，但只能选择其一。

铁路运输企业可以对铁路乘车卡的使用范围如乘车线路、乘车人数、列车等级、席别等进行适当的限制，但应当事先告知旅客；旅客应当遵守。否则，超过规定人数的，超过的人数应当按无票旅客处理；擅自乘坐高于规定等级的列车或席别的，应当补交票价差额；擅自乘车低于规定等级的列车或席别的，票价差额不予退还。

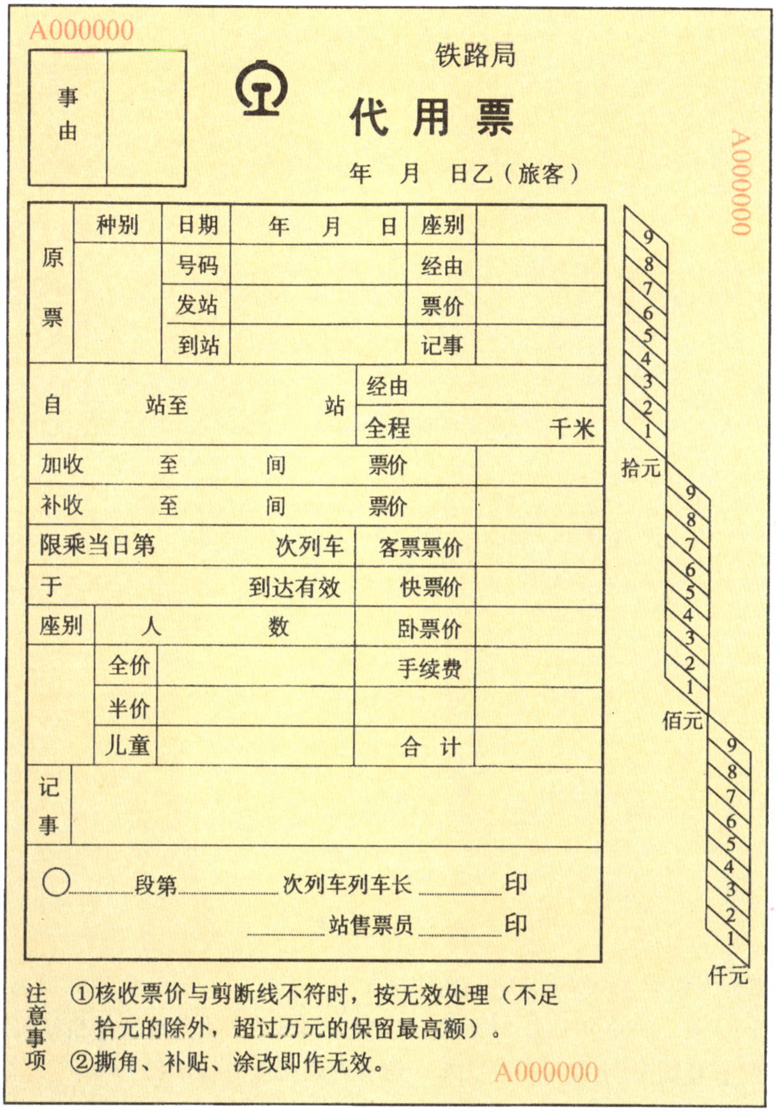
A000000

铁路局

代用票

事由

年 月 日乙（旅客）

原票	种别	日期	年 月 日	座别	
		号码		经由	
		发站		票价	
		到站		记事	
自 站至 站				经由	
				全程 千米	
加收 至 间 票价					
补收 至 间 票价					
限乘当日第 次列车				客票票价	
于 到达有效				快票价	
座别	人 数			卧票价	
	全价			手续费	
	半价				
	儿童			合 计	
记事					

○______段第______次列车列车长______印

______站售票员______印

9 8 7 6 5 4 3 2 1 拾元 9 8 7 6 5 4 3 2 1 佰元 9 8 7 6 5 4 3 2 1 仟元

注意事项 ①核收票价与剪断线不符时，按无效处理（不足拾元的除外，超过万元的保留最高额）。②撕角、补贴、涂改即作无效。

A000000

A000000

图 3-4　代用票

旅客使用铁路乘车卡乘车时，车站不向旅客提供对应的指定座位，旅客应当使用列车预留席位或者空余席位，不得占用持有席位车票旅客的席位。

铁路运输企业可以根据车站站台与自动检票机之间的距离、各车站之间列车运行时间、列车实际运行情况等规定旅客进、出站所需的合理时间；对超出合理时间的，可以采取锁定乘车卡等措施，并按时间长短核收不同的费用。

对铁路运输企业发行的铁路乘车卡，符合以下情形满一年的，按废卡处理，并按规定扣减相关费用后，将卡内余额依法办理提存手续：未办理解锁手续的，自被锁定之次日起计算；超过有效期的，自有效期届满之次日起计算。

目前，我们铁路运输企业主要为旅客提供的铁路乘车卡主要有：广深铁路银行卡和中铁银通卡。

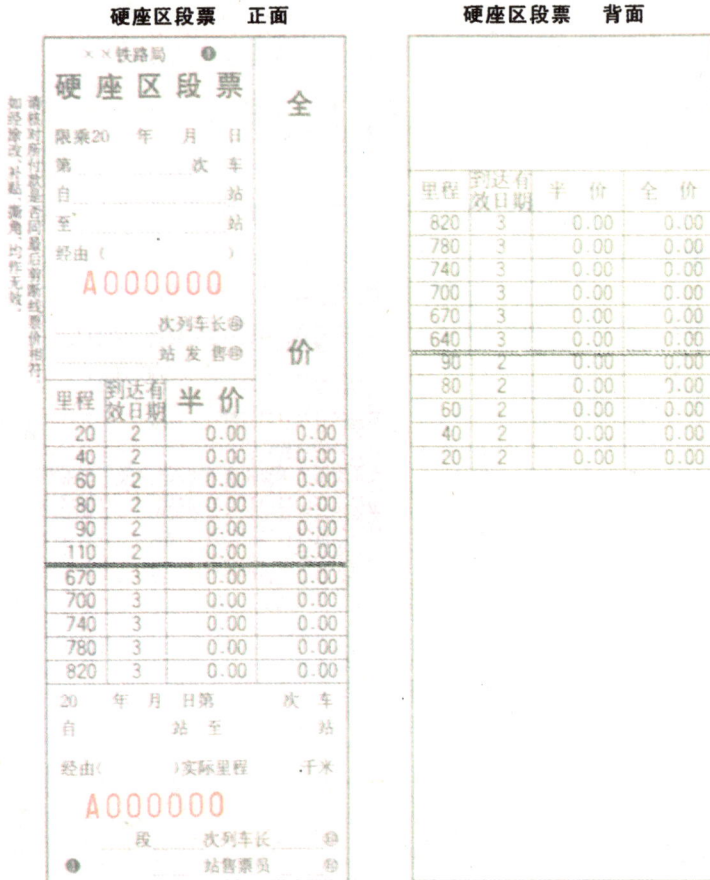

硬座区段票　正面　　　　　　　硬座区段票　背面

图 3-5　区段票

广深铁路银行卡如图 3-6 所示。它是由中国工商银行广东省分行和广深铁路股份有限公司合作发行的牡丹 IC 卡。2009 年 3 月 30 日,在广深线"和谐号"动车组开始全线启用。持卡旅客不需再排队购票,直接刷 IC 卡就可以坐火车。旅客在闸机上直接刷牡丹 IC 卡进站,在车站配备的席位机上选好自己所需乘坐的车次和坐席即可乘车,并可在出闸后进行发票打印,十分方便。

（a）正面　　　　　　　　　　　　　（b）反面

图 3-6　广深铁路银行卡

中铁银通卡。它是由中铁银通支付有限公司发行,并与相关铁路局签订使用协议后,在指定线路上使用的铁路乘车卡。中铁银通卡内含联机账户和电子现金的双介质预付卡。卡背面印有持卡人的有效身份证件号码、姓名和照片。

中铁银通卡分为金卡和银卡两种,如图3-7所示。仅支持现金办理卡业务,联机账户金额不得超过5 000元,用于购买火车票;电子现金金额不得超过1 000元,用于直接刷卡进出站检票;联机账户和电子现金总金额不得超过5 000元。

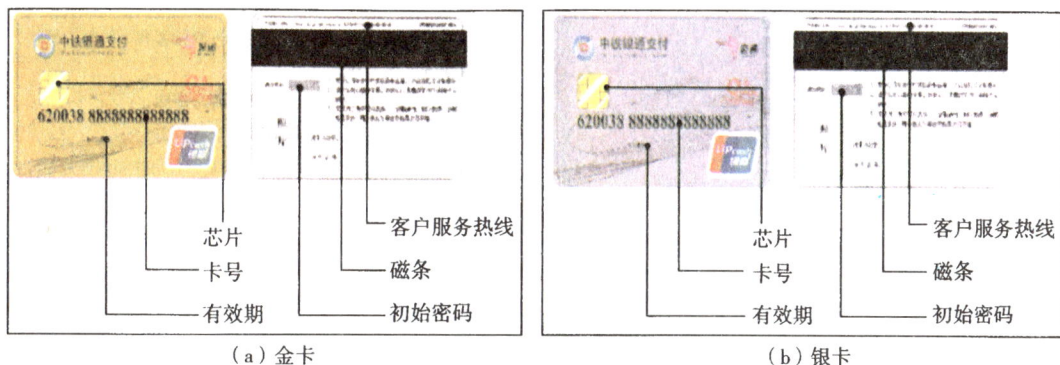

（a）金卡　　　　　　　　　　（b）银卡

图 3-7　中铁银通卡

持中铁银通卡的旅客,可使用中铁银通卡在铁路安装有POS机的售票窗口、支持银行卡支付的自动售票机、中国铁路客户服务中心网站等渠道购买火车票,也可通过京津城际铁路、沪宁城际高铁、沪杭高速铁路等线路各车站的自动检票机直接刷卡进出站。

旅客购买中铁银通卡前应如实填写"中铁银通卡申请表",并出示有效身份证件原件,具体为中华人民共和国二代居民身份证、港澳居民往来内地通行证、台湾居民来往大陆通行证、按规定可使用的护照。中铁银通卡丢失后,持卡人可通过中铁银通客服电话(4008-368-368)办理临时挂失,也可在中铁银通卡窗口办理正式挂失。

②电子客票

电子客票是以电子数据形式体现的铁路旅客运输合同。旅客在铁路客户服务中心网站,使用第二代居民身份证购买铁路电子客票,并用购票时所使用的第二代居民身份证在车站有识读功能的进出站自动检票机上识读后进出车站乘车。电子客票与普通车票具有同等法律效力。

二、特种乘车证

1. 特种乘车证

（1）全国铁路通用乘车证

"全国铁路通用乘车证"(图3-8)是铁道部根据国家安全、公安、司法和机要部门的特殊任务的需要所制定的特种证件。持此证可优先进站和乘坐全国各线、各次旅客列车(国际列车、广九直通车及联运车厢除外)软、硬座席和卧铺,但持证人应出示相应的工作身份证件,发现不符的,站、车工作人员应收回上报铁道部。

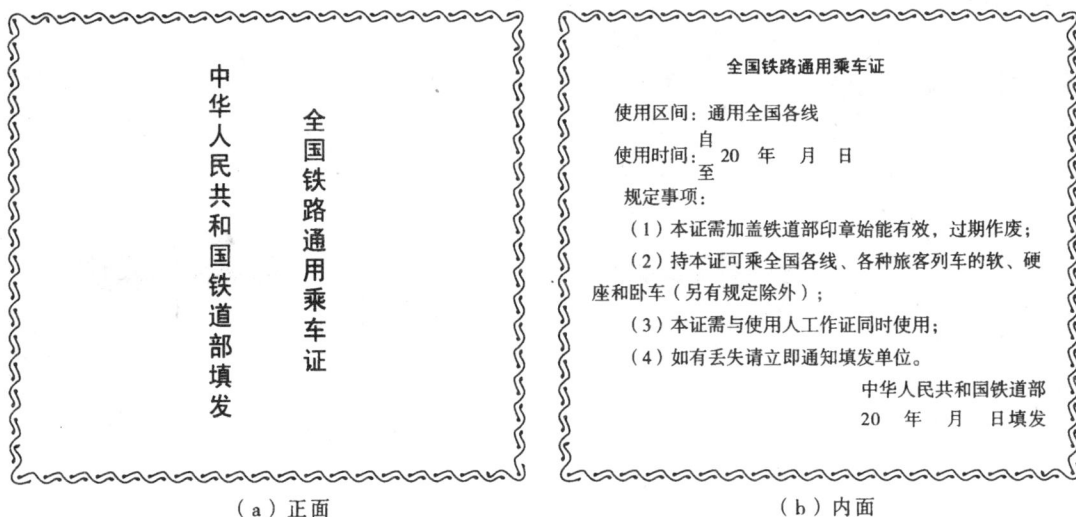

（a）正面 （b）内面

图 3-8 全国铁路通用乘车证

（2）中央和各省、市、自治区机要部门使用的软席乘车证

中共中央办公厅机要交通局和各省、市、自治区党委机要交通部门利用火车传递机要文件时，铁路局应拨给软卧包房一间，无软卧包房时也可拨给其他席位。传递机要文件的人员应持有"软席乘车证"（图 3-9），限乘指定的乘车位置。

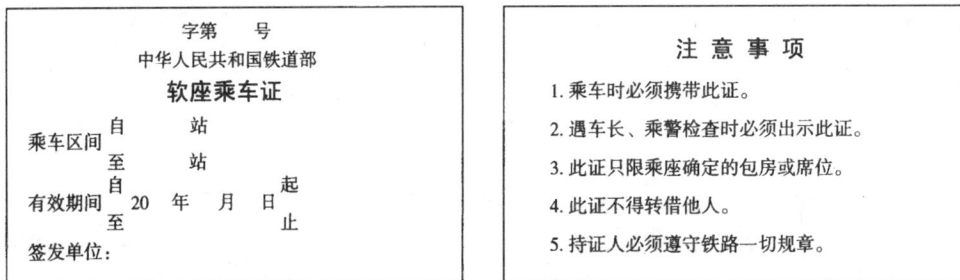

图 3-9 中央和各省、市、自治区机要部门使用的软席乘车证

（3）邮政部门使用的机要通信人员免费乘车证

机要通信人员包括押运员、检察员；持有"机要通信押运人员免费证车证"只限乘坐邮车及铁路指定的位置；邮政部门运送机要文件单独租用或使用邮车及固定容间时，机要押运员每次列车限两人。搭乘邮车及固定容间，须持有"机要通信押运人员免费乘车证"（图 3-10）。

（4）邮局押运人员免费乘车证

邮政部门挂运专运车厢和使用固定容间以及加挂车、运邮车，均应派员押运。邮局押运员出乘时，应持有列车编组担当铁路局加盖公章的"押运员免费乘车证"（图 3-11），只限乘坐邮车及铁路指定的位置。

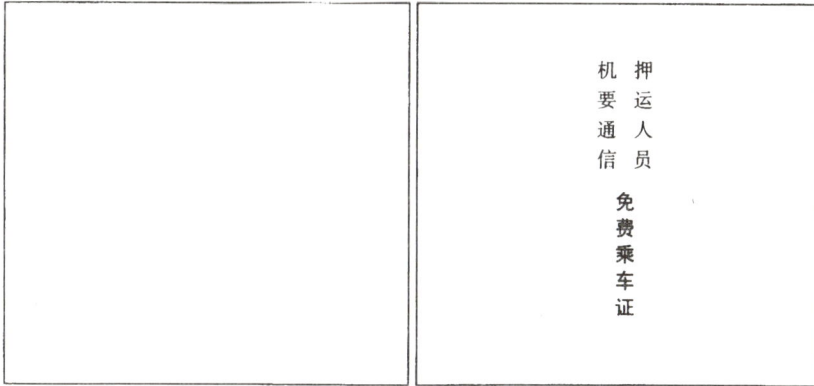

（大红塑料皮烫金字）

（a）外皮

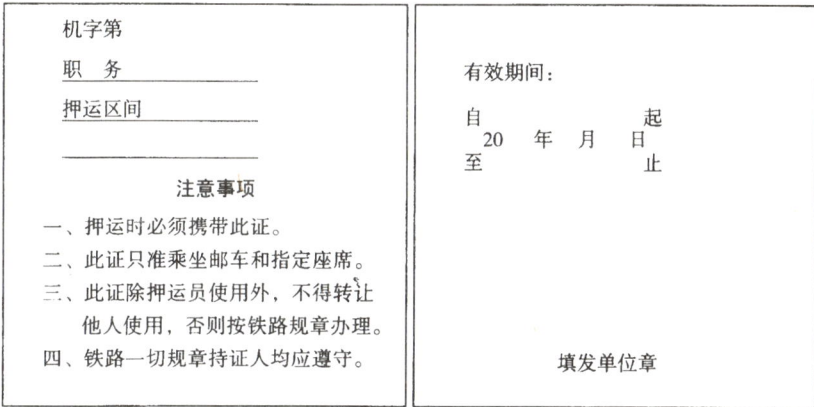

（b）卡内

图 3-10 机要通信押运人员免费乘车证

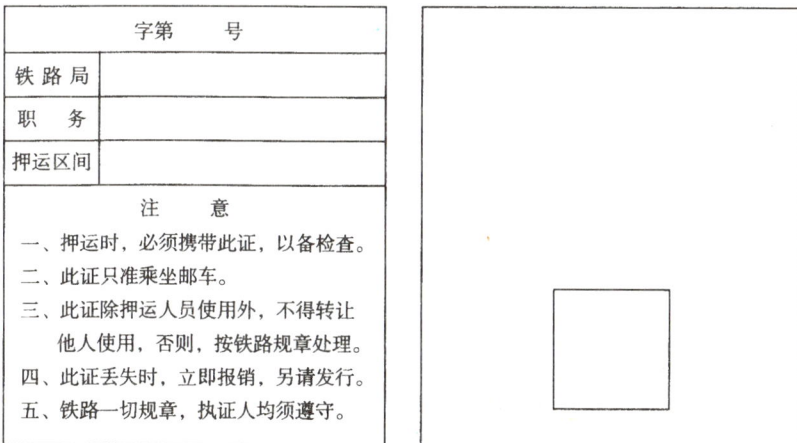

图 3-11 押运员免费乘车证

(5)邮局视导员免费乘车证

邮政主管部门及各省、市、自治区邮政局和派押邮局视导人员凭当地铁路局盖章的邮局火车邮运视导员免费乘车证(图 3-12),随车检查所辖各线邮运工作。只限乘坐邮车及铁路指定的位置。

注　　意

一、视导时必须携带此证,以备检查。

二、此证只准乘坐邮车。

三、此证除视导员及邮局必要时添派的工作人员使用外,不得转让他人使用,否则按铁路规章办理。

四、此证至期满后,应即缴还铁路局注销。

五、铁路一切规章,持证人均应遵守。

里　面

邮局火车邮运视导免费乘车证

字第　　　　号

一、职　务:　　局　　员

二、姓　名:

三、年　龄:

四、视导区间:

五、有效期间:自　　年　月　日
　　　　　　　至　　年　月　日

铁路局章

年　　月　　日填发

照片

(此证由各省局自行印制送铁路局签章后应用)

图 3-12　邮局火车邮运视导员免费乘车证

(6)口岸站的海关、边防军、银行使用的往返免费乘车书面证明

国境站、海关、边防军及银行办理进出国境站旅客、行李查验及兑换货币等工作,在停车时间内来不及完成上述工作时,国境站根据海关、边防军、银行的要求,可填发国境站与最近停车站之间往返免费乘车书面证明。在国内区段随车工作,并准利用乘务员房间,工作完了后随最近列车返回国境站,将免费乘车证明交车站注销。

(7)中华人民共和国铁路免费乘车证

"中华人民共和国铁路免费乘车证"(图 3-13)由铁道部对外合作司签发,供我国铁路邀请的外宾在我国内使用,可乘坐我国铁路担当的各次旅客列车的软、硬席和卧铺。该证用后不收回,赠送外宾留念。陪同外宾的我国工作人员凭注有"陪同"字样的"中华人民共和国铁路免费乘车证"和工作证及批准证明享受上述同等待遇,但用毕后应立即交回。

(8)用于到外站装卸作业及抢险的调度命令

事故救援与抢险救灾,由于时间紧迫来不及填发乘车证明,可凭调度命令乘车,一次乘车有效。装卸工(包括外委装卸)到外站装卸车,可按货运有关部门规定使用铁路局调度命令乘车。

2. 中国铁路免费乘车证

为了加强对铁路运输企业执行国家政策法令的监督,国务院铁路主管部门邀请的其他政府部门和新闻单位检查铁路工作时,凭"中国铁路免费乘车证"(图 3-14)可乘国际列车以外各种等级、席别的列车。"中国铁路免费乘车证"由国务院铁路主管部门制发和管理。

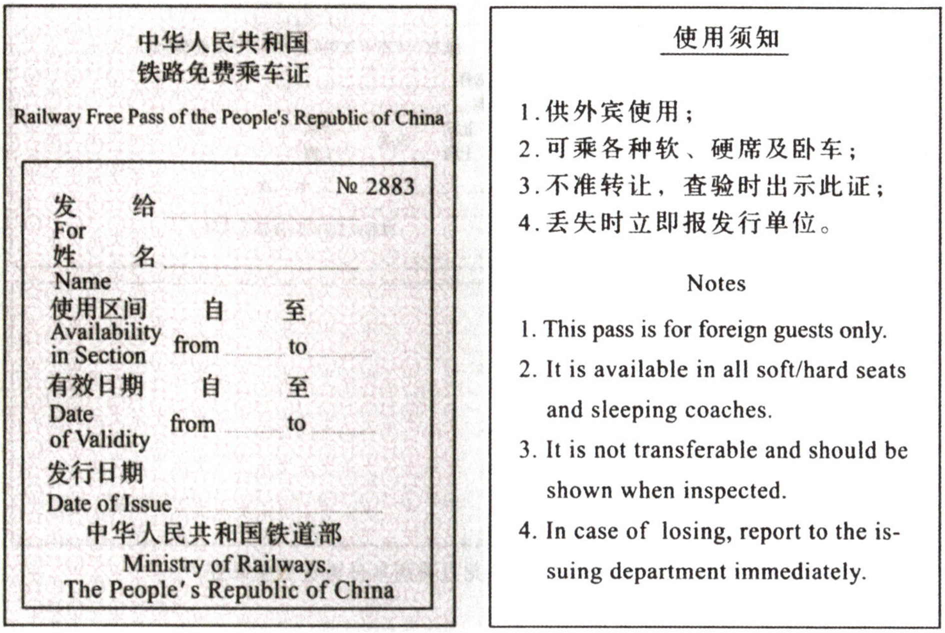

中华人民共和国
铁路免费乘车证
Railway Free Pass of the People's Republic of China

№ 2883
发　给 For
姓　名 Name
使用区间 Availability in Section　自 from　至 to
有效日期 Date of Validity　自 from　至 to
发行日期 Date of Issue
中华人民共和国铁道部
Ministry of Railways.
The People's Republic of China

使用须知

1. 供外宾使用；
2. 可乘各种软、硬席及卧车；
3. 不准转让，查验时出示此证；
4. 丢失时立即报发行单位。

Notes

1. This pass is for foreign guests only.
2. It is available in all soft/hard seats and sleeping coaches.
3. It is not transferable and should be shown when inspected.
4. In case of losing, report to the issuing department immediately.

（a）正面　　（b）反面

图 3-13　中华人民共和国铁路免费乘车证

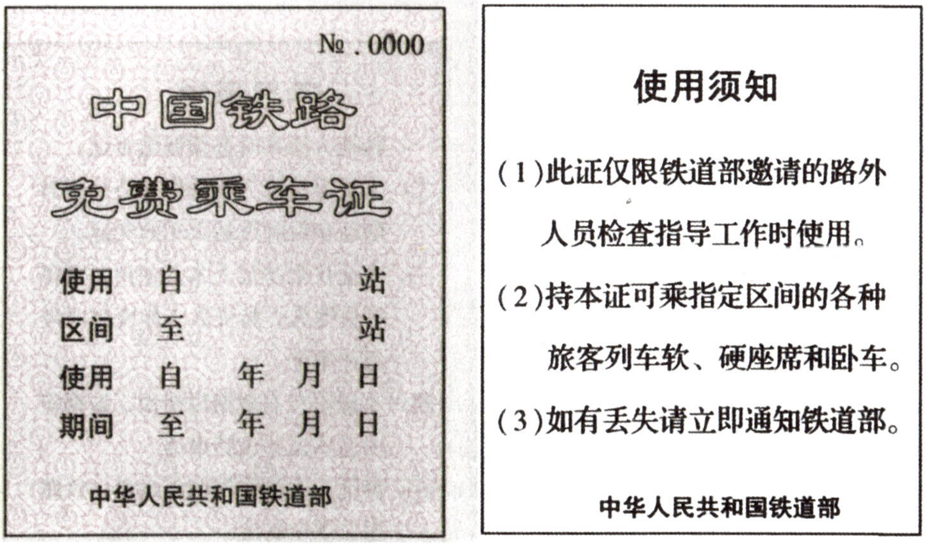

№ .0000
中国铁路
免费乘车证
使用区间　自　站
至　站
使用期间　自　年　月　日
至　年　月　日
中华人民共和国铁道部

使用须知

（1）此证仅限铁道部邀请的路外人员检查指导工作时使用。
（2）持本证可乘指定区间的各种旅客列车软、硬座席和卧车。
（3）如有丢失请立即通知铁道部。

中华人民共和国铁道部

图 3-14　中国铁路免费乘车证

3. 北京、上海—九龙直通列车公务免费乘车证

“北京、上海—九龙直通列车免费乘车证”（图 3-15）仅供因北京—九龙、上海—九龙直通旅客列车工作需要出差的铁路人员使用，凭此乘车证可乘坐北京、上海—九龙直通旅客列车（含回转车厢）。持“北京、上海—九龙直通列车公务免费乘车证”乘车须到售票处办理签票手续。“北京、上海—九龙直通列车公务免费乘车证”由铁道部对外合作司和北京铁路局、上海铁路局、广州铁路（集团）公司保管和填发，使用完毕后交回填发单位。

直通列车公务免费乘车证
铁路机构名称 ....
持票人姓名 ....
有效旅程　北京　九龙　北京 　　　　　上海　　　　上海
乘车日期 ....
车　　次 ....
发票日期 ....

北京、上海铁路局 九广铁路公司 北京、上海—九龙直通列车公务免费乘车证
铁路机构名称 ....
持票人姓名 ....
有效旅程　北京　九龙　北京 　　　　　上海　　　　上海
乘车日期 .... 车　次 ....
.... 铁路机构印章／发票人签署
发票日期 ....

使用须知

　　1. 持此公务乘车证者享有下列权利：

　　（1）免费乘坐指定的京九、上九直通客车；

　　（2）免费托运 30 kg 以内的行李。

　　2. 使用本证时，必须出示护照或旅行证件，否则无效。

图 3-15　北京、上海—九龙直通列车公务免费乘车证

4. 动车组餐饮、保洁专用添乘证

（1）餐饮、保洁企业应当遵守站、车和动车段（所）有关管理制度，加强对现场服务质量的监督检查。登乘列车监督检查应持有"动车组餐饮、保洁专用添乘证"（图 3-16）供站、车查验。监督检查应有检查记录。

（a）正面　　　　　　　　　　　　　　　（b）反面

图 3-16　动车组餐饮、保洁专用添乘证

（2）遇特殊情况需要餐饮、保洁人员便乘接车时，应当由铁路局客运处添发"餐饮、保洁人员便乘单"乘车。持"餐饮、保洁人员便乘单"（图 3-17）乘车的人员不得与旅客争座位。

（3）"动车组餐饮、保洁专用添乘证"由铁道部运输局填发，限登乘本公司担当的列车。

```
┌──────────────────────────────────────┐
│                                      │
│         动 车 组 列 车 便 乘 单        │
│                                      │
│                    编号：＿＿＿＿      │
│                                      │
│   姓　　名：＿＿＿＿＿＿（等＿＿人）   │
│                                      │
│   工作单位：＿＿＿＿＿＿＿＿＿＿＿＿   │
│                                      │
│   乘车日期：＿＿＿年＿＿＿月＿＿＿日   │
│                                      │
│   车　　次：＿＿＿＿＿＿＿＿＿＿次     │
│                                      │
│   乘车区间：＿＿＿＿站至＿＿＿＿站     │
│                                      │
│                                      │
│              ××铁路局客运处（盖章）  │
│                                      │
│                 20  年  月  日        │
│                                      │
│   本证盖章有效，凭证乘车、进出站      │
│                                      │
└──────────────────────────────────────┘
```

图 3-17　餐饮、保洁人员便乘单

第三节　车 票 发 售

发售车票要从方便旅客的角度出发，按照长短途列车合理分工、均衡地运送旅客的原则，根据旅客指定的到站、座别、径路正确的办理。随着现代科技的不断发展，为了满足旅客购票需求，为旅客提供便捷售票服务，在原有车站窗口售票的基础上，代售点售票、电话订票、互联网售票等各种新型的售票方式逐渐被开发，最大限度地方便旅客购票和乘车。

一、各类车票发售的基本规定

1. 软座客票的发售

发售软座客票时，最远至本次列车终点站。旅客在乘车区间中，要求一段乘坐硬座车，一段乘坐软座车时，全程发售硬座客票。乘坐软座时，另收软座区间的软、硬座票价差额。

对发售软座客票的规定，主要是由于目前多数列车没有编挂软座（卧）车，即便编挂了软座（卧）车也是少量的，不能满足旅客中转换乘的需求，所以规定只能发售到旅客的换车站或本次列车的终点站。

同时，铁路现在规定动车组车票最远只发售至本次列车终点站。

2. 加快票的发售

旅客乘坐快车、快速、特快列车时，还必须购买加快票。旅客购买加快票时，必须有软座或硬座客票。发售加快票的到站，必须是所乘快车或特别快车的停车站。发售需要中转换车的加快票的中转站还必须是有同等级快车始发的车站。如旅客购买的加快票，其全程中有没有快车运行的区段时，则不能发售全程加快票。

3. 卧铺票的发售

旅客购买卧铺票时，卧铺票的到站、座别必须与客票的到站、座别相同，但对持通票的旅客,卧铺票只发售到中转站。

4. 空调票的发售

旅客在乘坐提供空调的列车时,应购买相应等级的车票或空调票。空调列车车票最远售至列车终到站。若旅客在全部旅途中分别乘坐空调车和普通车时,可发售全程普通硬座车票,对乘坐空调车区段另行核收空调车与普通车的票价差额。

5. 儿童票的发售

为确保儿童旅行的安全,防止发生意外,承运人不接受儿童单独旅行,(乘火车通学的学生和承运人同意在旅途中监护的除外)。随同成人旅行身高 1.2～1.5 m 的儿童,应当购买儿童票。儿童票可享受客票、加快票和空调票的优惠,儿童票票价按相应客票和附加票票价的50%计算,超过 1.5 m 时应买全价票。

(1)每一成人旅客可免费携带一名身高不足 1.2 m 的儿童,超过一名时,超过的人数应买儿童票。

(2)儿童票的座别应与成人车票相同,其到站不得远于成人车票的到站。免费乘车的儿童单独使用卧铺时,应购买全价卧铺票,有空调时还应购买半价空调票。

(3)通学的小学生不论身高多少,均按学生票办理。成人无论身高多少均应购买全价票。

(4)发售儿童票以身高作为标准也是有一个历史发展过程,1960 年以前,铁路发售儿童票是按儿童的年龄为标准,5～10 周岁的儿童需要购买儿童票,由于年龄不易判明,因此在实际工作常常发生争执。后经有关部门建议,改为以身高作为标准,并调查了当时全国儿童的平均身高,将儿童票的标准定为 1.0～1.3 m。此标准一直执行到 1989 年,铁道部根据儿童健康发育情况,又将标准提高到 1.1～1.4 m。2010 年 12 月,铁道部又正式将儿童票的身高标准提高至 1.2～1.5 m。

为了测量儿童的身高,在售票窗口、检票口、出站口、列车端门口都设有测量儿童身高的标准线。

6. 学生票的发售

在普通大专院校(含国家教育主管部门批准有学历教育资格的民办大学),军事院校,宗教学校,中、小学和中等专业学校、技工学校就读,没有工资收入的学生、研究生,家庭居住地和学校不在同一城市时,凭附有加盖院校公章的减价优待证的学生证(小学生凭书面证明),每年可购买家庭至院校(实习地点)之间四次单程学生票。学生票限于使用普通旅客列车硬座和动车组列车二等座,使用普通旅客列车硬卧时应当补收票价差额。学生票可享受硬座客票、加快票和空调票的优惠,学生票票价按相应客票和附加票票价的50%计算。动车组列车只发售二等座车学生票,按二等座公布票价的75%计算。新生凭录取通知书、毕业生凭学校书面证明可买一次学生票。

(1)普通大、专院校,中、小学和中等专业学校、技工学校是指符合政府教育部门所规定的年限、学期和课程等制度并经相应级别的教育机关注册的院校,不包括各类职工大学、电视大学、业余广播大学、函授学校。

(2)没有工资收入的学生,是指没有固定工资收入的学生。学生有无工资收入由学校确定,铁路凭学校发给的减价优待证售票。若车站有根据,确认有工资收入的学生持有减价优待证购票时,可拒绝售票,并通知学校处理。

(3)学生父、母都不在学校所在地,并分两处居住时,由学生选择其中一处,并登记在学生减价优待证上。如学生父母迁居时,根据学生申请,经学校确认,可将学生减价优待证上的乘车区间更改并加盖公章或更换新证。学生回家后,院校迁移或调整,也可凭学校证明和学生减价优待证,发售从家庭所在地到院校新所在地的学生票。

(4)学生票乘车时间为:寒假在 12 月 1 日至 3 月 31 日;暑假在 6 月 1 日至 9 月 30 日。当年未使用的次数不能留作下年使用。

(5)学生票应按近径路发售,但有直达列车或换乘次数少的远径路也可发售。学生购买联程票或乘车区间涉及动车组列车的,可分段购票。学生票分段发售时,由发售第一段车票的车站在学生优惠卡中划销次数,中转站凭上一段车票售票,不再划销乘车次数。

(6)减价优待证记载的车站是没有快车或直通车停靠的车站时,离该站最近的大站(可以超过减价优待证规定的区间)可以发售学生票。

(7)超过减价优待证上记载的区间乘车时,对超过区间按一般旅客办理,核收全价。

(8)华侨学生和港澳台学生按照国内学生规定同样办理。华侨学生和港澳台学生回家时,车票发售至边境车站。

(9)符合减价优待条件的学生无票乘车时,除补收票款外,同时应在减价优待证上登记盖章,作为登记一次乘车次数。

(10)学生持学生票要求使用硬卧时,应另行购买全价的硬卧票。要求使用软席时,应全部购买全价票,不再享受减价待遇。

(11)发售学生联程票、往返票必须在购票站能够买到中转换乘站或折返站有席位或铺位的车票,发售学生联程票可分段发售。除此之外,学生票仍不得分段售票。发售学生往返票的车站须在学生减价优待证上同时加盖 2 个站名章,第二个站名章后注明"返"字。

(12)下列情况不能发售学生票:

学校所在地有学生父或母其中一方时;学生因休学、复学、转学、退学时;学生往返于学校与实习地点时;学生证未按时办理学校注册的;学生证优惠乘车区间更改但未加盖学校公章的;没有"学生火车票优惠卡"、"学生火车票优惠卡"不能识别或者与学生证记载不一致的。

(13)学生票优惠卡

针对社会上日益严重的学生票证造假情况,2003 年铁道部与教育部联合推出了学生票优惠卡相关管理规定。

①学生票优惠卡由教育部、铁道部监制。

②学生票优惠卡采用"非接触式可读写集成电路芯片"标签,运用先进技术对其内部进行信息存储并加密,采用纸封装特制。优惠卡封装时带有强力不干胶,贴于学生证内空白部位,无空白处的贴在插入封皮页的任何一面,封皮遮挡无碍(封皮与内页分开的不能贴于封皮),但一经粘贴将不能揭下重贴。学生证仍由学校自行印制。

③从 2003 年暑假起,高等学校学生往返全部凭贴有优惠卡的学生证购买学生票。

7. 残疾军人票的发售

中国人民解放军和中国人民武装警察部队因伤致残的军人凭"中华人民共和国残疾军人证"、因公致残的人民警察凭"中华人民共和国伤残人民警察证"购买优待票(以下简称残疾军人票)。残疾军人票可享受客票和附加票优惠,残疾军人票票价按相应客票和附加票票价的 50%计算。

"中华人民共和国残疾军人证"和"中华人民共和国伤残人民警察证"由国家有关部门颁发,铁路运输企业有权进行核对。

持有其他抚恤证的人员,如革命工作人员残废证,参战民兵、民工残废证等,均不能享受减价待遇。

享受优惠的儿童、学生、伤残军人乘坐市郊车、棚车时,仍按硬座半价计算,不再减价。

8. 票价相同车票不可以相互替代

车站发售车票不能用到站不同、票价相同的车票相互替代乘车。

9. 发售边境地区铁路线站范围内的车票

发售去往下列边境地区铁路线站范围内的车票时,应按如下规定办理:

(1)我国边境管理区铁路车站有:南乌线的乌伊岭站;富西线的塔南至古莲间各站;滨洲线皇德至满洲里间各站;集二线的齐哈日格图至二连浩特间各站;朝乌线的上游岭至莫尔道嘎间各站;白阿线的五岔沟至伊尔地间各站;广九线的平湖至深圳间各站;湘桂线的夏石至凭祥间各站;昆河线的南溪至河口间各站;兰新线西段的精河至阿拉山口间各站。

(2)乘坐旅客列车前往上述边境地区铁路车站的人员,必须交验下列有效证件,方可购票乘车,同时接受车站、列车工作人员和铁路民警的检查。

①常住边境管理区内年满16周岁以上的中国公民,凭"中华人民共和国居民身份证"在本省、自治区的边境管理区内通行;进出其他省自治区的边境管理区,须持"边境通行证"。

②居住在非边境管理区的年满16周岁以上的中国公民,进出边境管理区,须持"边境通行证"。

③凡经由边境管理出入境的人员,凭其出入境有效证照通行;外国人、无国籍人进出未对外国人开放的边境管理区,须持公安机关签发的"中华人民共和国外国人旅行证";华侨、港澳台同胞进出边境管理区,须持"边境通行证"。

④中国人民解放军和中国人民武装警察部队官兵进出边境管理区,分别持"军人通行证","武装警察通行证",驻在边境管理区内的,凭本人身份证件进出驻地边境管理区。

10. 团体票的发售

20人以上乘车日期、车次、到站、座别相同的旅客称为团体旅客。承运人应本着先团体后一般的原则优先安排,如填发代用票时,除代用票持票本人外,每人另发一张团体旅客证。

1998年7月1日起,为吸引客流,铁道部出台团体旅客购票优惠办法,办法规定:团体旅客购票时,满20人给予免收1个人票价的优惠;20人以上,每增加10人,再免收1个人的票价。但每年春运期间(起止日期以春运文件为准)不予优惠。团体旅客中有分别乘座席、卧车或成人、儿童同一团体时,按其中票价高的免收。

11. 站台票的发售

站台票是专为进出车站到站台接送旅客的人员发售的一种凭证,如图3-18所示。站台票当日使用一次有效。随同成人进站身高不足1.2 m的儿童及特殊情况经车站同意进站人可不买站台票。未经车站同意无站台票进站时,加倍补收站台票款。遇特殊情况,站长可决定暂停发售站台票。

根据《车票实名制管理办法》的规定,车站对实行实名制的列车不发售站台票,因动车组列车全部实行实名制,因此高铁车站均不发售站台票。但同时应为重点旅客提供进站上车、到站接车出站等服务。

（a）送客

（b）接客

图 3-18　上海站站台票

（1）定期站台票的发售

铁道部《定期站台票发售办法》规定,对经常进站接送旅客的机关、团体、部队、外事、旅游部门可凭本单位的证明信,向车站购买定期站台票。发售定期站台票的车站由各铁路局指定。

①定期站台票可按实际需要分为季票和月票。月度站台票的式样和价格由铁路局自定,价格应不少于每日一次。

②定期站台季票为不记名式,有效期3个月,自季度初日起至季度末日止使用有效。换购新票时,从换票之日起使用有效。相关单位购买时,应凭本单位的证明信。定期站台季票每张100元。

③季度站台票自每季度初1日开始发售。续购时,于每季末的28日开始换购。换购时,必须收回旧票。发售时,使用黑色印油加盖年度和季度戳。年度戳记为阿拉伯字体,规格为15 mm×20 mm,季度戳记为大写,规格为15 mm×15 mm。定期站台票发售,不办理退票。遗失时,也不办理补发。

④票面长度为85 mm,宽度为60 mm;报销凭证长度为35 mm,宽度为60 mm。用卡片纸白地红字印刷,号码由00001～10000号循环。每1万张附记汉语拼音字母A、B、C、D……

铁路局定期站台票样式如图3-19所示。

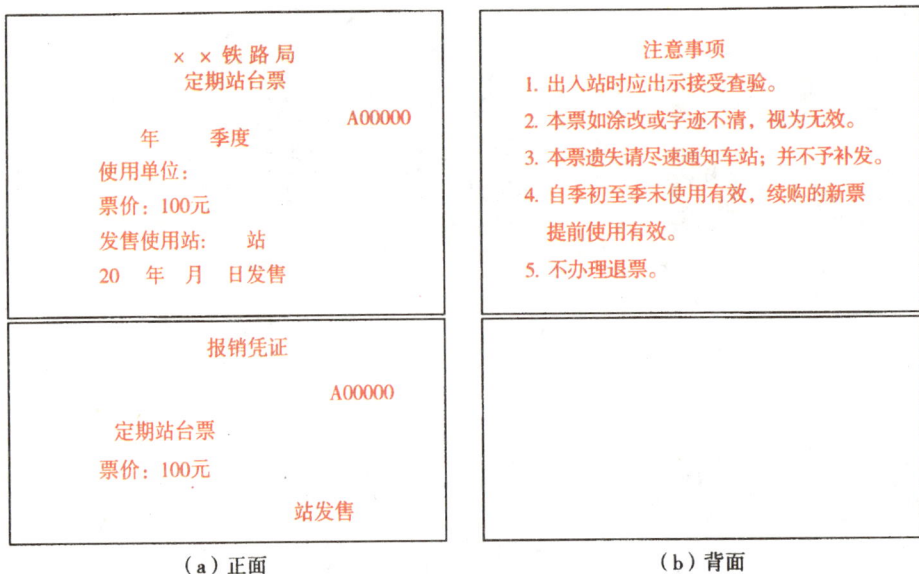

图 3-19　铁路局定期站台票

（2）纪念站台票

①为进一步开发铁路票证的纪念收藏价值，2004 年 10 月 10 日，铁道部将原有分散的资源和分布于铁路内部多个主体经营的业务进行重新整合，由中铁行包快递有限责任公司注册成立中铁纪念票证有限公司，授权负责全路纪念票证的专业化管理和市场化运作，各铁路局和专业公司作为股东单位，共同承担铁路纪念票证开发利用。

②纪念站台票的票号由铁道部统一编制，尺寸 150 mm×60 mm，使用前应在车站售票处（问讯处）加盖日期和站名戳，当日当次使用一次有效。纪念站台票的价格与普通站台票价格相同。

③纪念站台票可由中铁纪念票证有限公司装帧成纪念册发售，纪念册的价格在发行时，根据实际情况确定。

纪念站台票如图 3-20 所示。

图 3-20　纪念站台票

二、互联网售票

（1）铁路互联网售票是指通过中国铁路客户服务中心网站（www. 12306. cn，以下简称

"12306.cn 网站")销售铁路电子客票及其改签、退票等业务。

（2）铁路电子客票是以电子数据形式体现的铁路旅客运输合同，与纸质车票具有同等法律效力。

（3）在 12306.cn 网站，购买铁路电子客票以确认交易成功的时间作为铁路旅客运输合同生效的时间，退票以网站确认交易成功的时间作为铁路旅客运输合同终止的时间，改签按照退票、购票处理。

（4）在 12306.cn 网站，购买铁路电子客票可使用的有效身份证件：

①中华人民共和国居民身份证。

②港澳居民来往内地通行证。

③台湾居民来往大陆通行证。

④按规定可使用的有效护照。

购买儿童票的乘车儿童没有办理有效身份证件的，应当使用同行成年人的有效身份证件信息。

（5）售票具体规定如下：

①一张有效身份证件同一乘车日期同一车次只能购买一张车票，但成人旅客使用本人有效身份证件为同行的没有办理有效身份证件的乘车儿童购票时除外。

②在 12306.cn 网站购买学生票、残疾军人票时，应符合规定的减价优惠（待）条件。

③在 12306.cn 网站购票应当在车票预售期内且不晚于开车前 2 h，并在规定的支付时间内完成网上支付。网上支付应使用具备网上银行功能的银行卡，并由 12306.cn 网站跳转（链接）至购票人选择的银行网站进行。12306.cn 网站收到银行网站支付成功的信息后，方确认购票交易；收到银行网站支付失败的信息或超过规定的支付时间未收到银行网站支付成功信息的，取消购票交易。

④12306.cn 网站确认购票交易成功后，根据购票人提供的手机、电子邮箱将所购车票信息以短信、电子邮件的方式通知购票人。购票人应及时通知乘车人，并妥善保管有关信息。

（6）在 12306.cn 网站购票后，遇以下情形，应当在购票后、开车前换取纸质车票后进站乘车：

①使用二代居民身份证购票但乘车站或下车站不具备二代居民身份证检票条件的。

②使用二代居民身份证购票但进站检票时无法出示二代居民身份证原件或二代居民身份证无法在自动检票机上识读的。

③使用二代居民身份证以外的其他有效身份证件购票。

④使用同行成年人有效身份证件信息购买儿童票的。

⑤购买学生票、残疾军人票的。

⑥按所购车票的乘车日期、车次在中途站进站乘车的。

旅客换取纸质车票后，不能再在 12306.cn 网站办理改签、退票手续，应凭纸质车票办理检票、验票、改签、退票等手续。

（7）旅客换取纸质车票时，重点掌握以下规定办理：

①二代居民身份证无法自动识读或者使用二代居民身份证以外的其他有效身份证件购票的，需出示购票时所使用的乘车人有效身份证件原件和订单号码，到车站售票窗口或铁

路运输企业授权的铁路客票代售点,由售票员录入证件号码和订单号码并核实后办理换票手续。

②学生票凭购票时所使用的有效身份证件和附有学生火车票优惠卡的学生证(均为原件)到安装有学生火车票优惠卡识别器的车站售票窗口或铁路客票代售点办理,办理时,同时核对减价优惠(待)凭证,核减优惠乘车次数。

③残疾军人票凭购票时所使用的有效身份证件和"中华人民共和国残疾军人证"、"中华人民共和国伤残人民警察证"(均为原件)到车站售票窗口办理,办理时,同时核对减价优惠(待)凭证。

④有效身份证件信息、订单号码等经核实一致的,予以换票;不一致的,不予换票。

⑤纸质车票票面载明购票时所使用的乘车人有效身份证件号码和姓名,并标记"网"字。

⑥旅客持二代证检票进站后,因故从本站出站,客票系统有本站进站或出站或进出站检票记录的;旅客持二代证检票进站、乘车后,因伤、病或铁路责任在中途站检票出站,客票系统有进站或出站或进出站检票记录的;旅客持二代证检票乘车至到站,但客票系统只有进站或出站检票记录的,旅客在开车后再在车站换取纸质车票时,票面标注"已检"字样。对票面标注"已检"的车票,进站检票时不予放行,列车及到站发现时按无票处理。

⑦旅客未进站乘车的;旅客进站乘车后,进出站均未刷证的,旅客在开车后再在车站换取纸质车票时,票面不标注"已检"字样。

(8)使用二代居民身份证直接进站乘车的规定:

①在 12306.cn 网站使用二代居民身份证购票且乘车站和下车站都具备二代居民身份证检票条件的,可凭购票时所使用的乘车人有效二代居民身份证原件,直接通过车站自动检票机办理进、出站检票手续。

自动检票机在识读二代居民身份证时所做的进站、出站记录分别为铁路旅客运输合同运送期间的起、止证明。

②旅客在所购车票乘车区间中途站出站的,自动检票机验证后予以放行。

③列车验票时,应核对旅客所持的二代居民身份证原件及车票等信息;经确认没有旅客车票信息的,应当先行补票。旅客因二代居民身份证丢失、补票后,又找到二代居民身份证的,列车确认后开具客运记录交旅客,旅客持客运记录和二代居民身份证原件到下车站退票窗口退还后补车票,不收退票费。

客运记录应填写旅客二代居民身份证号码、姓名、席位等有关内容。

④到站检票时,确认旅客没有铁路电子客票信息的,应当按规定补票。

⑤旅客乘车后需换取纸质车票的,不晚于自车票所载乘车日期之日起 31 天,逾期不予办理,换取的纸质车票仅作报销凭证。

⑥使用二代居民身份证作为乘车凭证的旅客,在车站、列车发生意外伤害事故的,站、车工作人员应当在客运记录中记录其居民身份证号码等身份信息,事故案卷中应附有居民身份证复印件。

(9)在 12306.cn 网站购票的改签和退票规定:

①铁路电子客票可以在 12306.cn 网站或车站售票窗口办理改签、退票手续。旅客在 12306.cn 网站购票后,尚未换取纸质车票的,可以在 12306.cn 网站办理铁路电子客票改

签、退票手续,但不晚于开车前 2 h;已经换取纸质车票的,只能在车站办理改签、退票手续。

②旅客在车站办理铁路电子客票改签、退票手续的,应当到安装有银行 POS 机的车站售票窗口,并按照相关规定办理。

③改签后新票票价高于原票、需补收票价差额时,应当使用购票时所使用的银行卡或具备网上银行功能的其他银行卡支付新票全额票款,原票款按发卡银行规定退回原银行卡。

退票或改签后新票票价低于原票的,应退票款按发卡银行规定退回购票时所使用的银行卡。

④在车站售票窗口办理铁路电子客票改签后,出具纸质车票。

⑤在 12306.cn 网站办理退票手续后,需退票费报销凭证的,应当凭购票时所使用的有效身份证件原件在办理退票之日起 10 日内(含当日)到车站退票窗口索取。

三、车票实名制

1. 实名制车票售票有关规定

(1)实施范围。对动车组列车、直通快车办理客运业务的车站以及旅客列车始发站实行车票实名制。但免费乘车的儿童及持儿童票乘车的儿童不实行实名制。

(2)有效身份证件种类主要包括对外公告的有效身份证件、内部掌握的扩展有效身份证件等。

对外公告的有效身份证件:居民身份证(图 3-21)、临时身份证(图 3-22)、户口簿(图 3-23)、中华人民共和国旅行证(图 3-24)、中国人民解放军军人保障卡、军官证(图 3-25)、武警警官证(图 3-26)、士兵证(图 3-27)、军队学员证(图 3-28)、军队文职干部证(图 3-29)、军队离退休干部证(图 3-30)、按规定可使用的有护照(图 3-31)、港澳居民来往内地通行证(图 3-32)、中华人民共和国来往港澳通行证(图 3-33)、台湾居民来往大陆通行证(图 3-34)、大陆居民往来台湾通行证(图 3-35)、外国人居留证(图 3-36)、外国人出入境证(图 3-37)、外交官证、领事馆证(图 3-38)、海员证(图 3-39)、外交部开具的外国人身份证明、地方公安机关出入境管理部门开具的护照报失证明、铁路公安部门填发的乘坐旅客列车临时身份证明(以下简称“临时身份证明”,图 3-40)等 24 种。

身高 1.5 m 以上 16 周岁以下的未成年人有效身份证件还包括学生证。

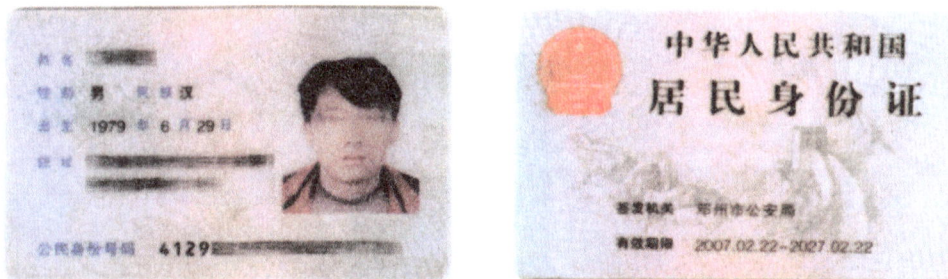

图 3-21　二代居民身份证

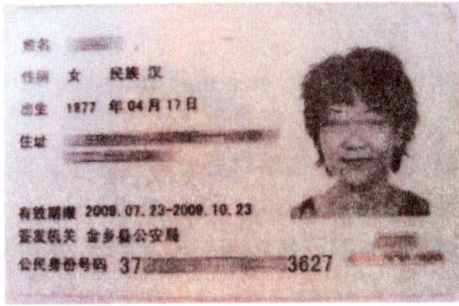

图 3-22　临时居民身份证

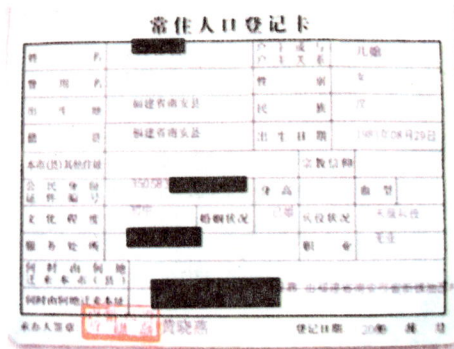

图 3-23　户口簿

图 3-24　中华人民共和国旅行证

图 3-25　军官证　　　　图 3-26　武警警官证

图 3-27　士兵证

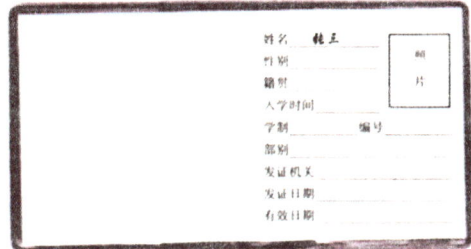

图 3-28　军队学员证

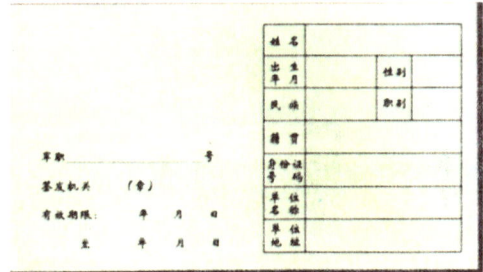

图 3-29　军队文职干部证

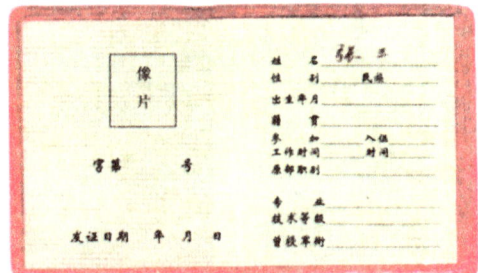

图 3-30　军队离退休干部证

图 3-31　护照

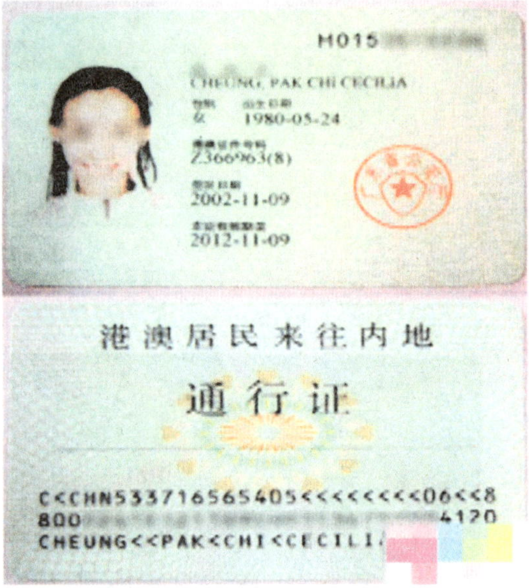

图 3-32　港澳居民来往内地通行证

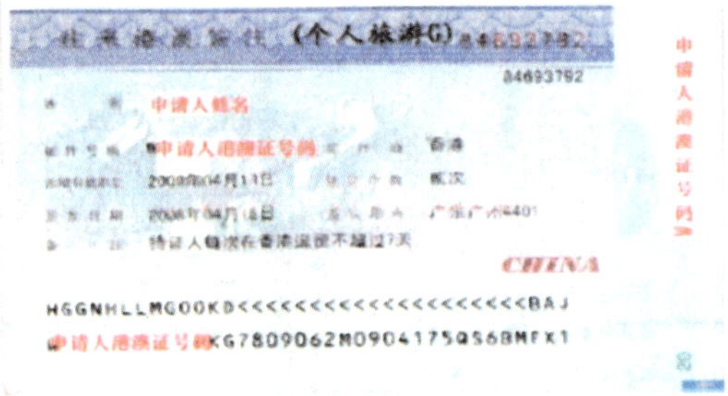

图 3-33　中华人民共和国来往港澳通行证

图 3-34　台湾居民来往大陆通行证

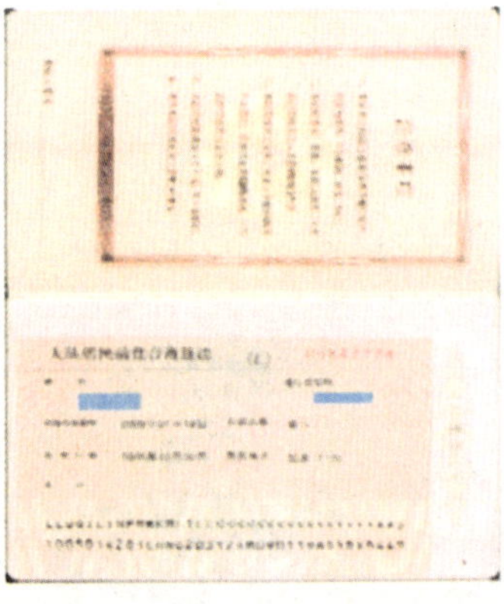

图 3-35　大陆居民往来台湾通行证

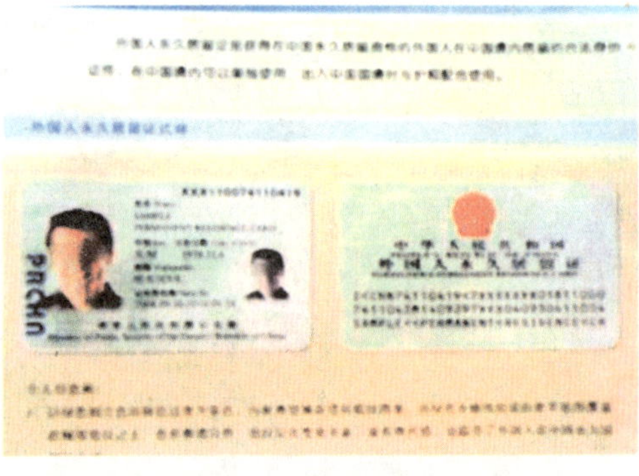

图 3-36　外国人居留证

图 3-37　外国人出入境证

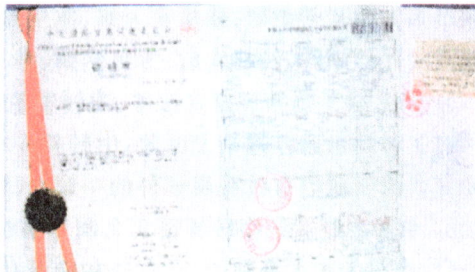

图 3-38　领事馆证

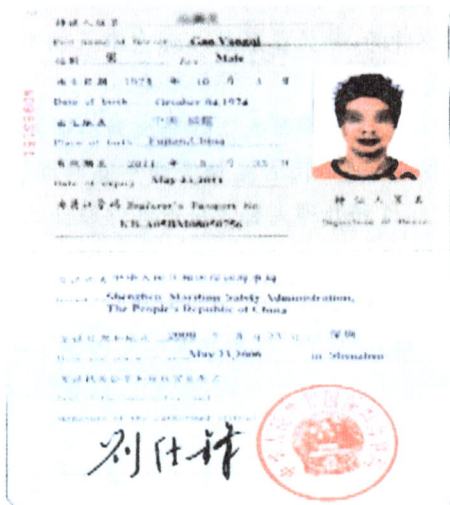

图 3-39　海员证

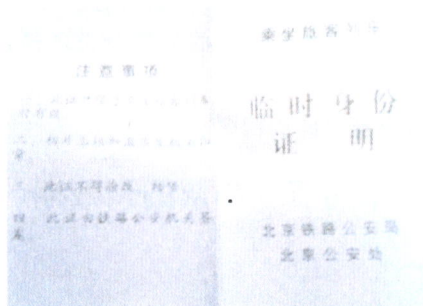

图 3-40　铁路公安部门填发的临时身份证明

2. 铁路职工的有效身份证件

铁路职工乘坐动车组列车、办理签证时,铁路全年定期乘车证、铁路通勤乘车证和不带照片的铁路乘车证、各种特种乘车证、铁路专用定期票与工作证同时使用时,均视为有效身份证件。

3. 旅客须持有效身份证件购票

购票人可以使用有效身份证件原件或复印件购买车票,也可以持乘车人的有效身份证件原件或复印件替乘车人代购车票。一张有效身份证件同一乘车日期同一车次只能购买一张实名制车票。购买学生票、残疾军人票、使用残疾人专用票额的车票均需乘车人的有效身份证件及规定的证件原件,经核实后,方可购票、乘车。学生票按规定核减次数。

4.实名制车票办理始发改签、中转签证、退票的证件要求

对实名制车票办理始发改签、中转签证时,无须出示有效身份证件;办理退票时,需核实车票及其票面所载的有效身份证件的一致性,票、证一致的方予办理。

5.非实名制通票中转签证实名制车票时的办理规定

(1)乘车人本人办理的,凭车票和购票时所使用的有效身份证件原件;无法出示本人有效身份证件原件的,应到车站铁路公安制证口办理临时身份证明。

(2)代乘车人办理的,凭车票和购票时所使用的乘车人有效身份证件原件;没有购票时所使用的乘车人有效身份证件原件的,须凭车票及办理人本人的有效身份证件原件和乘车人购票时所使用的有效身份证件复印件。

车站办理时,对凭购票时所使用的乘车人二代居民身份证原件,应由系统通过二代居民身份证识读设备自动读取身份信息;对二代居民身份证不能自动识读、凭其他有效身份证件购票、凭乘车人有效身份证件复印件和办理人有效身份证件原件的,应人工核实票、证的一致性。

6.不同订票方式所需证件

电话订票仅受理居民身份证、港澳居民来往内地通行证、台湾居民来往大陆通行证、按规定可使用的有效护照。订票人通过电话订票系统预订实名制车票时,须根据语音提示输入订票人身份证件号码,取票时须凭订票人身份证件(原件)、订单号及实际乘车人身份证件(原件或复印件)到窗口取票。

窗口购票(含代售点)时,购票人使用“二代身份证”原件购票时,必须由系统通过二代身份识读设备自动读取身份信息;军人旅客在专窗持“中国人民解放军军人保障卡”购票时,二维码识读设备自动读取身份信息;遇二代居民身份证无法自动识读、识读设备故障或者使用其他有效身份证件购票时,在车站窗口和铁路局授权手工输入有效身份信息的代售点窗口,由售票员录入旅客身份信息。售票员应当认真核实旅客的有效身份证件,制票前应当提示购票人核实有效身份证件信息。

自动售票机仅受理二代居民身份证的购票和取票。

第四节 车票的有效期

一、各种车票有效期规定

(1)直达票当日当次有效。但全程在铁路运输企业管内运行的动车组列车车票有效期由企业自定。

(2)通票的有效期按乘车里程计算:1 000 km为2日,超过1 000 km的,每增加1 000 km增加1日,不足1 000 km的尾数按1日计算;自指定乘车日起至有效期最后一日的24:00止。

(3)有效期有不同规定的其他票种的有效期,按规定执行。

二、车票有效期延长

(1)因列车满员、晚点、停运等原因,使旅客在规定的有效期间内不能到达到站时,车站可

视实际需要延长通票的有效期。延长的日数从有效期终了的次日起计算。

（2）旅客因病中途下车、恢复旅行时，在通票有效期内，出具医疗单位证明或经车站证实时，可按医疗日数延长有效期，但最多不超过 10 天；卧铺票不办理延长，可办理退票手续；同行人同样办理。

（3）在办理通票有效期的延长时，应在通票背面注明"因××延长有效期×日"并加盖站名戳。旅客如托运行李时，还应在行李票上签注"因××原因改乘×月×日××车次"，加盖站名戳，作为到站提取行李时，计算免费保管日数的凭证。

三、误售、误购、误乘有效期计算

由于误售、误购、误乘，原通票有效期间不能到达正当到站时，应根据折返站至正当到站间的里程，重新计算车票有效期。

第五节　检票、验票

一、一般规定

（1）车站对进出站的旅客和人员应检票，列车对乘车旅客应验票。对必须持证购买的减价票和各种乘车证的旅客应当核对相应的证件，验票应打查验标记。

（2）车站应当在开车前提前停止检票，但应当在本站营业场所通告停止检票的提前时间。

（3）铁路的检票、验票制度，是为了维护站、车秩序，保证旅客安全，避免旅客"上错车、下错站"。车站对进站乘车旅客的车票进行加剪同时还表示旅客旅行的开始。车站对出站旅客进行检票，主要是防止旅客无票或违章乘车，车站对旅客所持的计算机票、代用票、区段票应销角后交给旅客。出站人员的站台票应将其副券撕下。车站工作人员如不慎误撕旅客车票时，应为旅客换发代用票。

二、实名制车票验证规定

1. 验证检票方式

验证检票方式包括人工查验和系统验证两种。

（1）人工查验：通过人工查验的方式对重点时段、热门方向列车的旅客进行实名制抽验。

（2）系统验证：对指定范围的车站和车次，通过实名制验证检票系统对指定车次旅客逐一进行实名制验证。

2. 实名制查验范围

（1）必检范围：所有进疆、进藏列车和所有直达特快列车、直通特快列车的停靠站都必须对旅客进行逐一验证，确认票、证、人一致性后，方可进站上车。

（2）抽验范围：动车组列车实行整列抽验，车站对始发、经停动车组列车按照列数，整列抽验比例为 20%（小数入整），并动态调整做到全覆盖，即每季度动车组列车要全部循环做过整列抽验。

（3）对普通旅客列车中上座率较高的热门车进行整列抽验，具体车次、车站和抽验时间段由各铁路局自行确定，并进行不定期动态调整。

3. 进站乘车相关规定

旅客须持车票和与票面所载身份信息相符的本人有效身份证件原件,方可进站、乘车。

旅客进站乘车时,车站客运和公安人员对旅客、及所持车票和票面所载的有效身份证件原件进行查验。票、证、人不一致或无法出示有效身份证件原件的旅客,不得进站乘车。无法出示有效身份证件原件的旅客,应到车站铁路公安制证口办理临时身份证明后,方可进站乘车。持异地车票的旅客,在实名制的车站上车时,经确认票、证、人一致的予以放行。

对持减价优惠(待)票的旅客,需同时核对购票时使用的有效身份证件原件和符合优惠票规定的减价优惠(待)凭证。

成年人持儿童票的,视为票、证、人不一致。

车站对实行实名制的列车不发售站台票,应为重点旅客提供进站上车服务。

4. 列车验票相关规定

列车验票时,同时核对旅客、其所持车票及票面所载的有效身份证件原件。票、证、人不一致的,按无票处理。

5. 系统验证相关规定

车站要统筹考虑高峰小时客流量、验证检票作业时间、车站实际场地面积等因素,合理安排验证检票口的数量和布局。

对不能自动识读的车票,通过手工输入 21 位车票识别码由售票系统辨别二维条码识读设备无法识读的车票真伪。确认车票为真票的,应予放行,并记录该车票的制售窗口,及时通报信息技术部门检测制票设备。发现假票的,交铁路公安部门处理。

实行系统验证的车站应设置复位口。实名制验证后进入候车区域的旅客,应在复位出口办理车票复位手续后,方能出候车区域;再进入候车区域时,应按规定重新进行实名制验证。原则上一个车站应设置一个复位出口,并做好引导揭示。

车站对每个验证检票人员设一个工号、每个验证检票口设一个验票讫章号,并统一编号。验证检票人员凭工号和密码登录验证系统。

验证检票口采取两个办公区域夹一个进站通道方式配置。中间办公区域并排向外设置 2 个办公桌,验票进站通道设置为 1 m,办公桌规格为 0.9 m×0.5 m,验票工作人员活动区域长度为 0.7 m,如图 3-41 所示。

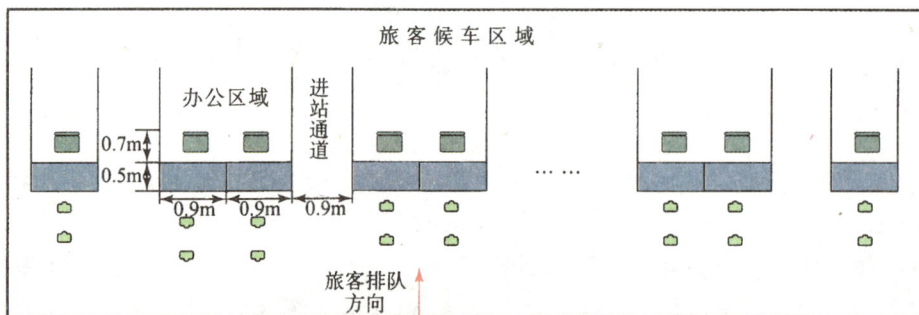

图 3-41 旅客候车进站区域

实名制验证检票口处应预留电源插口,具备照明条件。验证检票设备包括笔记本电脑、二代身份证识读设备、二维条码识读设备和验证检票员工作台等。

6. 临时身份证明办理相关规定

实行实名制车票的车站售票场所应设立公安制证口。为无法出示有效身份证件的旅客办理临时身份证明(图3-40)。

(1)办理临时身份证明的条件

旅客要求办理临时身份证明时,应携带一寸照片一张,并符合下列条件之一:出具所在地公安机关的户籍证明信;学生旅客出具所在学校的证明信;中国人民解放军、武警部队现役军人持所在部队出具的证明信;外籍旅客持当地使领馆出具的证明信;凭其他有效证件购买车票的旅客持发证部门出具的证明信;通过其他方式能够证明本人身份的。

证明信内容必须包括旅客姓名、性别、出生年月、籍贯、有效身份证件号码等信息,并加盖证明单位公章。购票后丢失有效身份证件的,证明信内容应与车票票面记载的旅客身份信息一致。

(2)车站铁路公安部门办理的临时身份证明一式两联,载明持有人姓名、性别、年龄、身份证件号码,一联为公安留存,一联供旅客购票、改签、退票、中转签证、验证检票以及乘车使用,由旅客自行妥善保管,站、车不予收回。

(3)同城车站均实行实名制时,临时身份证明可以通用。

第六节　乘　车　条　件

一、旅客乘车基本条件

旅客须按票面载明的日期、车次、席别乘车,并在票面规定有效期内到达到站。

持通票的旅客中转换乘时,应当办理中转签证手续。

二、车票中途失效

持通票的旅客在乘车途中有效期终了、要求继续乘车时,应自有效期终了站或最近前方停车站起,另行补票,核收手续费。定期票可按有效使用至到站。

三、乘坐卧铺的规定

对乘坐卧铺的旅客,列车可以收取车票并予集中保管。收取车票时,应当换发卧铺证;旅客下车前,凭卧铺证换回车票。

成人带儿童或儿童与儿童可共用一个卧铺。

软卧动车组列车因客运乘务人员配备少、列车停站少等因素,列车一般不执行车票收取集中保管的规定,旅客车票由旅客自行保管。

四、高票价车厢管理

除特殊情况并经列车长同意的外,持低票价席别车票的旅客不能在高票价席别的车厢停留。

五、非正常旅客乘车限制

车站发现无人护送的精神病旅客,应严禁乘车。对有人护送的,应通知列车长,协助护送人员防止发生意外。

车站对列车上交下的无人护送的精神病旅客,由车站客运、公安共同负责妥善处理。如需继续乘车时,车站客运、公安共同派人护送至到站转地方处理,如无直通车时,送至第一个换车站,由换车站继续转送。

车站发现患有烈性传染病旅客或健康状况危及他人安全的旅客,可以不予运送;已购车票按旅客退票的有关规定办理。

发现患有烈性传染病旅客时,车站应及时通知卫生防疫部门,并做好对患病旅客的隔离措施。对患有烈性传染病旅客活动区域由卫生防疫部门负责进行全面的消毒。

第七节　旅 行 变 更

一、改签的时间规定

旅客不能按票面指定的日期、车次乘车时,可以向铁路提出变更旅行计划的请求,但必须符合规定的条件。

(1)旅客要求变更旅行计划时,应当在票面指定的日期、车次开车前,办理提前或推迟乘车签证手续,旅行变更手续只能办理一次。

(2)特殊情况经站长同意可在开车后2 h内办理变更手续。

(3)持动车组列车车票的旅客改乘当日其他动车组列车时不受开车后2 h内限制。

(4)团体旅客不应晚于开车前48 h办理变更手续。

二、改签的操作规定

在车站售票预售期内且有运输能力的前提下,车站对旅客提出变更要求应予办理。办理时收回原车票,换发新车票,并在新车票票面注明"始发改签"字样(特殊情况在开车后改签的注明"开车后改签不予退票"字样);原车票已托运行李的,在新车票背面注明"原票已托运行李"字样并加盖站名戳。

三、改签的票价差额规定

旅客在发站办理改签时,改签后的车次票价高于原票价时,核收票价差额;改签后的车次票价低于原票价时,退还票价差额。

旅客办理中转签证或在列车上办理补签、变更席(铺)位时,签证或变更后的车次、席(铺)位票价高于原票价时,核收票价差额;签证或变更后的车次、席(铺)位票价低于原票价时,票价差额部分不予退还。

除售票系统设备故障等特殊情况外,不得手工改签车票。

四、承运人责任的变更

因承运人责任使旅客不能按票面记载的日期、车次、座别、铺别乘车时,站、车应重新妥善安排。重新安排的列车、座席、铺位高于原票等级时,超过部分票价不予补收。低于原票等级时,应退还票价差额,不收退票费。

五、变径的规定

持通票的旅客在中转站和列车上要求变更径路时,必须在通票有效期能够到达到站时方可办理。办理时,原票价低于变径后的票价时,应补收新旧径路里程票价差额,核收手续费;原票价高于或相等于变更后的径路票价时,持原票乘车有效,差额部分(包括列车等级不符的差额)不予退还。

符合使用原票乘车的规定时,可在原票背面注明"变更经由××站",加盖站名戳或列车长名章,凭原票乘车。

六、越站的规定

旅客在车票到站前要求越过到站继续乘车时,在有运输能力的情况下列车应予以办理。核收越站区间的票价和手续费。不足起码里程时,按起码里程计算;旅客同时提出变更座别、铺别和越站时,应先办理越站,后办理变更,使用一张代用票,核收一次手续费。

遇有下列情况不能办理越站:

(1)列车严重超员。

(2)乘坐卧铺的旅客买的是给中途站预留的卧铺。

(3)乘坐的回转车,途中需要甩车。

七、分乘的规定

两名以上旅客共持一张代用票要求办理分票手续时,站、车应予以办理。办理时按分票的张数核收手续费。

八、改签办法的调整

必要时,铁路运输企业可以临时调整改签办法。

第八节 误售、误购车票的处理

因站名相似,口音不同发生误售、误购时站车都要积极主动处理。

(1)在发站发现误售、误购时,车、站应为旅客换发新票。

(2)在中途站、原票到站或列车内发现误售、误购时,如旅客至正当到站票价高于已收票价,则应补收票价。补收时,换发代用票,补收票价差额。

如旅客至正当到站票价低于已收票价,则应退还票价。退还票价时,站、车应编制客运记录交旅客,作为乘车至正当到站要求退还票价差额的凭证,并应以最方便的列车将旅客运送至正当到站,均不收取手续费或退票费。

(3)因误售、误购、误乘或坐过了站需送回时,铁路应免费将旅客送回。车站应在车票背面注明"误乘"并加盖站名戳,指定最近列车免费返回。在免费送回区间,旅客不得中途下车。如中途下车,对往返乘车的免费区间,按返程所乘列车等级分别核收往返区间的票价,核收一次手续费。

（4）由于误售、误购、误乘或坐过了站在原通票有效期不能到达到站时，应根据折返站至正当到站间的里程，重新计算通票有效期。

第九节　丢失车票的处理

一、一般规定

旅客丢失车票应另行购票。另行购票时，车站另发新票。在列车上应自丢失站起（不能判明时从列车始发站起）补收票价，核收手续费。列车上补票时，注明丢失。

旅客丢失车票另行补票后又找到原票时，列车长应编制客运记录，连同原票和后补车票一并交给旅客，作为旅客在到站出站前向到站要求退还后补车票的依据，退票时核收退票费。列车长与车站办理交接时，车站不得拒绝。处理站在办理时，填写退票报告，并核收退票费，列车编制的客运记录随报告联一并上报。

由于站、车工作人员工作失误，造成旅客车票丢失时，站、车均应填发代用票，在记事栏内注明"因××原因丢失"，将款额剪断线全部剪下随丙联上报。

二、实名制车票的"挂失补办"规定

（1）旅客购买实名制车票后丢失车票时，可到车站售票窗口办理挂失补办手续，但必须符合以下条件：

①提供购票时所使用的有效身份证件原件、原车票乘车日期和购票地车站名称；

②不晚于票面发站停止检票时间前 20 min。

（2）旅客要求办理车票挂失补办手续时，如遇以下情况时，车站不予办理挂失补办手续：

①超过规定时间提出时；

②原车票已经退票的；

③已经挂失补办的。

（3）车站办理实名制车票挂失补办手续时，旅客应提供购票时所使用的有效身份证件原件、原车票乘车日期和购票地车站等信息，通过与客票系统所调取的信息进行比对，核实旅客身份、车票等信息无误并将旅客有效身份证件名称、号码、原车票乘车日期和购票地车站等信息登记后，经售票主任确认方可办理。旅客应按原车票车次、席位、票价重新购买一张新车票。新车票票面标记"挂失补"字样。原车票已经改签的按改签后的车票办理挂失补办手续。结账时，应对实名制车票挂失补办情况进行审核。

（4）新车票发售后，原车票失效。新车票不能改签，但可以退票；退票时按规定核收补票的手续费。新车票退票后，原车票效力恢复。

（5）旅客持新车票乘车时，应向列车工作人员声明。到站前，列车长确认该席位使用正常的，对持"挂失补"车票的旅客，开具客运记录，记明旅客姓名、购票时所使用的有效身份证件号码、新车票票号及"席位使用正常，可办理退票"字样，交旅客作为到站退票的凭证。如发现持原车票乘车的旅客时，应按已失效车票处理，按规定补收票款。

（6）旅客挂失补办后持"挂失补"车票乘车，如中途下车时，列车长应在下车前开具客运记录交旅客。下车站核实客运记录、"挂失补"车票、购票时所使用的有效身份证件原件及旅客本人一致后,按"挂失补"车票票面乘车区间及票价办理退票,核收补票的手续费。

(7)如越站时,列车应按规定办理越站手续,并在旅客下车前开具客运记录交旅客,注明"旅客×××,身份证号××××,持车票××××××('挂失补'车票票号)自××—××区间席位使用正常,可办理退票;自××—××区间越站乘车,车票号××××××。"等字样。下车站核实客运记录、"挂失补"车票和列车补越站车票、购票时所使用的有效身份证件原件及旅客本人一致后,按"挂失补"车票票面乘车区间及票价办理退票,核收补票的手续费。

(8)旅客到站后24 h内,凭客运记录、新车票和购票时所使用的有效身份证件原件,至退票窗口办理新车票退票手续,按规定核收补票的手续费。车站退票窗口,对办理"挂失补"字样车票退票的旅客,须核实客运记录以及"挂失补"字样车票、购票时所使用的有效身份证件原件、旅客一致性后,方可办理。

(9)办理列车移交的"挂失补"车票退票手续的车站均应为"挂失补"车票票面列车的发站、到站或经停站。

(10)旅客在乘车前办理"挂失补"车票退票手续时,只可在购票地车站或票面发站办理。在乘车后办理时,到站或下车站应收回客运记录和"挂失补"车票,随退票报告报上级收入部门。

(11)"挂失补"车票退票均只按规定核收补票的手续费,不收退票费。

第十节　不符合乘车条件处理

对不符合乘车条件的旅客、人员,站、车均应了解原因,区别不同情况予以处理。

一、加收票款,核收手续费的情况

对下列有意不履行义务的,应补收票款并加收已乘区间应补票价50％的票款,核收手续费。同时铁路运输企业有权对其身份进行登记。

(1)无票乘车时,补收自乘车站(不能判明时自始发站)起至到站止车票票价。持失效车票乘车按无票处理。

(2)持用伪造或涂改的车票乘车时,除按无票处理外并送交公安部门处理。

(3)持站台票上车并在开车20 min后仍不声明时,按无票处理。

(4)持用低等级的车票乘坐高等级列车、铺位、座位时,补收所乘区间的票价差额。

(5)旅客持儿童票、学生票或残疾军人票没有规定的减价凭证或不符合减价条件时,按照全价票价补收票价差额。

二、只补收票价,核收手续费的情况

对下列情况只补收票价,核收手续费。

(1)应买票而未买票的儿童按购买儿童票的规定补收票价。身高超过1.5 m的儿童使用儿童票乘车时,应补收儿童票价与全价票价的差额。

(2)持站台票上车送客未下车但及时声明时,补收至前方下车站的票款。

(3)主动补票或者经站、车同意上车补票的。

三、只核收手续费的情况

对下列情况只核收手续费，但已经使用至到站的除外。

（1）旅客在票面指定的日期、车次开车前乘车的，应补签。

（2）旅客所持车票日期、车次相符但未经车站剪口的，应补剪。但如漏剪是由车站责任造成的，则列车补剪不收手续费。到站发现车票漏剪则不予追究。

（3）持通票的旅客中转换乘应签证而未签证的，应补签。

四、定期客票加收票价的规定

对持定期客票违章需按往返及天数加收票价时，按下列公式计算：

加收票价＝单程应收票价×2×天数

五、客运运价杂费收据

车站在补收到站旅客票价或运费时，使用“客运运价杂费收据（图 3-42）”。

铁路局

客运运价杂费收据

甲

年 月 日 （存根）

<table>
<tr><td rowspan="4">原票据</td><td rowspan="4">种别</td><td>日期</td><td></td><td colspan="4">月 日 时到达、通知、变更</td></tr>
<tr><td>号码</td><td></td><td colspan="4">月 日 时 交 付</td></tr>
<tr><td>发站</td><td></td><td colspan="4" rowspan="2">核收保管费 日</td></tr>
<tr><td>到站</td><td></td></tr>
<tr><td colspan="4" rowspan="2">核收区间</td><td colspan="3">核收费用</td><td rowspan="2">款额</td></tr>
<tr><td>种别</td><td>件数</td><td>重量</td></tr>
<tr><td colspan="4" rowspan="6">自……站
至……站
经由（ ）
座别……人数……</td><td></td><td></td><td></td><td></td></tr>
<tr><td></td><td></td><td></td><td></td></tr>
<tr><td></td><td></td><td></td><td></td></tr>
<tr><td></td><td></td><td></td><td></td></tr>
<tr><td></td><td></td><td></td><td></td></tr>
<tr><td colspan="3">合计</td><td></td></tr>
<tr><td>记事</td><td colspan="7"></td></tr>
<tr><td colspan="8">……站经办人……印</td></tr>
</table>

图 3-42 客运运价杂费收据

六、拒绝运送和运输合同终止

对于在列车内寻衅滋事,扰乱公共秩序被列车工作人员责令下车的旅客,列车应编制客运记录交车站。车站工作人员对在站内发现的和列车移交的上述旅客应带出站外,情节严重者应送交公安部门处理。对被站、车拒绝乘车和责令下车旅客的车票应在车票背面做相应记载,作为不予改签或退票的依据。

第十一节 退票规定

一、旅客退票的规定

(1)旅客退票必须在购票地车站或票面发站办理。

(2)在发站开车前,特殊情况也可在开车后 2 h 内,退还全部票价,核收退票费。团体旅客必须在开车 48 h 以前办理。

(3)旅客开始旅行后不能退票。但如因伤、病不能继续旅行时,经站、车证实,可退还已收票价与已乘区间票价差额,核收退票费。已乘区间不足起码里程时,按起码里程计算;同行人同样办理。

(4)退还带有"行"字戳迹的车票时,应先办理行李变更手续。

(5)因特殊情况经站长同意在开车后 2 h 内改签的车票不退。

(6)站台票售出不退。

(7)市郊票、定期票、定额票的退票办法由铁路运输企业自定。

(8)必要时,铁路运输企业可以临时调整退票办法。

二、因承运人责任致使旅客退票的规定

因承运人责任致使旅客退票时按下列规定办理,不收退票费。

(1)在发站,退还全部票价。

(2)在中途站,退还已收票价与已乘区间票价差额,已乘区间不足起码里程时,退还全部票价。

(3)在到站,退还已收票价与已使用部分票价差额。未使用部分不足起码里程按起码里程计算。

(4)空调列车因空调设备故障在运行过程中不能修复时,应退还未使用区间的空调票价。

(5)因承运人责任造成旅客退票时,无论在发站、中途站还是到站,均应积极为旅客办理,不得互相推诿,继续给旅客造成困难。同时产生应补收时不补收。

三、发生线路中断退票规定

(1)发生线路中断旅客要求退票时,在发站(包括中断运输站返回发站的)退还全部票价,在中途站退还已收票价与已乘区间票价差额,不收退票费,但因违章加收的部分和已使用至到站的车票不退。如线路中断系承运人责任时,按承运人责任导致旅客退票的规定处理。

(2)因线路中断致使旅客中途退票时,应退还已收票价与已乘区间票价差额,已乘区间不足起码里程时,按起码里程计算,不收退票费。

四、退票时起码里程计算规定

退还票价时,按客、快、卧起码里程分别计算。

五、动车组列车中途站退票计算

中途站办理动车组列车退票的公式为:

$$应退票款＝原票价－(原票价÷原票里程×已乘区间里程)$$

第十二节　旅客携带品

一、旅客携带品的范围

1. 旅客携带品重量和体积的规定

旅客携带品由自己负责看管。每人免费携带品的重量和体积是:

儿童(含免费儿童)10 kg,外交人员 35 kg,其他旅客 20 kg。每件物品外部尺寸长、宽、高之和不超过 160 cm,杆状物品不超过 200 cm,但乘坐动车组列车不超过 130 cm;重量不超过 20 kg。

残疾人旅行时代步的折叠式轮椅可免费携带并不计入上述范围。

2. 规定旅客不得带入车站和列车内的物品

(1)国家禁止或限制运输的物品。

(2)法律、法规、规章中规定的危险品、弹药和承运人不能判明性质的化工产品。

(3)动物及妨碍公共卫生(包括有恶臭等异味)的物品。

(4)能够损坏或污染车站和列车车辆的物品。

(5)超过旅客规定的免费携带重量和规格的物品。

3. 为方便旅客的旅行生活,旅客可以限量携带的物品

(1)气体打火机 5 个,安全火柴 20 小盒。

(2)不超过 20 mL 的指甲油、去光剂、染发剂。不超过 100 mL 的酒精、冷烫精。不超过 600 mL 的摩丝、发胶、卫生杀虫剂、空气清新剂。

(3)军人、武警、公安人员、民兵、猎人凭法规规定的持枪证明佩带的枪支子弹。

(4)初生雏 20 只。

二、旅客违章携带物品的处理

(1)在发站禁止进站上车。

(2)在车内或下车站,对超过免费重量的物品,其超重部分应补收四类包裹运费。对不可分拆的整件超重、超大物品,动物,按该件全部重量补收上车站至下车站四类包裹运费。

(3)发现危险品或国家禁止限制运输的物品,妨碍公共卫生的物品,损坏或污染车辆的物品,按该件全部重量加倍补收乘车站至下车站四类包裹运费。危险物品交前方停车站处理,必

要时移交公安部门处理。对有必要就地销毁的危险品应就地销毁,使之不能危害并不承担任何赔偿责任。

没收危险品时,应向被没收人出具书面证明。

(4)如旅客超重、超大的物品价值低于运费时,可按物品价值的 50% 核收运费。

(5)补收运费时,不得超过旅客所乘列车的始发和终点站。

(6)对违章携带的物品补收运费时,一律填写客运运价杂费收据,注明日期、发到站、车次、事由、件数、重量。具体处理过程中,应本着实事求是的态度,区别不同的违章情况,妥善处理。对携带品超重不足 5 kg 时,应免收运费。

三、携带品暂存

三等及其以上车站应设携带品暂存处。暂存处应公布收费标准和注意事项。暂存物品需包装良好,箱袋必须加锁,包装不良的,不予存放。办理暂存手续时,必须填写暂存票,注明品名、包装、日期、件数等。提取时还应注明提取日期、寄存日数和核收款额,并在暂存票乙票上加盖戳记后交给旅客。暂存票应按顺号装订,保管一年。

第十三节　旅客遗失物品

一、旅客遗失物品的保管、交付和转运

(1)车站对发现或列车移交的遗失物品,应在遗失物品登记簿上详细登记,注明日期、地点、移交车次、品名、包装及内含物品、数量、重量、交物人、经办人、处理结果等内容。

(2)客运量较大的车站应设遗失物品招领处,遗失物品招领处应有明显的招领揭示。对遗失物品应妥善保管,正确交付。失主来领取时,应查验身份证,核对时间、地点、车次、品名、件数、重量,确认无误后,由失主签收,并记录身份证号码。拾到现金应开具"客运运价杂费收据"(以下简称"客杂")上交,并在登记簿上注明"客杂"收据号码,当失主来领取时,开具退款证明书办理退款。遗失物品需要通过铁路向失主所在站转送时,内附清单,物品加封,填写客运记录和行李、包裹交接证,交列车行李员签收。遗失物品中的危险品、国家禁止或限制运输的物品、机要文件应立即移交公安机关或有关部门处理,不办理转送。鲜活易腐物品和食品不负责保管和转送。

(3)遗失物品需通过铁路向失主所在站转送时,物品在 5 kg 以内的免费转送,超过 5 kg 时,到站按品类补收运费。

二、旅客遗失物品的交接

对旅客遗失物品应设法归还失主。如旅客已经下车,应编制客运纪录,详细注明品名、件数等移交下车站,不能判明旅客下车站时,移交列车终点站。车站对本站发现或列车移交的遗失物品,应在遗失物品登记簿上详细登记,注明日期、地点、移交车次、品名、包装及内含物品、数量、重量、交物人、经办人、处理结果等内容。

第十四节　线路中断时对旅客的安排

线路中断,列车不能继续运行时,应妥善安排被阻旅客。车站应将停办营业和恢复营业的信息及时向旅客公告。

线路中断时,旅客可以要求在原地等候通车、返回发站、中途站退票或按照铁路的安排绕道旅行。

停止运行车站应在旅客车票背面注明原因、日期、返回××站并加盖站名章,作为旅客免费返回发站、中途站办理退票、换车或延长有效期的凭证。退票时按以下规定办理:

(1)旅客在发站或由中途站返回发站停止旅行时,退还全部票价,其中包括在列车上补购的车票,但罚款、手续费和携带品超重、超大补收的费用不退。已使用至到站的车票不退。

(2)在停止运行站或返回中途站退票时,退还已收票价与发站至停止旅行站的票价差额,不足起码里程按起码里程计算。

(3)旅客持票等候通车后继续旅行时,可凭原票在通车10日内恢复旅行。车站应予办理签证手续,通票还应根据旅客候车日数延长车票有效期。卧铺票应办理退票。

(4)铁路组织原列车绕道运输时,旅客乘坐原座别、铺别时票价不补不退,变更座别、铺别时,补收或退还差额。中途下车车票失效。旅客自行绕道按变径办理。线路中断后,旅客买票绕道乘车时,按实际径路计算票价。

列车停运且不能在短时间内恢复运行时,车站要配合列车应做好车上旅客服务工作,解决旅客的困难,做好列车上水、食品供应工作;必要时,向地方政府报告请求援助。

由于线路中断影响旅行旅客要证明时,车站应开具文字证明,加盖站名戳。

第十五节　包　　车

包车运输是一种相对特殊的旅客运输方式,大都是国家部门、企事业单位出于工作需要或旅游需要单独包用铁路车辆进行运输。目前,在实际工作中包车运输以开行旅游专列的情况居多。

一、包车合同

(1)要求单独使用加挂车辆或加开专用列车的包车人,一般应于开车前15日,要求单独使用专用列车时应于开车前30日向乘车站或其上级主管部门联系,并提交全程路程单。

(2)经铁路与包车人协商同意,包车人应与铁路签订包车合同。包车合同主要载明:

①包车人、承运人的名称、地址、联系人姓名、电话;

②包用车辆种类、数量;

③发站和到站站名;

④时间;

⑤包车运输费用;

⑥违约责任;

⑦双方商定的其他事项。

(3)签订包车合同的同时,包车人应缴付定金。

二、费用计算

1. 运费

按包车全部路程的总里程,按客车种别、定员核收全价客票票价。成人与儿童(含享受减价优待的学生、伤残军人)混乘一辆车,人数不足时,按定员核收全价客票票价;实际乘车人数超过定员时,对超过人数按实际分别核收全价或半价客票票价。

2. 停留费

包车停留费是指包用人要求在发站、中途站、折返站停留时应付的费用。由于车辆换挂接续列车或铁路指定开车时间所产生的停留时间不收停留费。停留费按日计算,自 0:00 ～ 24:00 为一日,不足 12 h 按半日计算。停留时间以列车到达时刻至开车时刻为准。

3. 空驶费

空驶费是指在包用人指定日期内乘车站没有所需车辆,需从外站向乘车站调送车辆以及使用完毕后将车辆回送至原车辆所在站或单程使用后由到站回送车辆所在站所产生的费用。空驶费按最短径路并全程通算。

包车全部运行途中,里程采取通算。

三、包车变更

(1)包车人改变或取消用车计划时,应向铁路缴付延期使用费或停止使用费。

(2)包车人请求延长使用时,由中途变更站报请上一级主管部门批准后核收运输费用。缩短使用时,已收费用不退。

(3)承运人违约时应双倍返还定金。

四、旅游专列规定

(1)铁路加开旅游专列,按铁道部《旅游列车开行管理办法》(铁运〔2007〕232 号)执行。

(2)开行旅游列车应当在图定旅游列车运行线中选择,不得开行图外旅游列车。

(3)旅游列车开行计划应当提前两个月提报,跨局旅游列车由铁道部批准。

(4)开行跨局旅游列车的,载客车辆不少于 14 辆;经过限制区段的,载客车辆为限制牵引辆数减 3 辆;宿营车只能使用 1 辆。

(5)旅游列车票价按相应的设备条件(非空调或空调,空调车按新空票价执行)、普快和标记定员的 90% 核收,车辆标记定员不足 32 人的按 32 人计算;使用豪华车辆(每辆车定员不足 20 人)的另核收服务费。使用宿营车内铺位时,按实际铺位计费。

(6)旅游列车享受上款优惠后,不再同时享受其他任何形式的票价优惠。

(7)旅游列车编挂 1 辆餐车时,不核收使用费;超过 1 辆时,对超过部分核收相应等级硬卧车标记定员票价。旅游列车编挂娱乐车、会议车时,均按相应等级硬卧车标记定员票价核收使用费。

(8)旅游列车中途站停留 24 h、折返站停留 48 h 以内的,免收停留费。超过上述时限的,自超过时起,不足 12 h 的,按半日核收停留费,超过 12 h 但不超过 24 h 的,按 1 日核收停留费。

(9)旅游列车单程里程通算计算票价;运行径路涉及国铁、地铁、合资铁路等特殊运价区段的,可分段计算,加总核收。

第十六节　客运运价和客运运价里程

一、客运运价

国家铁路客运运价由旅客票价、行李及包裹运价组成。客运运价与客运杂费构成全部运输费用。旅客票价率及行包运价率由国务院铁路主管部门拟定,报国务院批准,客运杂费由国务院铁路主管部门规定。经国务院铁路主管部门商国家物价主管部门同意,特殊区段可实行特殊运价。

国家铁路的旅客票价,以 5 角为计算单位,不足 5 角的尾数按 2.5 角以下舍去、2.5 角以上进为 5 角处理。对浮动票价应分别按票种处理尾数。

(一)旅客票价

1. 旅客票价的特点

(1)铁路旅客票价是铁路旅客运输产品的销售价格,是国民经济价格体系的组成部分。其基本票价率由国务院铁路主管部门拟定,报国务院批准。

(2)确定铁路旅客旅客票价时,必须考虑人民生活水平,妥善处理国家积累与照顾人民生活需要的关系,以及各种运输工具的合理分工。

2. 旅客票价的组成

旅客票价分为两大类:一是客票票价,包括硬座、软座客票票价;二是附加票票价,包括加快、卧铺、空调票票价。

旅客票价的基本票价是以每人每公里的票价率(以硬座车运送 1 名旅客 1 km 的运价为 0.058 61 元,它是计算各种票价的基础)为基础,按照规定的旅客票价里程区段,采取递远递减(动车组列车另有规定)的办法确定的。

3. 旅客票价的构成要素

(1)基本票价率与票价比例关系

旅客票价以硬座票价率为基础,是决定全部旅客票价水平最重要的因素。其他各种票价均以它为基准按照旅客运输成本和各列车等级的合理分工制定其相应的票价率。

在制定硬座客票基本票价率时,应参照其他运输方式的旅客票价,在调查研究的基础上通过核算加以确定。当硬座客票基本票价率确定后,其他各种票价率就按其加成或减成比例计算,现行各种票价率和比例关系见表 3-1。

表 3-1　各种票价率和比例关系

票　种	票价率[元/(人·km)]	比　例(%)
硬座客票	0.058 61(基础)	100
软座客票	0.117 22	200

票　种			票价率[元/(人·km)]	比　例(%)
棚车客票			按硬座客票半价计算	
加快票	普快		0.011 72	20
	快速		按普快票价 2 倍计算	
硬卧票	开放式	上铺	0.064 47	110
		中铺	0.070 33	120
		下铺	0.076 19	130
	包房式	上铺	按开放式硬卧中铺票价另加 30% 计算	
		下铺	按开放式硬卧下铺票价另加 30% 计算	
软卧票	上铺		0.102 57	175
	下铺		0.114 29	195
空调票			0.014 65	25

（2）旅客票价里程区段

计算旅客票价时，并不是完全按运输里程一一计算的，而是考虑旅客较合理地支付票价，将运输里程分为若干区段，对同一里程区段，核收同一票价。旅客票价里程区段应适当地划分，使旅客支付票价既合理又简便。现行旅客票价里程区段的划分见表 3-2。

表 3-2　旅客票价里程区段

里程区段(km)	每区段千米数	区段数	里程区段(km)	每区段千米数	区段数
1～20	20	1	1 601～2 200	60	10
1～200	10	18			
201～400	20	10	2 201～2 900	70	10
401～700	30	10	2 901～3 700	80	10
701～1 100	40	10	3 700～4 600	90	10
1 101～1 600	50	10	4 601 以上	100	

旅客票价是按里程区段划分，区段间距随里程的增长而逐渐加大，各区段的票价按区段的中间里程计算。即票价里程＝票价里程区段中的最后一个区段的中间里程。

中间里程的确定，除按区段里程推算外，也可按下列公式计算：

$$L_{中间} = L_{基} + nL_{段} - 1/2L_{段} \tag{3-1}$$

式中　$L_{中间}$——区段中间里程，即计价里程；

　　　$L_{基}$——基数里程；

　　　$L_{段}$——小区段里程；

　　　n——小区段数，其表达式为：

$$n = (L_{实} - L_{基})/L_{段} \quad （小数点尾数进整） \tag{3-2}$$

其中　$L_{实}$——实际里程。

计算旅客票价，除实行票价区段外，同时考虑运输成本及分流的问题，对票价的计算规定了起码里程:客票为 20 km;空调票为 20 km;加快票为 100 km;卧铺票为 400 km(特殊区段另有规定者除外)。

(3)递远递减率

由于运输成本随运距增加而相应降低,旅客票价采取递远递减的办法计算,以减轻长途旅客经济负担。旅客票价从 201 km 起实行递远递减。现行各里程区段的递远递减率和递减票价率(以硬座票价为例)见表 3-3。

表 3-3　旅客票价递远递减率和递减票价率(以硬座票价为例)

区段(km)	递减率(%)	票价率[元/(人·km)]	各区段全程票价(元)	区段累计票价(元)
1～200	0	0.058 61	11.722	11.722
201～500	10	0.052 749	15.8247	27.5467
501～1 000	20	0.046 888	23.444	50.9907
1 001～1 500	30	0.041 027	20.5135	71.5042
1 501～2 500	40	0.035 166	35.166	106.6702
2 501 以上	50	0.029 305		

4. 旅客票价计算理论

作为旅客基本票价构成的三要素——基本票价率与票价比例关系、旅客票价里程区段、递远递减率具备以后,即可计算旅客基本票价。

基本票价的计算,除初始区段不足起码里程按起码里程和最后一个区段按中间里程计算外,其余各区段均分别按其区段里程计算,根据各区段的递减票价率求出各该区段的全程票价和最后一个区段按中间里程求出的票价加总,即为基本票价。旅客票价中包含的客票系统发展金、候车室空调费、卧铺订票费计算规定如下:

客票系统发展金:当基本客票票价小于等于 5.00 元的,核收 0.50 元软纸费;当基本客票票价大于 5.00 元的,核收 1.00 元软纸费。

候车室空调费:计价里程大于 200 km 时,核收 1.00 元候车室空调费,小于等于 200 km 的,不核收候车室空调费。

卧铺订票费:当旅客乘座卧铺购买卧铺票时,不论软、硬均核收 10.00 元卧铺订票费。

(二)动车组列车票价的有关规定

1. 动车组票价定价依据

按照旅行速度达到 110 km/h 以上的动车组列车软座票价基准价:一等座车为 0.3366 元/(人·km)、二等座车为 0.2085 元/(人·km),上下浮动 10%。

广深线开行的动车组列车票价可在国铁统一运价为中准价上下浮动 50% 的基础上再上下浮动 50%,由企业自主定价。

2. 动车组列车票价打折条件

动车组列车票价分为公布票价和折扣票价执行。动车组列车票价打折,应符合下列条件:

(1)根据不同区域、不同季节、不同时段的市场需求,实行不同形式的打折票价。

(2)二等座车公布票价打折后不得低于相同运价里程的新空软座票价。在短途,公布票价低于新空软座票价时,按公布票价执行。70 km 及以下运价里程的动车组不进行任何形式打折优惠,一律按公布票价执行。

(3)经过相同途径,相同站间、相同时段,不同车次应执行同一票价。

(4)同一车次,各经停站在里程上不能倒挂。

(5)一等座车与二等座车的比价在 $1:1.2\sim1:1.25$ 之间。

3. 动车组公布票价计算

一等座车公布票价$=0.3366\times(1+10\%)\times$运价里程

二等座车公布票价$=0.2805\times(1+10\%)\times$运价里程

软卧上铺公布票价$=0.3366\times(1+10\%)\times1.6\times$运价里程

软卧下铺公布票价$=0.3366\times(1+10\%)\times1.8\times$运价里程

动车组高级软卧上铺公布票价$=0.3366\times(1+10\%)\times3.2\times$运价里程

动车组高级软卧下铺公布票价$=0.3366\times(1+10\%)\times3.6\times$运价里程

广深线上的动车组列车公布票价由企业在规定水平内自行确定。

4. 动车组列车减价票规定

(1)动车组列车只发售二等座车学生票,学生票票价为公布票价的 75%。

(2)动车组软卧儿童票价计算公式为:

动车组软卧儿童票价$=$动车组软卧公布票价$-$动车组一等座公布票价$/2$

不足400 km的动车组软卧儿童票价在计算时,其中一等座公布票价也应按照 400 km 计算。

(3)按《客规》等有关规定享受减价优待的儿童、学生、伤残军人乘坐动车组时,票价均以公布票价为基础计算。发售动车组学生票票价高于现行的"折扣票价"时,应按现行的"折扣票价"发售,不得在学生票优惠卡中进行核减次数。

(三)浮动票价的计算规定

(1)旅客票价实行浮动时,按照铁道部《关于旅客票价计算等相关事项的通知》(铁运电〔2010〕110 号)和《铁道部关于取消强制保险后动车组列车票价及票价浮动计算等有关事项的通知》(铁运电〔2012〕102 号)的规定执行。

(2)票价浮动时动车组列车以公布票价,其他列车以《铁路旅客票价表》公布的票价为基础,按下列公式计算:

$$浮动票价=公布票价\times(1+\alpha)$$

式中 α——上下浮动幅度,当下浮时,α 为负数。

【例3-1】 票价上浮

联合票价为50元,现上浮15%(则$\alpha=0.15$),上浮后票价为多少元?

【解】 $50\times(1+0.15)=50\times1.15=57.5(元)$

上浮后的票价为 57.5 元。

【例3-2】 票价下浮

学生票价为57.5元,现下浮10%(则$\alpha=-0.1$),下浮后票价为多少元?

【解】 $57.5\times(1-0.1)=57.5\times0.9=51.75=52(元)$

下浮后的票价为 52 元。

(3)实行票价浮动的旅客列车,均按上述计算规定确定的浮动票价为该列车的应收票价,对无票人员补收票价、按规定加收票款及退票核收的退票费等,均按应收票价计算有关票款。

(4)按规定旅客变更席别、车次、径路等产生票价差额需退还时,票价差额按联合票价"应收－已收"的原则计算。"应收"指客变更前已乘及变更后将乘列车区间及席位按联合票价计算确定的票价,"已收"是指旅客变更前原票面载明的列车区间及席位的票价。

(四)短途卧铺优惠票价

(1)短途卧铺优惠票价按照铁道部《关于短途卧铺票价优惠办法的通知》(铁运电〔2009〕25号)的规定执行。

(2)优惠的条件。列车运行最后一日(含当日运行)6:00以后400 km以内的空闲卧铺执行卧铺优惠。

(3)优惠票价计算:

①200 km内硬卧(上、中、下铺)优惠票价按照该次列车对应硬座票价的170%计算,软卧(上、下铺)优惠票价按照该次列车对应硬座票价的270%计算。

②200~400 km间硬卧(上、中、下铺)优惠票价按照该次列车对应硬座票价的158%计算,软卧(上、下铺)优惠票价按照该次列车对应硬座票价的258%计算。

③票价计算均以联合票价为基准。已享受半价卧铺票的旅客不再享受以上优惠。

(4)相关规定:

①实行票价优惠的卧铺车票要在票面记载"折"字样。

②实行短途卧铺优惠的车次、区间、执行日期由旅客列车担当局或实行优惠区间所在铁路局报铁道部批准后执行。

③车站发售短途优惠票价卧铺时,应提前在营业场所将具体优惠车次、优惠区段及优惠票价等信息进行公告。

(五)铁路旅客票价表的运用

车站在发售车票时,实际不必要也不可能按票价制定的方法进行运算,而是根据电子计算机打印的软票票面的票价核收。遇特殊情况,则根据发、到站间客运运价里程依据《铁路旅客票价表》进行计算。

铁路旅客票价表的查找步骤如下:

1. 确定旅客运价里程

计算运价应用的里程,称为运价里程,它是计算客运运价的依据。

确定客运运价里程的方法是:首先从《铁路客运运价里程表》汉语拼音或笔画站名首字索引表中,查出站名索引表的页数,再从站名索引表中查出发、到站的站名里程表页数,并从站名里程表中确认到站有无营业办理限制。然后根据规定的或旅客制定的乘车径路和乘坐列车车次,从《铁路客运运价里程表》中查出乘车里程,或分段计算出全部乘车里程,如发、到站在同一线路上时,用两站到本线路起点或终点的里程相减,即可求出两站间的里程,如发、到站跨及两条及其以上线路时,应按规定的接算站接算。

2. 查找旅客票价

票价里程根据发、到站间的运价里程和不同的车辆设备以及旅客所购票种,从《铁路旅客票价表》的相应栏内直接查得该票种应收的票价。

（六）行李、包裹运价

1. 行李、包裹运价率

（1）行李运价率为硬座客票票价率的1%，即每100千克每千米的行李运价率等于每人每千米的硬座客票基本票价率。即

$$硬座票价率 \times 1\% = 0.058\ 61 \times 1\% = 0.000\ 586\ 1[元/(kg \cdot km)]$$

（2）包裹票价率是以三类包裹运价率为基数，其他各类包裹运价率按三类包裹的运价率加成或减成的比例确定。

2. 行李、包裹运价区段

行李、包裹运价是根据规定的运价区段，以每千克每千米的运价率乘以通过递远递减后而确定的计价里程，再乘以5 kg，即得5 kg为单位的运价基数。其他重量的运价，则以5 kg的运价基数推算。

3. 行李、包裹计费重量

（1）行李、包裹运价的计价重量以kg为单位，不足1 kg进为1 kg。

（2）行李、包裹的起码计算重量为5 kg。

（3）旅客可凭客票办理一次行李托运。托运的行李在50 kg以内，按行李运价计算，超过50 kg时（行李中有残疾人用车时为75 kg），对超过部分按行李运价加倍计算。

（4）行李、包裹均按物品重量计算运价，但有规定计价重量的物品按规定重量计价，见表3-4。

表 3-4　行李、包裹规定计价重量

物品名称	计价单位	规定计价重量（kg）	备　注
残疾人用车	辆	25	以包裹托运时，按实际重量计算
自行车	辆	25	
助力自行车	辆	40	含机动自行车
两轮轻型摩托车	辆	50	①含轻骑；②汽缸容量 50 cm³ 以下时
两轮重型摩托车	辆	按汽缸容量 1 cm³ 折合 1 kg 计算	汽缸容量超过 50 cm³ 时
警犬、猎犬	头	20	超重时，按实际重量计算

4. 行李、包裹运价规定

（1）行李、包裹的运费，根据《行李包裹运价表》按每张票据计算。每张行李、包裹的起码运费为1元。

（2）行李、包裹运费以元为单位，尾数保留到角。

（3）运价不同的物品混装为一件时，按其中运价高的计算。

（4）按保价运输的行李、包裹核收保价费。行李保价费按声明价格的0.5%、包裹保价费按声明价格的1%计算。

（5）行李7001 km以上，每增加100 km或不足100 km，每千克增加0.029元。包裹6001 km以上，每增加100 km或不足100 km，每千克运价，一类包裹增加0.021元；二类包裹

增加 0.074 元;三类包裹增加 0.106 元;四类包裹增加 0.138 元。

(七)客运杂费

客运杂费是指在铁路运输过程中,除去旅客车票票价、行李、包裹运价以外,铁路运输企业向旅客、托运人、收货人提供的辅助作业、劳务及物耗等所收的费用。

1. 客运杂费的种类

(1)付出劳务所核收的费用

该费用包括搬运费、送票费、接取送达费、手续费、行李、包裹变更手续费、查询费、装卸费等。核收这类费用,是因为旅客或托运人、收货人提出要求,为其特殊服务时而收取。

(2)违反运输规定所核收的费用

该费用包括各种无票乘车加收的票款及违章运输加倍补收的运费等。为了维护站、车秩序,对无票乘车或者持失效车票乘车的人员,应根据铁路法及客运规章有关规定加收票款。

(3)使用有关单据及其他用品所核收的物耗费用

该费用包括货签费、安全标志费、其他用品等。对这类费用应本着为人民服务的精神,核收适当的费用。

(4)为加强资金与物资管理所核收的费用

该费用包括迟交金、保价费、保管费等。这类费用是按照有关款额的百分比或保管的日数进行计算收取的。

2. 客运杂费收费标准

对于客运杂费的收费项目和收费标准,根据《铁路法》规定,由国务院铁路主管部门制定。部分旅客运输的客运杂费的收费项目和收费标准见表 3-5。

表 3-5　部分客运杂费的标准收费

	收费项目	计费条件	收费标准	备　注
1	站台票		1 元/张	
2	手续费	列车上补卧铺	5 元/张	同时发生时按最高标准核收一次手续费
		其他	2 元/人次	
3	退票费	按每张车票的面额计算	5%(以 5 角为单位,2.5 角以下舍去,2.5 角及以上进为 5 角)	最低按 2 元计算
4	送票费	送到集中取票点	3 元/人次	
		送到旅客所在地	5 元/人次	
5	携带品暂存费		3 元/件	每件重量以 20 kg 为限,超重时按其超重倍数增收
6	携带品搬运费	从车站广场停车地点搬运至行包房办理处或从行包交付处搬运至广场停车地点各为一次搬运作业;由汽车搬上、搬下时,每搬一次,另计一次搬运作业	2 元/件次	每件重量以 20 kg 为限,超重时按其超重倍数增收

3. 客运运价杂费收据

(1)客运运价杂费收据是铁路运输专业票据,是铁路客运部门在向旅客、托运人和收货人核收部分携带品运费、客运杂费等费用时收费凭证。其主要用于核收旅客违章携带的物品运费、上交拾到现金、上交无法交付物拍卖或变卖钱款及核收其他客运杂费项目时使用。

(2)根据《中华人民共和国发票管理办法》(财政部令〔1993〕第 6 号,2010 年 12 月 8 日国务院第 136 次常务会议通过修改)第 44 条"国务院税务主管部门可能根据有关行业特殊的经营方式和业务需求,会同国务院有关主管部门制定该行业的发票管理办法。"的规定,铁路"客运运价杂费收据"、车票和其他定额收据,均属于发票范畴。

二、客运运价里程

1. 旅客票价里程

旅客票价里程以铁道部公布的《铁路客运运价里程表》为计算依据。发到站间跨及两条及其以上线路时,应按规定的接算站接算;通过轮渡时,应将规定的轮渡里程加入运价里程内计算。旅客票价里程按旅客乘车的实际径路计算。

国家铁路、合资铁路、地方铁路及特殊运价区段间相互办理直通过轨运输时,应分别按各段里程计算客运运价,加总核收。国家铁路涉及几个地段时,里程采取通算。上述各段由于分段计算,有不足起码里程区段时,按起码里程计算,但卧铺票价按规定比例计算。卧铺票价比例见表 3-6。

表 3-6　卧铺票价比例

里程(km)	占 400 km 卧铺票价的比例(%)	里程(km)	占 400 km 卧铺票价的比例(%)
1~100	25	201~300	75
101~200	50	301~400	100

2.《铁路客运运价里程表》的使用

《铁路客运运价里程表》所载入的线路为国家铁路、与国家铁路办理直通运输的地方铁路和合资铁路。

(1)客运营业办理限制符号:

※:旅客乘降所。

⊗:不办理行李和包裹业务。

◎:不办理包裹业务。

△:不办理客运业务。

(2)接算站的表示

在《客运运价接算站示意图》中用红色圆圈表示,在《铁路客运运价里程表》中,站名用黑体字印刷,站名下部印有 1 mm 宽的黑色横线。并在该站的第 13 栏印有"接××线"字样。

3. 接算站

(1)接算站的种类

①大多数接算站是两条及其以上线路相互衔接的接轨站,如哈尔滨(图 3-43)、株洲等站(图 3-44)。此类接算站,查找、计算里程都较为方便。

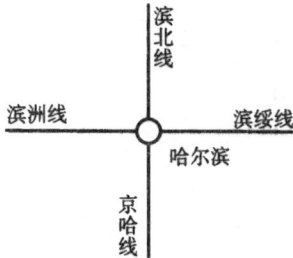

图 3-43　哈尔滨站示意图

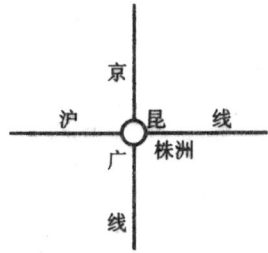

图 3-44　株洲站示意图

②部分接算站是接轨站附近的城市所在站。由于接轨站线路设置、车站设备、列车开行等都受到一定的限制,同时,多数旅客从附近大站乘车,因此,为了铁路工作及旅客乘车的方便,指定城市站为接算站。凡是这样的接算站,接轨站和城市站相互间往返乘车,称为折返区段(折返区段在《客运运价接算站示意图》中以红线表示),如陇海线与宝中线的接轨站是虢镇站,但接算站规定为宝鸡站。

③个别接算站是在同一城市无线路衔接的车站作为零公里接算站(由于城市建设的关系,相互间未能铺轨连接),为计算里程的方便,特定该两站为同一接算的接算站。如昆明站与昆明北站,中间相隔约 5 km,即视为昆明站与昆明北站相互衔接,并指定为同一接算的接算站,如图 3-45 所示。

④特殊规定:对经丰沙、京秦线进北京西站的旅客列车,按接算站规定的运价里程计算到北京站,北京站至北京西站间为零公里。

确定运价里程时,还应考虑一些特殊规定,如国际旅客联运,经由国境线时,应另加算国境站至国境线的里程。

(2)关于客运运价里程计算接算点的几点说明:

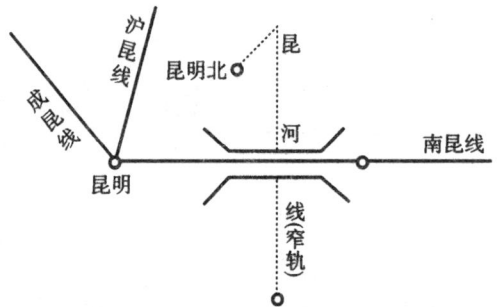

图 3-45　昆明与昆明北站示意图

①旅客列车跨及两线时,列车不经由连接两线接算站的,该列车旅客票价和行李的运价里程,在两线连接点车站接算。包裹的运价里程和发售通票时尚未定车次的区段旅客票价、行李运价里程应按接算站接算。

②旅客列车折返(含环线)运行,折返运行区段不是折返区间(即接算站示意图上标示为红线)的,通过旅客的票价和行李运价里程不包括折返里程。

③旅客列车折返(含环线)运行,同一车站同程两次停靠并均办理旅客乘降业务的,运价里程按下列规定办理:

该站终到旅客计算到第一次停靠;该站上车旅客乘坐区间为折返区间内的按第一次停靠起算,乘坐区间为折返区间外的按第二次停靠起算。

(3)客运运价里程接算站示意图

客运运价里程接算站示意图是描述全路客运营业线路各区段里程、接算站等的图示,用于计算旅客票价里程和行李、包裹运价里程。

复习思考题

1. 铁路旅客运输合同的定义是什么?

2. 铁路旅客运输合同的有效期是如何规定的?

3. 旅客的定义是什么?

4. 旅客的基本权利和义务是什么?

5. 承运人的定义是什么?

6. 承运人的基本权利和义务是什么?

7. 车票的作用是什么?

8. 车票包括哪两部分?

9. 特种乘车证包括哪些?

10. 在 12306.cn 网站购票可使用的有效身份证件有哪些?

11. 实名制车票验证的必检车次是哪些?

12. 车票的有效期如何计算?

13. 遇哪些情况可以延长通票的有效期?

14. 丢失车票的处理程序是什么?

15. 实名制车票办理挂失补办手续时必须符合的条件有哪些?

16. 旅客免费携带品的重量和体积是多少?

17. 哪些物品不得带入车内?

18. 为方便旅客的旅行生活,可限量携带哪些物品?

19. 旅客违章携带物品如何处理?

20. 遗失物品需要通过铁路向失主所在站转送时,如何办理?

21. 处理哪些不符乘车条件的旅客需要对已乘区段进行加收票价?

22. 旅客退票的规定是什么?

23. 旅客票价的构成要素有哪些?

24. 旅客基本票价率是多少? 各种票价率及其比例关系是多少?

25. 动车组列车减价票有何规定?

26. 如何运用《铁路客运运价里程表》、《铁路旅客票价表》来确定旅客票价?

27. 什么是客运杂费? 其分类情况及收费标准是怎样规定的?

28. 旅客票价的起码里程是多少?

29. 接算站的种类有哪些?

30. 铁路包车合同主要内容包括哪些?

31. 旅游列车票价核收如何规定?

第四章 高速铁路旅客运输

第一节 高速铁路系统

高速铁路系统大致由六个子系统构成,分别是基础设施、牵引供电系统、通信信号控制系统、运营调度系统、动车组及旅客服务系统,这六大系统之间是相辅相成的关系,作为一个系统,任何一个子系统都如同一个机器上不可或缺的零件一样,只有每个零件正常工作,才能保证整个机器正常运转。因此这六大系统在高速铁路的运营中发挥着各自重要的作用。

一、高速铁路基础设施

高平顺性是高速铁路与普通铁路的最大区别,高速铁路要求线路的空间曲线平滑,即平纵断面变化尽可能平缓,要求路基、轨道、桥梁具有高稳定性、高精度和小残余变形,要求建立严格的线路状态检测和保障轨道持久高平顺的科学管理系统。

二、高速铁路牵引供电系统

高速铁路牵引供电系统包括牵引变电所及接触网两个部分,其任务是保证质量良好并不间断地向机车供电。牵引变电所是电气化铁路供电系统中的心脏,要求具有高度的可靠性。接触网是牵引供电系统的主动脉,其功能是通过与受电弓在运行中的良好接触将电能传给电力机车。其供电方式如下:

(1)直接供电。牵引网中不加特殊防护措施的一种供电方式。它以一根馈线接在接触网上,另一个馈线接在钢轨上。

(2)带回流线的直接供电方式。在接触网支柱上架设一条与钢轨并联的回流线,利用接触网与回流线直接的互感作用,使钢轨中的电流尽可能地由回流线流回牵引变电所,因而能部分抵消接触网对邻近通信线路的干扰。

(3)自耦变压器供电方式(简称 AT 供电方式)。这种供电方式是每隔 10 km 左右在接触网与正馈线之间并联接入一台自耦变压器,其中性点与钢轨相连。自耦变压器将牵引网的供电电压提高一倍。

三、高速铁路通信信号控制系统

高速铁路信号系统主要由分为列车运行控制系统(用于控制列车间隔)、联锁系统(用于控制进路)、调度集中系统(用于行车指挥)、专用通信设备等组成。

四、高速铁路运营调度系统

高速铁路运营调度系统是高速铁路运输管理和列车运行控制的中枢,是高速铁路运营管理现代化、自动化、安全高效的标志,它根据机车车辆配备和动力特性、车站配备及作业、沿线线路和设备状态、相邻线路列车运行的状态等,统筹编制列车运行计划、集中指挥列车运行和协调铁路运输各部门的工作。

综合国外高速铁路的实践,我国高速铁路调度系统按功能要求划分为计划编制、运行管理、车辆管理、供电管理、旅客服务、综合维修等子系统。

1. 运输计划编制子系统

铁道部和高速铁路调度所运输计划编制部门采用统一的计划编制系统,能随时按业务需求的调整进行权限控制和功能切换。计划编制系统依据计划编制规则要求,提供计算机辅助计划编制方式,具备牵引计算、合理性检查和模拟仿真功能。

2. 运行管理子系统

运行管理子系统具备实施计划接收、人工和自动列车运行计划调整、列车运行监视等功能。在异常情况下,铁道部调度指挥中心运行管理系统能接管高速铁路调度所指挥权。

3. 车辆管理子系统

车辆管理子系统具备接收列车运行计划、动车组交路计划和列车运行调整计划的功能,可实时显示动车组的运行位置、运用情况和动车组的状态,在动车组发生故障时,提供紧急处置预案。此外,系统还具备动车组各项指标的统计与分析功能。

4. 供电管理子系统

供电管理子系统具备实时监视牵引供电系统运行状态、系统设备带电状态、设备技术状态和故障信息分类归档的功能,将重要信息发往相关系统,系统还有事故记录功能、历史数据回放功能,调度事务管理、提供供电设备故障紧急处置预案等功能。

5. 旅客服务子系统

接收列车运行计划、动车组交路计划和列车运行调整计划,自动生成相关的旅客服务信息,并发送到站、车及有关单位;集中管理旅客服务有关各类信息、实时掌握列车运行实际信息和预测信息,并实时监督管辖范围内客运专线列车编组、上座率、各站中转旅客人数、动车组周转、中转列车接续以及列车乘务组等信息的功能。通过监督列车晚点情况,制定其运行调整建议方案;查询与旅客服务相关的数据功能,生成相关数据统计和信息汇总。当发生突发事件时,能提出紧急处理预案、旅客疏散方案,提出列车运行调整方案建议,同时对大型车站关键场所进行视屏监控。

6. 综合维修子系统

综合维修子系统具备综合维修管理、防灾安全监控和综合设备管理功能。其中防灾安全监控能够接收灾害信息如风、雨、洪水等自然灾害信息,机房、站房等关键设备火灾报警等,根据对灾害的分析作出判断并提出应急处理建议,并将有关信息及时发送到相关系统。

五、动车组系统

动车组就是把带动力的动力车与非动力车按照预定的参数组合在一起,因此可以概括的讲,动车组是自带动力的,固定编组的,列车两端分别设有司机室进行驾驶操作,配备现代化服务设施的旅客列车的单元。

动车组的技术发展主要表现在功率、速度和舒适性的提高、单位功率重量的降低以及电子

技术的应用等方面,其主要技术特点表现为:

1. 集成技术

一列动车组大约有 8 000 个零部件组成,涉及电子、微电子、计算机技术、网络技术、通信技术、机械加工、非金属等等方面,各项技术间的相互衔接完全依靠系统化的集成技术。

2. 牵引技术

牵引技术的核心是交流传统技术,也是世界上高速列车的核心技术之一。通过变压器、变流器、牵引电机、牵引控制四个关键技术及电流 IPG 技术,实现动车组列车交流传统功率达到 8 800 kW。

3. 制动技术

高速列车的制动技术涉及行车安全,目前采用的制动技术是再生制动,列车在 200 km/h 实施制动以后,从 200 km/h 降到 90 km/h 左右完全是靠电机反向旋转,利用列车的巨大惯性产生电能再往上输电,这一段是没有任何机械磨损的。当列车的速度降到 90 km/h 以下才开始实施第二阶段的机械制动,实现时速 200 km/h 的动车组列车制动距离小于 2 000 m。

4. 车体技术

车体技术是动车组列车重要技术之一,实现动车组列车的轻量化,减少列车高速运行时的电力消耗。

5. 专项化技术

专项化技术也就是走行技术,保证了动车组以 250 km/h 以上速度运行时,有很好的平稳性和比较好的曲线通过能力。

6. 网络技术

动车组上为旅客提供的大量的服务设施是要靠电子计算机来控制,整个列车实行两级网络,对全列车所有设施设备进行监控、控制。

六、旅客服务系统

旅客服务系统通过与列车调度指挥系统、客票系统的网络连接,为旅客进出站、候车、乘降等提供实时、准确的信息和服务。

旅客服务系统由动态导向、广播、监控、时钟、查询、求助、站台票发售、寄存等子系统组成,通过集成管理平台对各子系统进行操作控制。

第二节　高速铁路旅客运输组织

一、高速铁路运输组织的特点

1. 高速度

速度是高速铁路主要技术水平的标志,但旅客最关心的是旅行速度,而不是最高运行速度。要达到高速度就应具备以下条件:

(1)线路的限速地段不能过多。

(2)列车牵引性能要好,加减速快,起停车附加时间短。

(3)高速铁路的行车组织工作,尤其是列车运行图的铺画,要在保证旅客出行便利的前提下,优化列车停站安排,采用错站停靠的办法,尽可能提高旅行速度。

(4)列车停站时间短,一般停站时间在 $1\sim2$ min(列车会让时除外,导致目前我国高铁动车组列车会让车的主要原因是存在一条高铁线路上有多种速度要求不同车型的动车组列车混跑情况)。但停站时间短同时带来对旅客乘降组织的难度,特别是在个别大客流中间站,旅客大上、大下给我们的乘降组织提出很高要求。为加快旅客乘降速度,目前高铁车站大都采取动车组列车一个车厢有前后车门的,按前门下后门上;一个车厢只有一个车门的,按先下后上的旅客乘降组织措施,提高旅客乘降效率和组织秩序。

另外,由于动车组列车无行李车编挂,旅客随身行李无法办理托运手续,虽然铁路对放旅客携带品重量、体积有严格规定,但由于铁路无法为旅客提供相应的有效解决方法,旅客携带超大超重物品乘高铁列车的现象较为多。旅客携带超大超重物品进站上车,对乘降速度和时间带来一定影响。

(5)列车停靠站要准确对位,车站要在列车到达前组织好旅客按车厢位置等候。为确保动车组列车按规定位置停车,车站应根据动车组列车长度分别在站台两端指定位置设置动车组列车停车指示牌。其中 8 辆短编组动车组列车的停车位置应根据旅客从候车室到达站台或从站台进入出站通道最近走行距离进行设置。同时,为方便对旅客在站台候车、乘降的组织,车站应在站台地面设置相应的动车组列车车厢号位置的站台地标,组织旅客在规定位置排队候车,有序乘降,并利用站台显示屏显示当前列车车厢位置和其他车厢方位。

(6)动车组列车客运乘务人员配备少,一般 8 辆短编组动车组按“一长二员”标准配备。动车组重联时,按两个乘务组安排。因此,动车组列车车门验票工作由车站负责,有条件的车站可设置动车组专用候车室和专用进站通道,通道和站台专用的车站可以不实行车门验票。

2. 高密度

列车的开行密度决定于客流量和列车定员,而客流量主要决定于沿线社会和经济发展水平、其他交通运输方式的情况以及高速铁路的运输质量及服务水平。

由于客流波动,早晚集中出行,某些区段客流量较大时,可以考虑重联运行,但非高峰时段也要保证一定的列车密度,以利于吸引客流。

3. 高正点率

各国都十分重视高速列车的正点率问题,作为与其他交通运输方式竞争的重要手段,并采取有效措施,保持高速列车的高正点率,日本、法国、西班牙、德国等国家的高速列车正点率都保持较高水平,其中,日本自 1964 年新干线开通运营以来列车的平均晚点时间不到 1 min。

同时,各国对列车晚点均制定相应补偿规定,西班牙高速列车晚点超过 5 min 退还旅客的全额票款;日本晚点超过 2 h 退还旅客的加快费;法国高铁承诺,当列车晚点超过 30 min,按票价的 30% 以交通券方式进行补偿;德国规定,列车晚点 1 h 可获相当于票面价值 25% 的现金赔偿,晚点 2 h 可获相当于票面价值 50% 的现金赔偿。

我国动车组列车规定晚点 1 h 及以上,且正逢用餐时间,由车站或列车免费为旅客供餐。

因此高正点率也是高速铁路运输组织的一大特点,高正点率的具体措施有:

(1)区间通过能力的利用率不应太高,列车运行图的铺画要为调度调整预留一定的弹性,甚至要铺画一定数量的备用线,供晚点列车使用。

(2)在调度指挥上要采取晚点列车不引起连锁反应,更不能使正点列车也跟着晚点的调度指挥原则。

综上所述,发达国家高速铁路成功的运输组织有许多我们值得借鉴的地方:

(1)不少国家的高速铁路成功地采用了客货列车分时运行或多种速度等级旅客列车运行的运营方式,但要注意合理的速差。

(2)减少换乘是吸引旅客的重要手段之一。尽可能开行直达运输,减少换乘,是各国共同努力的方向。

(3)灵活多样的高速列车编组和定员。

(4)在大中型客站,保证足够数量的列车停靠。

(5)各国高速列车的上座率随着高速铁路运营管理不断加强和完善而逐年上升,德国在50%~56%之间,法国、西班牙平日都在60%~70%之间,日本则保持更高的水平,各国高速列车在节假日都呈超员状态。

(6)快捷、简明、方便、流畅的旅客流线和相对固定使用的站台、站线。

(7)完善的旅客导向系统,极大地方便了旅客的出行。

(8)车站和列车上均配备和提供先进的服务设施和设备,舒适的候车和乘车环境。

二、高速铁路客运市场营销

任何一个产品从规划设计到投入生产,都要经历市场调查、分析、预测、产品设计定位等许多环节,只有把每一个影响产品成功销售的工作做到位,才能保证产品上市后能有一个好的销售前景或得到用户的认可和拥护。高速铁路旅客运输的产品是旅客的位移。因此在产品投入生产之前,我们首先需要进行市场调查、分析与预测。

(一)动车组客运产品市场定位

1. 动车组列车客流的特点

高速铁路动车组的顾客对象多数以商务旅客为主,旅游旅客是第二主要客户。同时,随着高速铁路的发展,还将随之产生一批通勤客流,即居住地与工作城市在 1 h 以内车程的客流。

2. 动车组列车目标市场定位

从上面的分析可以看出,动车组客流应以商务、公务客流为主,旅客的年龄构成以中青年为主,旅客的身份以管理人员和技术人员为主。

客流结构表明高铁客流对时间和效率的关注较高,对乘车的舒适度要求高,因此动车组列车的旅行时间与其他运输方式相比要有足够的竞争力。

(二)高速铁路客运产品设计

国外旅客运输组织的成功经验主要体现在紧密结合市场需要,设计高效的运输产品,包括列车开行方案、列车运行图和种类丰富的客票。

1. 高速铁路旅客列车开行方案设计

旅客列车开行方案是以客运量为基础,以客流性质、特点和规律为依据,科学合理地安排包括旅客列车开行等级、种类、起止点、数量、经由线路、编组内容、停站方案、列车客座利用率、车底运用等内容,从客流到列车流的组织方案。

2. 影响列车开行方案的因素

(1)铁路基本技术设施条件。

（2）方案本身应该满足的技术条件和指标。

3.客车开行方案设计目标

（1）符合旅客出行规律，最大限度地方便旅客，提高服务频率，减少等待时间，尽可能地减少换乘，提高列车上座率。

（2）充分利用运输能力，合理利用动车组，控制列车超员。

4.国外列车开行特点

（1）列车种类繁多。在欧洲，每天有成千种列车供选择，包括快车、旅游列车、日间列车、夜间火车、汽车列车（有部分车厢用于放旅客的汽车）、特价列车及豪华快车等。目前主要欧洲国际列车被称为欧洲城际列车，车内设有一、二等舱。在某些欧洲国家，国内列车称为城际列车。

（2）列车密度大。如日本国铁遍及日本总长 21 000 km，每日有 26 000 班次。法兰克福车站共有 25 股道，21 条股道用于长途运输，每天接发列车 1 100 列，4 条用于城市轻轨，每天接发列车 700 列；科隆车站共有 11 条股道，每天接发列车 1 200 列，日均客流量 22 万人，其中中转换乘的旅客约 10 万人。

（3）编组灵活。为了适应各时段客流的变化，在客流高峰期采取多列重联的方式增加定员，客流密度低谷时采取小编组运行。

5.客流预测与列车开行方案一体化设计

在对客流进行预测分析的基础上，利用先进的客车开行方案模拟系统，设计出既符合旅客运输需求，又能实现运能与运量最佳匹配的客车开行方案。

6.列车运行图设计

列车运行图是铁路运输工作的基础性技术文件，是铁路日常组织列车运行的依据，是组织全路与运输有关员工协调动作的基础，列车运行图也是铁路运输产品的重要表现形式。因此编制适应运输市场的需要列车运行图对于铁路市场营销有重要意义。

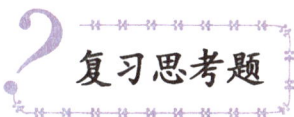

❓ 复习思考题

1.高速铁路系统的构成有哪些？

2.铁路旅客服务系统的主要内容是什么？

3.高速铁路运输组织的特点？

4.发达国家高速铁路运输组织有哪些方面值得我们借鉴？

5.动车组列车目标市场定位是什么？

6.国外列车开行特点是什么？

第五章 行李、包裹运输

对行李、包裹运输,承运人应采取取送货上门、多式联运、快运等多种方式,以满足托运人不同的需求,车站行包房应为旅客、托运人提供填单、打包等必需服务。

行李、包裹运输应按照先行李后包裹、先中转后始发和长短途列车分工、安全、经济的原则,合理、均衡地组织运输。

行李应随旅客所乘列车装运或提前装运;包裹应尽量以直达列车或中转次数少的列车装运。对抢险救灾物资、急救药品、零星支农物资应优先安排装运。

第一节 行李、包裹的范围

一、行李的范围

行李是指旅客自用的被褥、衣服、个人阅读的书籍、残疾人车和其他旅行必需品。

1. 行李中不得夹带的物品

行李中不得夹带货币、证券、珍贵文物、金银珠宝、档案材料等贵重物品和国家禁止、限制运输物品、危险品。

(1)货币是指各币种的纸币和金属辅币。

(2)证券是指股票、彩券、国库券及具有支付、清偿功能的票据等。

(3)珍贵文物是指具有一定年代的有收藏、研究或观赏价值的物品。

(4)档案材料是指人事、技术档案,组织关系,户口簿或户籍关系,各种证件、证书、合同、契约等。

(5)危险品是指国务院铁路主管部门公布的《危险货物品名表》内的品名。对其性质有怀疑的物品也按危险品处理。

2. 行李的重量与体积

行李每件的最大重量为 50 kg。体积以适于装入行李车为限,但最小不得小于0.01 m^3。行李应随旅客所乘列车运送或提前运送。

二、包裹的范围

包裹是指适合在旅客列车行李车内运输的小件货物。

1. 包裹的分类

(1)一类包裹:自发刊起 5 日以内的报纸;中央、省级政府宣传用非卖品;新闻图片和中、小学生课本。

(2)二类包裹:抢险救灾物资,书刊,鲜或冻鱼介类、肉、蛋、奶类、果蔬类。

(3)三类包裹:不属于一、二、四类包裹的物品。

(4)四类包裹：

①一级运输包装的放射性同位素、油样箱、摩托车；

②泡沫塑料及其制品；

③国务院铁路主管部门制定的其他需要特殊运输条件的物品。

2. 包裹的运输要求

包裹的每件最大重量为 50 kg。体积以适于装入行李车为限，但最小体积不得小于 0.01 m³。运输超过包裹规定重量和铁道部指定的需要特殊运输条件的物品时，应经调度命令或上级书面运输命令批准。铁路运输企业可制定管内包裹运输的范围。

3. 不能按包裹运输的物品

(1)尸体、尸骨、骨灰、灵柩及易于污染、损坏车辆的物品。

(2)蛇、猛兽和每头超过 20 kg 的活动物(警犬和运输命令指定运输的动物除外)。

(3)国务院及国务院铁路主管部门颁发的有关危险品管理规定中规定的危险品、弹药以及承运人不明性质的化工产品。

(4)国家禁止运输的物品和不适于装入行李车的物品。

第二节 行李、包裹托运及领取

一、行李、包裹的托运

旅客在乘车区间内凭有效客票每张可托运一次行李，残疾人车不限次数。

承运行李应要求旅客出具客票。市郊定期客票不能托运行李，铁路乘车证不能免费托运行李。

1. 需签发运输说明的物品

托运下列物品时，托运人应提供规定部门签发的运输证明：

(1)金银珠宝、珍贵文物、货币、证券、枪支。

(2)警犬和国家法律保护的动物。

(3)省级以上政府宣传用非卖品。

(4)国家有关部门规定的免检物品。

(5)国家限制运输的物品。

(6)承运人认为应提供证明的其他物品。

托运动、植物时应有动、植物检疫部门的检疫证明。

托运放射性物品、油样箱时，应按照国务院铁路主管部门的规定提出剂量证明书、油样箱使用证。

具体规定如下：

(1)托运金银珠宝、货币证券应提供中国人民银行的正式文件或当地铁路公安局(处)或公安分局(分处)的免检证明。

(2)托运枪支应提出运往地市(县)公安局的运输证明。

(3)托运警犬应提出公安部门的书面证明；国家法律保护的野生动物应提出国家林业主管部门的运输证明。

(4)托运免检物品应提出当地铁路公安局(处)、公安分局(分处)的免检证明。

(5)托运国家禁止或限制运输的物品应提供主管部门的运输证明。如精神和麻醉药品应提出国家卫生主管部门的运输证明。

(6)托运动、植物时应提出动、植物检疫证明。办理时,将检疫证明的二联附在运输报单上以便运输过程中查验。

(7)托运Ⅰ级放射性物品时,应提出经铁路卫生防疫部门核查签发的"铁路运输放射性物品包装件表面污染及辐射水平检查证明书",包装件表面放射性污染及其内容物的放射性活度均不得超过《铁路危险货物运输规则》规定的限值。

一批或一辆行李车内装载的件数不得超过20件,每件重量不得超过50kg,并不得与感光材料以及活动物配装,与食品配装需要隔开2m以上的距离。

(8)托运油样箱时,必须使用铁路规定的专用油样箱并提出国务院铁路主管部门签发的油样箱使用证。到站后由收货人直接到行李车提取。

2. 托运物品检斤的规定

办理承运行李、包裹时,应确认品名、件数、包装并进行检查核对,正确检斤。承运加水、加冰的物品或途中喂养动物的饲料应单独检斤,作为到站因此产生减量或重量消失的依据。

3. 托运人押运包裹的规定

托运人托运金银珠宝、货币证券、文物、枪支、鱼苗、蚕种和中途需饲养的动物等必须派人押运。对运输距离在200km以内、不需要饲养的家禽、家畜,托运人提出不派人押运时,也可以办理托运。押运人应购买车票并对所押物品的安全负责。

承运人应为押运人购票提供方便。车站行李员对已经办理承运的包裹应通知押运人装车日期和车次。车站负责装车和卸车。

列车行李员应将押运人姓名、人数、工作单位、住址和品名、件数、发到站登记押运人员登记簿内进行登记,并告知安全等注意事项,要求押运人员在行李车内严禁吸烟、不准打开车门乘凉、不得移动车内备品、物件、不要靠近放射性物品。

二、行李、包裹的交付

1. 收货人凭行李、包裹领取凭证领取行李、包裹

如果将领取凭证丢失,应要求其提出身份证和担保人的书面担保以及物品所有权的证明。车站应慎重审查担保人的担保资格,承运人对上述单、证和担保人的担保资格认可后,由收货人签收办理交付。收货人提不出担保人,可以出具押金自行担保。押金数额应与行李、包裹的价值相当,抵押时间由车站与收货人协商确定。车站收取押金应向收货人出具书面证明,书面证明的式样由车站自定。如在收货人声明领取凭证丢失前行李、包裹已被冒领,承运人不承担责任。

向收货人办理交付时,应认真核对票货,确认票据号码、发站、到站、托运人、收货人、品名、件数、重量、包装无误后在运输保单上加盖"交付讫"戳予以交付,同时收回领取凭证。

2. 凭传真件领取包裹的相关规定

经当事人双方约定,包裹也可使用领取凭证的传真件领取,约定内容应记载在包裹票记事栏内。

（1）凡要求使用包裹票传真件提取包裹的发货人，应向发站提出申请。发货人为个人的，应在托运单上注明，由车站确认后受理，发货人为单位的，必须与车站签订协议。

（2）发站在办理承运时，必须在包裹票记事栏各联中注明"凭传真件提货"字样，凡计算机打印的包裹票，该字样也必须有计算机打印。

（3）到站、车办理交付时，应首先确认包裹票上有"凭传真件提货"字样，对于收货人为个人的，凭传真件、收货人身份证、身份证复印件领取；对于收货人为单位的，凭收货单位介绍信、提货人身份证、身份证复印件领取。传真件、介绍信和身份证复印件留存。

3. 凭印鉴领取包裹的相关规定

收货人要求凭印鉴领取包裹时，应与承运人签订协议并将印鉴式样备案。对凭印鉴领取的包裹，车站应建立印鉴领取登记簿。领取包裹时认真核对印鉴，由领取人在登记簿上签字并加盖备案的印鉴交付。

经约定凭传真件或凭印鉴领取时，收货人不得再凭领取凭证领取。对凭印鉴和传真件领取的均不在给运输报单。

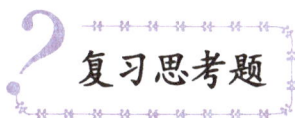

复习思考题

1. 哪些物品属于行李的范围？

2. 行李中不得夹带哪些物品？

3. 行李的重量与体积是如何规定的？

4. 包裹的定义是什么？包裹分为哪几类？

5. 不能按包裹运输的物品有哪些？

6. 托运哪些物品时，托运人应提供规定部门签发的运输证明？

7. 对丢失行李、包裹票的收货人，车站应如何办理交付？

第六章 旅客运输组织

第一节 旅客运输组织原则

旅客运输组织的原则如下:

(1)旅客运输组织工作要从方便旅客出发,全面安排,按照长短途列车分工、换乘优先、保证重点的原则,合理、经济的使用运输能力,均衡的组织运输。

站、车应协调、配合,发生问题应本着以站保车的原则积极处理。站、车发生纠纷,在责任、原因不明时,站、车双方均不得以任何理由阻碍开车,造成列车晚点。

(2)要本着"以人为本、旅客至上"的原则,周到热情地为旅客服务,对旅客旅行中发生的困难应千方百计予以解决。

(3)在旅客运输计划的安排上,原则上应先保证重点旅客及时乘车,如老、幼、病、残、孕及有特殊情况的旅客。另外也要安排好一般旅客和团体旅客的乘车。贯彻大站兼顾小站,始发站兼顾中间站的方针,通过售票和签证组织工作,有计划地分配和使用票额,组织长途旅客乘坐长途车,短途旅客乘坐短途车,达到合理使用运输能力,均衡地组织运输的目的。

第二节 旅客计划运输规定

一、旅客运输计划

旅客运输计划是旅客计划运输组织工作的前提,是确定客运设备、客运机车车辆修造计划及客运运营支出计划的重要依据。

1. 旅客运输计划的形式

旅客运输计划一般是指年度计划,但根据执行期间的不同可分为长远计划、年度计划、日常计划三种。

(1)长远计划:一般为5年、10年或更长时期的规划,是铁路旅客运输的发展计划,通常根据国民经济计划的期间进行编制。

(2)年度计划:是旅客运输的任务计划,根据长远计划结合年度具体情况编制。

(3)日常计划:是日常旅客运输的工作计划,根据年度计划任务,结合日常和节假日客流波动而编制。

2. 旅客运输计划的主要内容

旅客运输量(客运量)、旅客发送量、旅客周转量、旅客平均行程。

(1)旅客运输量(客运量):在铁路旅客运输统计中,旅客人数和旅客周转量统称为旅客运输量。

(2)旅客发送量:在报告期内,购买客票在铁路各营业站和乘降所乘车的旅客人数、在列车内补票和到站补票的旅客人数、由国外及新线接运的旅客人数之和并减去退票人数。

(3)旅客周转量:在报告期内,旅客人数与运送距离的乘积。

(4)旅客平均行程:指平均每一旅客的旅行距离。

二、客流调查

客流调查是编制旅客运输计划的基础。根据调查资料,可以掌握客运量的变化和发展情况。对于大批团体客流和节假日客流,可通过专门的客流调查直接确定流量、流向和流程,从而为编制旅客运输计划提供可靠的依据。

1. 客流的含义

旅客在一定时间和空间范围内发生的位移,形成客流。客流的主要组成要素是流量、流向和流程。

2. 客流分类

(1)直通客流:旅客乘车距离跨两个及其以上铁路局。

(2)管内客流:旅客乘车距离在一个铁路局范围内。

3. 客流调查的主要形式

客流调查分为综合调查、节假日调查、日常调查3种形式,一般以日常调查为主。调查对象为居民或旅客。客流调查一般以车站为单位,在车站吸引范围内进行。综合调查一般每两年进行1次。节假日调查主要是对十一、春节和元旦、清明、五一、端午、中秋小长假及暑期客流进行调查。春节、暑期运输的客流调查应在春节、暑期运输前3~4个月进行。其他节假日主要是管内和短途客流增长情况,一般在节假日前1个月左右进行。

以上三种形式的具体调查方法可采用调查表调查、专题调查、随车调查、抽样调查、典型调查、开座谈会、发信函、电话询问等方法进行。

三、春运运输组织

春运主要是民工、学生、探亲客流,时间性强、流量大、流向集中且极不均衡。春运工作是全路第一季度的中心任务,全路应认真贯彻落实"人民铁路为人民"的服务宗旨,加强各部门的联系,确保安全正点,搞好路风、站车服务和治安秩序。

(1)春运期限:一般规定为40天。其中春节前15天,春节后25天。

(2)组织原则:坚持"以能定量"、"先中转后始发"、"始发站兼顾中间站"、"大站兼顾小站"运输组织原则,中间站做到组织旅客按车厢号上车,组织旅客均衡输送。

(3)严格执行旅客计划运输有关规定。各车站、列车密切配合,坚持验票进站、上车,严格控制列车超员率,确保安全正点。

(4)认真做好学生运输。组织到校售票,托运行李、包裹,增加学生售票窗口,部分大站要办理学生往返票,保证学生按时返校。对学生购票、托运、候车、上车实行"四优先"。

(5)安排好民工运输。对乘车有计划的民工团体,铁路要优先安排运送。民工客流量大、方向集中的地区,可组织开行民工直达临时快车。

四、暑运运输组织

暑运以运送学生和旅游客流为主,具有客流大、流向集中、时间性强、要求高的特点,任务繁重。全路应认真贯彻落实"人民铁路为人民"的服务宗旨,确保安全正点,搞好路风、站车服务和治安秩序,圆满地完成任务。

(1)暑运期限:规定自 7 月 1 日起至 8 月 31 日止,共计 62 天。

(2)组织原则:坚持"以能定量"、"先中转后始发"、"始发站兼顾中间站"、"大站兼顾小站"的运输组织原则,中间站做到组织旅客按车厢号上车,组织旅客均衡输送。

(3)严格执行旅客计划运输有关规定。各车站、列车密切配合,坚持验票进站、上车,严格控制列车超员率、确保安全正点。

(4)认真做好学生运输。组织到校售票,托运行李、包裹,增加学生售票窗口,部分大站要办理学生往返票,保证学生按时返校。对学生购票、托运、候车、上车实行"四优先"。

五、节假日运输

对于元旦、五一、十一、清明、端午、中秋等节日,从旅客出行目的看,探亲访友,到外地旅游观光的旅客增加、铁路客运在激烈的市场竞争中要占有一定的份额,不能忽视节假日旅客外出增加的需求,应积极组织旅游景点的节假日旅游专列,开辟新的运输经济增长点,提高运输市场占有份额,为旅客提供高质量的服务,以增加对旅客的吸引力。

六、列车定员的计算

(1)硬座标记定员:各硬座车厢标定员的总和。

(2)硬座实际定员:硬座总标记定员减 10 个座位(办公席等占用,新型车标记定员不包含办公席在内时,其标记定员即为实际定员)。

(3)硬座超成定员:为硬座实际定员与实际定员乘以规定超员率之和。

(4)软、硬卧车定员均按标记定员计算(宿营车除外):软、硬卧车代用软、硬座车时,软卧每一下铺按 3 人,硬卧每一下铺按 4 人计算,不再加超员率。上铺均禁止出售,中铺吊起固定。

(5)在保证安全、正点和服务质量的前提下,铁路根据旅客列车车辆安全技术条件,允许旅客列车超员运输,但下列情形严禁超员:

①动车组列车:时速 300 km 及以上动车组列车不超员,时速 200~250 km 动车组列车商务座、特等、一等座不超员,CRH2C 型动车组列车和 CRH380A 型列车 6 号车厢不超员。

②根据铁道部关于《旅游列车开行管理办法》、《青藏线格拉段旅客运输规定(暂行)》、《铁路旅客列车渡海运输组织管理办法(暂行)》的规定,旅游列车、青藏线格拉段和渡海运输时不得超员。

(6)对严重超员的处理:旅客列车发生严重超员造成车辆弹簧压死或车钩钩差过限(列车中相互连挂的车钩中心水平线的高度差,不得超过 75 mm)时,不得开车。车站应积极配合列车长采取有效措施疏解旅客或组织部分旅客下车,迅速恢复车辆正常状态后,方可开车,保证行车安全。

动车组列车发生严重超员时,列车相关车载安全系统会发出相应的报警信息,由随车机械师通知司机采取相应的停车处置措施。

按照铁道部关于直通旅客列车的席位(包括无座席位),均由始发局足额生成的规定,旅客列车的无座席都由各铁路局客票管理所统一生成管理。从理论上讲,旅客列车的超员率将得到有效控制。但从现场实际看,旅客列车严重超员的现象仍时有发生,主要原因是列车上旅客延长旅行、持票旅客未办理改签提前乘车、中转旅客上车补票等等。因此,加强车站通道管理,防止中转旅客上车补票和未改签旅客提前乘车是真正有效防止旅客列车严重超员的措施。

(7)旅客列车席位复用、票额共用:

①席位复用。席位复用是指对客票系统席位售出后,再次生成从售到站至原限售站的新席位,使列车能力再次利用。席位复用分为一次复用和全程复用。一次复用是指对席位复用一次后产生的新席位不再复用。全程复用是指对列车运行区间中的剩余区段进行多次复用。

②票额共用。票额共用是指车站"公用"用途票额,允许被列车运行径路前方多个车站使用,旅客根据需要选择乘车站购票,并按票面指定乘车站乘车。

③实行票额共用、席位复用的列车,列车只能在通过票额共用、席位复用区段后,列车方可按有关规定办理补有席位的车票。

④列车票额共用和席位复用两种方式可共同并存。

(8)列车上座率和客座率:

①列车上座率是长期以来,衡量旅客计划运输组织工作质量、旅客列车运能利用情况的重要标志。主要指购票上车的旅客人数与列车定员的比率,反映了列车席位利用率。其计算公式为:

列车上座率＝购票上车的旅客总人数/列车定员

②客座率是反映客运工具载客能力利用程度的重点指标,它是载运工具完成的旅客周转量与其客座公里总数之比,也就是用百分率表示的平均每一客座公里所完成的人公里数。用比较通俗的话讲,客座率也就是旅客周转量与客座公里总数两者的比值。其计算公式为:

客座率＝实际乘客的人公里数总和÷定员公里数总和×100%

客座率原主要用于对航空客运公司运营效率的指标计算,与航空公司经营效率有密切的关系。该指标可以理解为航空公司的产能利用率。如果客座率不高,说明公司的运力和航线资源没有被充分利用,导致业绩不佳,这有可能是整个市场低迷的缘故,也可能说明公司竞争力不强,通常航空公司客座率达到60%就可以盈利。但客座率不是越高越好,如果客座率长期接近90%其至以上会导致服务质量下降,乘客的流失,航空公司若不增加新的运力同样也会导致业绩不佳,或丧失业务扩展机会。

③上座率和客座率的区别。两种计算运输效率的方法,由于各自计算的口径不同,往往导致计算结果的差异较大。我们铁路旅客运输长期以来大都使用上座率这一种统计口径,常常造成社会对我们统计结果的质疑。由于列车上座率反映的是席位利用率,列车中途停站,旅客有上有下,席位是可以复用的,同一个座位每卖出一张票都被算是100%,并且可以累加,按照这种统计方式,可能出现列车上座率较高,但某一区段实际乘车人数不多的情况。实际上,上座率更适用于对影剧院、体育场等固定场所,作为其经营状况的重要指标。对于动态的铁路旅客运输,上座率只能反映列车客座席位的重复使用次数,却无法真正体现客座席位在列车运行全程的利用效率,造成了这项指标有失客观与科学。正是因为上座率的局限性,国外大多数国家一直没有把这项指标作为列车运输效率的统计指标。

而用客座率来作为铁路旅客运输的统计口径,不仅能照顾到购票上车的旅客人数与列车定员的关系,也考虑到旅客实际乘车旅行的距离,以及列车全程提供旅客位移能力之间的关系,是列车运送利用程度的真实反映。在没有超员的情况下,客座率不会大于100%。

当然,客座率与上座率两者也有一定的内在关联,如果一站直达的旅客列车,其列车的上座率就可以与客座率划等号,这只属于特殊情况。在绝大多数有中间站乘客上下车的前提下,这两个指标结果相比,客座率要比上座率,既科学,也客观。

七、站、车业务交接

在日常旅客运输组织工作中,经常会因业务往来、客运安全、重点旅客服务等工作,站、车之间办理相互交接,正确认识站、车之间在哪些情况下需办理交接、如何交接、使用什么样的交接凭证,以及在交接凭证编制过程中,应注意的问题,不仅是业务要求,也是为后面问题的处理,提供有效凭证。

站、车之间交接凭证一般有客运记录、客车给水交接单、特殊重点旅客服务交接单、铁路电报等,其中客运记录的使用范围最广。

1. 客运记录

客运记录是指在旅客或行李、包裹运输过程中因特殊情况,承运人与旅客、托运人、收货人之间需记载某种事项或车站与列车之间办理业务交接的文字凭证。

(1)铁路客运记录的填写规定:

①目的明确,内容完整。记录事由应简要说明编制记录的目的,记录内容应简练,层次清楚,叙事完整。旅客及同行人身份要注明姓名、性别、年龄、住址、身份证号码等内容。所附票据要注明票种、票号、发到站等项目,所附携带品清单要注明物品名称、数量等,数字要大写,表述伤害状态及程度要尽量准确,不得漏项。

②实事求是、内容准确。记录内容做到具体、准确,实事求是,不应凭空猜想、主观臆测,出现可能或似是而非的言词。

③语言简练,书写清楚。记录语言要简明扼要,条理清楚,说明问题。字体要清楚,不得潦草,不写自造简化字。记录的编号、移交的车站或派出所名称、编制记录的单位及编制人印章等项目应齐全,不漏项。

④顺序编号,按期保管。客运记录应有顺序编号,加盖编制人名章。客运记录一式二份,一份交接收人,另一份由接收人签字后自己留存。对留存的应装订成册,妥善完整保管1年,以备存查。

(2)站、车编写客运记录范围:

①无票、违章乘车人员拒绝按章补票时。

②违章使用铁路乘车证时。

③发现违章携带物品拒绝按章补费时。

④误售误购车票、误乘列车或坐过站时。

⑤丢失车票重新补票后又找到原票时。

⑥移交、转运旅客遗失物品时。

⑦线路中断、中途甩车、车票重号、空调故障等到站需办理退款时。

⑧运送期间旅客发生急病、精神异常时。

⑨运送期间旅客发生意外伤害时。

⑩发生多收款到站需退款时。

⑪行包品名、重量不符,无票运输时。

⑫行包发生被盗、丢失、污染、破损等事故时。

⑬因误售误购车票而误运行李时。

⑭其他在旅客及行包运输过程中,因特殊情况需记载或办理交接时。

(3)客运记录是铁路客运站、车单位办理交接时的凭证,原则上不能交给旅客本人持有。

2. 站、车交接位置

车站客运值班员应与列车长于开车前在站台固定位置进行业务交接,站、车业务交接的位置一般固定于列车的中部。重联动车组列车站、车交接一般在前联列车中部,与前联列车长进行业务交接。

3. 客运业务交接的内容

(1)列车给水情况的交接。旅客列车在规定有上水站停站时,车站客运上水人员要与列车工作人员办理列车给水情况的交接。列车到站前 1～2 min,安排给水的车厢乘务员通过水压表、水位计、液位仪核实水箱水量,在"沿途给水情况记录簿"填写水量刻度数。车站为列车给水作业完毕后,列车填写"客车给水交接单",加盖列车长名章,并与车站给水人员办理签字确认交接手续。

(2)列车严重超员的交接。列车发生严重超员时,列车长要加强与车站客运值班员联系,提前做好旅客安全乘降的组织,确保旅客人身安全。必要时,拍发超员电报。

(3)客车在途中因故障甩车时的交接。旅客列车发生客车故障,需在中途站甩车时,列车长和车辆乘务长应与车站及所在车站的车辆段(列检所)办理交接手续。无车辆段(列检所)时,应与车站办理交接手续,必要时由列车长派人看车,在有条件的车站必须补挂。

(4)发现误购误售车票旅客的交接。列车发现旅客误购误售车票,并应退还差额时,应编制客运记录交旅客,与车站办理交接,由旅客至正当到站退还票价差额。

(5)旅客因误购、误售、误乘或坐过了站需送回时的交接。旅客因误购、误售、误乘或坐过了站需送回时,车站应在旅客车票背面注明"误乘"并加盖站名戳,与指定列车办理交接,免费返回正当到站。

(6)对丢失车票旅客的交接。旅客在列车上丢失车票补票后,又找回原票时,列车长应编制客运记录交旅客,并与车站办理交接,车站应退还后补票价,核收退票费。

(7)因列车设备原因导致旅客退票时的交接。因列车设备原因导致旅客到站退还票价差额时,列车长应编制客运记录,与车站客运值班员办理交接,车站应按规定退还旅客票价差额。

(8)列车发现无票乘车或违章乘车拒绝补票人员时的交接。对无票或违章乘车而又拒绝补票的人,列车长可责令其下车,并应编制客运纪录一式两份,移交县、市所在地车站或三等以上车站处理。车站对列车移交上述人员应追补应收和加收的票款,核收手续费。

(9)旅客遗失物品的交接。列车发现旅客遗失物品且需交站处理时,应编制客运记录,详细注明品名、件数等,与车站客运值班员办理交接。车站需将旅客遗失物品向失主所在站转送时,应内附清单,物品加封,编制客运记录和行李、包裹交接证,列车行李员办理交接。

(10)动车组列车启用热备车底时的交接。动车组列车启用热备车底造成旅客席位变化时,车站应与列车长办理席位调整计划的交接,列车应做好对旅客的解释和安排工作。

2. 重点旅客服务交接的内容

(1)对重点旅客的交接。车站对特殊重点旅客应填写"特殊重点旅客服务交接簿",与列车办理交接,做好交接记录,并通知到站。车站对列车移交的特殊重点旅客,认真及时地做好旅客出站、救助等工作,对处理情况做好记录。

(2)对有人护送的精神病旅客时的交接。车站对有人护送的精神病旅客,应通知列车长,并协助护送人员防止发生意外。

(3)对无票流浪乞讨人员的交接。车站对列车移交的无票流浪乞讨人员,应按规定告知其向当地救助站求助,对于其中愿意求助但行动不便或不能表达自己意愿的残疾人、精神病人、老年人、未成年人,由车站民警护送至救助站。对不愿意接受救助的,应由当事人在交接凭证上注明放弃救助。

(4)对弃婴(童)、流浪未成年人的交接。列车上发现弃婴(童)、流浪未成年人时,列车工作人员应报告列车长和乘警,乘警应认真了解情况。由乘警编制记录交三等以上车站派出所。

(5)对突发急病旅客的交接。列车发现突发急病旅客时,应立即设法通知前方停车站,并编制客运记录和旁证材料与车站办理交接。车站在接到列车通知后,应立即联系"120"急救中心,做好救护工作。因时间紧急来不及编制相关材料的,可在3日内补交。动车组列车客运乘务人员不下车参与处理。

3. **客运安全交接的内容**

(1)对旅客携带危险品的交接。列车发现旅客携带危险品需要交站处理时,由乘警与前方停车站公安民警进行交接。

(2)对旅客意外伤害的交接。列车发生旅客人身伤害时,列车长应编制客运记录,收集不少于两份同行人或见证人的旁证材料,连同旅客车票、随身携带品清单等一起移交三等以上车站,办理交接手续。车站在接到列车提前通知后,应联系"120"急救中心,做好急救工作。因特殊情况来不及编写客运记录和旁证材料的,列车长必须指派专人下车与车站办理交接,并必须在3日内补交。

(3)对旅客食物中毒的交接。列车发生旅客食物中毒时,应编制客运记录,保留食物样品,收集旁证材料,并通知前方停车站,与车站办理交接手续。车站在接到列车通知后,应立即通知"120"急救中心和卫生部门,做好急救工作。

4. **铁路电报**

铁路电报是铁道部门之间处理铁路紧急公务的通信工具。

(1)铁路电报的等级

铁路电报的等级按电报的性质和急缓程度分为特急电报、急报、限时电报、列车电报、银行汇款电报和普通电报六种。

(2)发报权限、范围和内容限制

①发报权限。铁道部铁电务〔1991〕130号文件规定,下列铁路单位和单位负责人(包括同级政工部门)有权拍发电报:

a. 部、部属公司、局及其他部属单位(包括部内各局、司、局、院各处及同级单位)。

b. 基层单位的站、段、厂、场、院、校、队、所及同级单位和铁道部、铁路局的驻在单位。

c. 出差和执行各项列车乘务工作的负责人员。

d. 与运输有直接关系的基层单位所属部门需要拍发电报时,由铁路局批准。

② 发报范围。拍发电报只限向全路有线电报通信网能够通达的范围内:

a. 铁道部(包括部内各局级单位)及直属单位发报范围不限。

b. 部属单位可发至全路各同级单位,但不得发全路各站段。

c. 其他单位只能发至本局和外局有关单位。

d. 基层单位不得向所属车间、工区、班组拍发电报。特殊情况需要拍发时,由铁路局批准。

e. 发给路外单位和铁路出差、乘务人员的电报,必须指定能够代其负责收转的铁路单位,但不得指定电报所。

③ 电报内容限制。拍发电报时,电文涉及的事项必须是工作范围的内容。如遇下列情况,不准拍发电报:

a. 处理个人私事(由组织领导上处理个人问题不在此限)的电报。

b. 已经有文电的重复通知。

c. 挑战书、应战书、倡议书、感谢信的电报。

d. 公用乘车证丢失声明的电报。

e. 由于工作不协调,互相申告(执行列车乘务工作的负责人,在列车运行中向上级领导汇报列车运行中发生的问题不在此限)的电报。

f. 报捷、祝贺、吊唁(铁路局及以上单位或负责人不在此限)的电报。

g. 推销产品、书刊及广告类的电报。

h. 执行列车乘务工作的负责人,在同一区段内,不得重复拍发同一内容的电报。

(3)使用铁路电报注意事项

拍发电报必须使用铁路电报纸。

编拟电报稿应使用规定的文字、符号、记号(即汉字及标点符号,汉语拼音字母,阿拉伯数字,规定有电报符号的记号和能用标准电码本译成四码的记号和字母),收电单位明确,电文通顺,文字力求简练,标点符号完整,字体清晰,并在原稿上填写拟稿人姓名和电话号码。

电报稿左上角应有收、抄报单位,右下角有发报单位本部门电报编号、日期,并应加盖公章、名章或签字。

第三节　列车运行图

运行图是铁路运输工作的综合性计划和行车组织的基础。旅客列车运行图是运行图的重要组成部分,直通旅客快车运行方案图是运行图的骨架。正确地编制旅客列车运行图,对保证列车运行图质量,客货列车安全点运行,加速机车车辆周转,提高运输效力,具有重要的意义。

旅客列车运行图包括旅客列车运行方案图和详图,这是整个列车运行图的最重要组成部分,是整个列车运行图的骨架和核心,旅客列车运行图又是旅客运输生产过程和旅客列车运营工作组织的基础。只有正确地组织旅客列车的运行,才能经济、合理地使用客运机车车辆和各种客运技术设备。

铁道部负责组织全路列车运行图的编制和局部调整工件,铁路局负责组织铁路局管内旅客列车运行图的编制和局部调整工作。

一、列车分类等级和车次的规定

1. 按运输性质分类
(1)旅客列车(动车组、特快、快速、普通旅客列车)。
(2)行邮行包列车(特快、快速行邮列车,行包列车)。
(3)军用列车。
(4)货物列车(五定班列、快运、重载、直达、直通、冷藏、自备车、区段、摘挂、超限及小运转列车)。
(5)路用列车。
2. 列车运行等级顺序
(1)动车组列车。
(2)特快旅客列车。
(3)特快行邮列车。
(4)快速旅客列车。
(5)普通旅客列车。
(6)快速行邮列车。
(7)行包列车。
(8)军用列车。
(9)货物列车。
(10)路用列车。
开往事故现场救援、抢修、抢救的列车,应优先办理。
特殊指定的列车等级,应在指定时确定。
3. 列车车次编制规定
全国有上千对各种不同种类、性质的旅客列车运行在全国各条线路上。为了便于旅客能区别各种旅客列车的性质和种类,同时,考虑到铁路行车部门组织列车运行和进行作业的需要,铁道部门把各种旅客列车按其性质、种类和运行方向用一定数字编定车次。所以,车次是某一列车的简明代号,它能表示:
列车的种类——是客车还是货车,如是客车还可判明是直通的还是管内的;
列车的等级——是快车还是慢车,如是快车还可区分是高速、动车组、特快、快速、普快等;
列车的去向——是上行还是下行。
列车运行,原则上以开往北京方向为上行,由北京开往全国各地的列车为下行(有的支线向邻接的干线为上行,由邻接干线向该支线为下行)。全国各线的列车运行方向,以铁道部的规定为准,但枢纽地区的列车运行方向,由铁路局规定。列车必须按有关规定编定车次。上行列车编为双数,下行列车编为单数,在个别区间,使用直通车次时,可与规定方向不符。
我国幅员辽阔,开行的长途旅客列车往往在途中需要转几个方向,从上行变为下行,又从下行变为上行的情况也不鲜见,这时的车次编码就比较复杂,如上海到西安的T138/T139次,从上海站始发时为上行车次T138次,到徐州站后变为下行车次改为T139次,开往终点西安站。同理,从西安站出发时为上行车次T140次,到徐州站后变为下行车次改为T137次,开往终点上海站。所以这趟车在全国旅客列车时刻表的车次目录上就表示为 T138/T139、T140/T137。

4. 铁路行车时刻规定

全国铁路的行车时刻,均以北京时间为标准、从零时起计算,实行 24 小时制。

二、旅客列车车次读法

为规范全路站、车旅客列车车次的读法,统一站、车广播及宣传,方便旅客,特规定如下:

1. 字母的读法

"G"读高、"C"读城、"D"读动、"Z"读直、"T"读特、"K"读快、"L"读临、"Y"读游。

2. 数字的读法

"1~998"按汉数字发音。"1001~8998"只读数字码,逢千的整数读成"几千"。

三、旅客列车车次编排规定

1. 高速动车组旅客列车　　　　　　　　G1~G9998
　 其中:跨局　　　　　　　　　　　　G1~G5998
　　　　管内　　　　　　　　　　　　G6001~G9998
2. 城际动车组旅客列车　　　　　　　　C1~C9998
　 其中:跨局　　　　　　　　　　　　C1~C1998
　　　　管内　　　　　　　　　　　　C2001~C9998
3. 动车组旅客列车　　　　　　　　　　D1~D9998
　 其中:跨局　　　　　　　　　　　　D1~D3998
　　　　管内　　　　　　　　　　　　D4001~D9998
4. 直达特快旅客列车　　　　　　　　　Z1~Z9998
5. 特快旅客列车　　　　　　　　　　　T1~T9998
　 其中:跨局　　　　　　　　　　　　T1~T4998
　　　　管内　　　　　　　　　　　　T5001~T9998
6. 快速旅客列车　　　　　　　　　　　K1~K9998
　 其中:跨局　　　　　　　　　　　　K1~K6998
　　　　管内　　　　　　　　　　　　K7001~K9998
7. 普通旅客列车　　　　　　　　　　　1001~7598
(1)普通旅客快车　　　　　　　　　　1001~5998
　 其中:跨三局及其以上　　　　　　　1001~1998
　　　　跨两局　　　　　　　　　　　2001~3998
　　　　管内　　　　　　　　　　　　4001~5998
(2)普通旅客慢车　　　　　　　　　　6001~7598
　 其中:跨局　　　　　　　　　　　　6001~6198
　　　　管内　　　　　　　　　　　　6201~7598
8. 通勤列车　　　　　　　　　　　　　7601~8998
9. 临时旅客列车　　　　　　　　　　　L1~L9998

其中:跨局	L1～L6998
管内	L7001～L9998
10. 旅游列车	Y1～Y998
其中:跨局	Y1～Y498
管内	Y501～Y998
11. 动车组检测车	DJ5501～DJ5598("DJ"读"动检")
12. 回送出入厂客车底列车	001～00298
13. 回送图定客车底	在车次前冠以"0"
14. 因故折返旅客列车	原车次前冠以"F"读"返"

四、旅客列车编组

我国铁路旅客列车的编组,在每次运行图实行期间都是相对固定的。编组的依据是铁道部和铁路局根据客流密度、列车种类、机车功率、线路情况、各停靠站站线和站台长度等因素确定,并在"旅客列车编组表"(图6-1)中进行公布。每对列车的编组辆数、编组结构及车辆编挂次序一般不变动。当往返于起始与终到站之间,经过沿途各站时,除特殊情况外,通常只有旅客上下,而无车辆的摘挂。这种固定连挂在一起的车列,称为客车固定车底。当遇到客流较大变化时,铁路局也可根据市场需求情况,对旅客列车编组进行加挂或减挂旅客车辆,但加挂旅客车辆时,不能超过该列车的额定车辆辆数。

在一般情况下,长途旅客列车的固定车底都编有硬座车、硬卧车、软卧车、餐车、行李车、邮政车。短途旅客列车编有硬座车、软座车、行李邮政车。

固定车底往返一次所经过的时间,叫做车底周转时间。根据车底周转时间,就可以确定车底的数量。车底周转时间越长,需要的车底就越多。

上海 | 西安 特快 T138/9 T140/37 次	车辆 乘务 西安 车辆段 客运段 担任	顺序	沪开	1	2	3	4	5	6	7	8	9	10	11	12	13	14	15	16	17	18		计
		西开		18	17	16	15	14	13	12	11	10	9	8	7	6	5	4	3	2	1		
		车厢编号		1	2	3	4	5	6	7	8	9	10	11	12	13	14	15	16	17	18	18	18
		车种		XL	KD	YW	YW	YW	YW	YW	YW	YW	YW	YW	YW	RW	CA	YZ	YZ	YZ	UZ		
		定员					66	66	66	66	66	66	66	66	60	36		112	118	118			972
		吨数		61	66	57	57	57	57	57	57	57	57	57	57	54	56	46	46	46	64		1009
		附注				宿										广	办						

宝鸡西安: 1 …… 2 10:31 — 16:58 3　K8151　K8152　8:21 8:31 18:59
19:45　T140/37　T138/9
上海: 11:40 — 15:56

图 6-1　旅客列车编组表

五、旅客列车时刻表的应用

(1)列车时刻表采用 24 小时制,列车在 24:00 出发为 0:00,到达为 24:00。

(2)查找各次列车的到开时刻时,先查看"车次目录",按照乘坐列车的运行区段、车次、页数、即可找到所乘列车的停站及到开时刻。需中转换乘,还应查看"换乘目录",按照乘坐列车的运行区段、车次、页数,即可找到所换乘列车的停站及到开时刻。

（3）列车的到开时刻:凡列车站名左边的应由上向下看,上边的数字为到点,下边的数字为开点;凡列车站名右边的应由下向上看,下边的数字为到点,上边的数字为开点。

（4）时刻表中常用符号的含义如下:

"↓"、"↑"或"……"表示列车在该站通过;

"＝"表示列车不经过该站;

"一"表示列车的终到站;

"※"表示该地点为旅客乘降所;

"∧"、"∨"表示列车从该站始发。

（5）时刻表车次栏解释如下:车次前加"G"标记表示高速列车,车次前"C"标记表示城际列车,车次前加"D"标记表示动车组列车,车次前加"Z"标记表示直达特快列车,车次前加"T"标记表示特快列车,车次前加"K"标记表示快速列车,车次前加"Y"表示旅游列车,车次前加"L"表示临时旅客列车。

第四节　运输收入管理有关知识

一、铁路运输收入

铁路运输收入是指铁路运输企业在办理客货运输业务和辅助作业中,向旅客、托运人、收货人核收的票款、运费、杂费等运输费用的总称。

二、客运收入

客运收入是指铁路运输企业在办理旅客运输业务和辅助作业中,使用铁路运输票据,按规定向旅客、托运人、收货人核收的票款、运费、杂费。

三、铁路客货运输票据管理

1. 铁路客货运输票据的范围和性质

铁路办理客货运输使用的各种车票、行李票、包裹票、货票、客货运杂费收据、定额收据、有价表格等统称为铁路客货运输票据。

铁路客货运输票据是国家批准的专业发票,属有价证券,是铁路运输企业核算运输收入的原始凭证,铁路客货运输票据的各联任何单位不得增减。

2. 铁路客货运输票据的请领、保管和使用

站、段使用的铁路客货运输票据,向本企业收入管理部门请领。

铁路运输企业及其所属的站、段均应设置票据库。票据库必须有保证安全的设施,建立严格的出入库和交接制度,并指定专人负责,建立票据总账和明细账,掌握请领、使用和结存情况,定期清查。

计算机票"逐卷"15 天内,册页式票据"逐本"10 天内验收完毕。

铁路客货运输票据,未经上级收入管理部门批准,不准相互调拨和借用。

四、运输费用的核收与结算

1. 运输费用的核收

铁路运输企业在办理客货运输业务时,必须使用铁道部规定的铁路客货运输票据核收运输费用。使用计算机制票的,必须使用铁道部统一制、售票软件计算运输费用。不得使用铁路客货运输票据核收铁道部规定以外的任何费用。

2. 运输费用的核收方式

铁路运输费用核收方式分为现付、到付、后付、预付四种。

3. 运输费用的结算方式

铁路运输费用结算方式分为现金结算和非现金结算两种。

五、运输收入进款管理

(1)客货营业单位必须建立严格的运输收入进款管理制度,指定专人负责运输收入进款的保管、存汇及账表编报工作,并实行账款分管制度。专职负责运输收入进款的人员不得直接对外办理客货运输及收付款业务。

(2)运输收入进款存放地点必须有安全设备和防范措施。现金支票和款袋应随时入保险柜加锁,并建立严格的值班保管制度。保险柜里不准存放私人财物。

(3)运输收入进款必须在收款次日 12:00 前送存银行。车站向银行送存运输收入进款时,从存款地点到送款车辆、送款途中及从送款车辆到银行,必须由公安人员全程护送,没有公安人员的车站 ,由站长派人护送,日均现金收入超过 1 万元时应使用机动车辆送存银行。

(4)车站运输收入进款应遵守先交款后结账的原则,按日进行结账。结账时间除特定者外,统一规定为 18:00。车站旅客售票结账时间为 24:00。旅客列车结账时间为本次乘务工作终了。当月运输收入进款应在当月列账。实行计算机售票和制票的车站、列车,直接收款人员必须在办理交接手续后方可打印结账报表。

(5)现金交接必须当面点清,不准以支票套取现金。结账时发生多出款,应在当日列账上缴,严禁保留账外现金。短少款由责任者当时赔付,不准以运输收入进款或找零钱顶数滚欠。

(6)站、段必须按日登记"运输进款收支报告",做到收支正确,账款相符。"运输进款收支报告"各种票据、收款凭证及有关运输收入报表按规定日期分别向上级收入管理部门报账。

六、发生多、少收款的处理

(1)车站、客运段必须建立健全客货运输票据及报表的"三检"(自检、互检、总检)复核制度,防止发生差错。发站复核发现计算错误时,应及时办理补退款手续,并发电报通知所属局收入管理部门和到站,发生的补退款,列原运输运输收入项目。到站发现发站原收运杂费计算错误造成少收款时,应发电报通知原发站及其上级收入管理部门查询答复后办理补款,补收(不含铁路建设基金)列其他收入。

(2)收入管理部门审核客货运输票据发现的多、少收款超过客货运输规章规定的补退费用限额时,应填发"票价订正通知书"、"补款凭证"、"退款凭证",按权责发生制列账,由原收款站、段办理补退。因特殊情况收款站、段办理补退款有困难时,可委托有关站、段办理,凭有关函电证明报收入管理部门销账。

（3）发生复核发现计算错误发生的补退款，列原收入科目。

（4）到站发现发站原收运杂费计算错误造成少收款时，应发电报通知原发站及收入管理部门查询答复后办理补款，补收（不含铁路建设基金）列其他收入。

（5）多、少收款超过 180 天无法处理时，少收款由责任者赔偿，责任者无能力赔偿或少收款属单位责任的，由单位负责赔偿，在责任单位营业外支出科目列支。多收款转运营财务部门列营业外收入。

（6）少收款处理期限不得超过 30 天，对超过期限未处理的少收款，转同级运营财务部门先予垫付，由其向责任站、段扣款，在责任人工资内归还。多缴款超过 180 天未能处理时，转运营财务部门列营业外收入。

七、运输收入进款的动支范围

运输收入进款除下列规定范围外，一律不准动支：

(1)铁道部规定支付的待结算款。

(2)垫付旅客和路外人员意外伤亡、急救或埋葬费。

(3)铁路运输企业批准垫付自然灾害急需款。

(4)垫付托运人责任的途中货车整理换装费和包装补修费。

(5)垫付保价行李、包裹赔偿款。

(6)支付代收款。

(7)支付行李、包裹、货物运到逾期违约金；支付铁路运输企业批准的运输计划违约金。

(8)退还旅客和托运人、收货人的客货运输费用。

八、运输收入事故

1. 运输收入事故分类

运输收入事故的种类分为现金事故、票据事故和坏账损失。

(1)现金事故：现金丢失、被盗、被抢劫。

(2)票据事故：在印制、保管、发放、寄送、运输和使用过程中所发生的铁路客货运输票据（含使用过的发送、到达铁路客货运输票据和印刷过程中的半成品）丢失、灭失、被盗、短少。

(3)坏账损失：因失职造成的无法收回的运输收入进款。

2. 运输收入事故等级标准

运输收入事故的等级分为一般事故、大事故和重大事故。

(1)一般事故：损失金额不足 1 万元。

(2)大事故：损失金额 1 万元及其以上，不足 10 万元。

(3)重大事故：损失金额 10 万元及其以上。

3. 事故金额的计算

(1)现金、银行票据和坏账损失按实际损失计算。

(2)卡片式车票和印有固定金额的票据，按票面金额计算。

(3)区段票每张按剪断线最高额计算。

(4)代用票按每组 1 000 元计算。

(5)计算机软纸票按每张 1 000 元计算。

(6)行李票、包裹票、客运杂费收据等未印金额的票据按每组 500 元计算。

(7)各种货票、货运杂费收据等未印金额的票据按每组 1 000 元计算。

(8)对使用过的到达铁路客货运输票据事故的金额按上述相应票据计算。

(9)对使用过的发送铁路客货运输票据事故金额能确定运输收入实际损失的,按造成的运输收入实际损失计算,不能确定实际损失的按上述相应票据计算。

九、铁路客货运输票据的缴销

(1)对不适用的客货运输票据,应及时清点并填制"客货票据缴销单(财收—24)"报上级收入管理部门审批后,连同客货运输票据寄送上级收入管理部门点收销账。

(2)对保管期满的客货运输票据、碳带及报表,应填报"票据、报表保管期满销毁单(财收—25)",报上级收入管理部门审批,并由其派专人负责监销。

客货票据及会计资料保管期限见表 6-1。

表 6-1　客货票据及会计资料保管期限一览表

顺号	种　类	保管期限
1	到站收回的车票	半年
2	电子客票碳带	1 年
3	代用票、区段票、电子票卷引票和尾票、行李票、包裹票、货票、客货杂收据、路内外装卸收据等,各种到达票据、车站退票、售票窗口日结账表(2 号表)及所附票据,旅客列车收入统计汇总表	3 年
4	各类运输收入管理台账、客货票据账、稽查记录、补退款通知等	10 年
5	客票月报、票据整理报告、车移报告、票据收发月报、票据请领单、银行现金原始凭证及记账凭证、银行单据、银行对账单、运输进款收支报告、车站银行流转额表、退票报告、车站退款证明书、预付款和欠缴款登记簿、进款日志	15 年
6	银行日记账	25 年

复习思考题

1. 旅客运输计划分为哪几种形式?

2. 旅客运输计划包括哪些主要内容?

3. 什么是客流? 客流分几种?

4. 客流调查的形式有几种?

5. 春运期限是如何规定的?

6. 暑运期限是如何规定的?

7. 列车定员如何计算?

8. 旅客列车超员是如何规定的?

9. 票额共用、席位复用的定义是什么?

10. 客车上座率和客座率的计算公式是什么？

11. 站、车业务交接凭证有哪些？

12. 客运记录的定义和填写规定是什么？

13. 铁路电报的定义和等级规定是什么？

14. 列车按运输性质如何分类？

15. 列车按运行等级如何分类？

16. 列车车次是如何编定的？

17. 什么是客运收入？

18. 何谓铁路客货运输票据？

19. 铁路运输费用的核收方式有哪几种？

20. 铁路运输费用的结算方式有哪几种？

21. 发生铁路运输费用多、少收款如何处理？

22. 运输运输收入事故的种类和等级是如何规定的？

第七章　路内运输

第一节　铁路乘车证

一、铁路乘车证的种类和式样

乘车证共分九个票种,三种颜色,均为单页。

(1)软席全年定期乘车证,浅粉色,横版,如图7-1所示。

(2)软席乘车证(含单程、往返、临时定期),浅粉色,竖版,如图7-2所示。

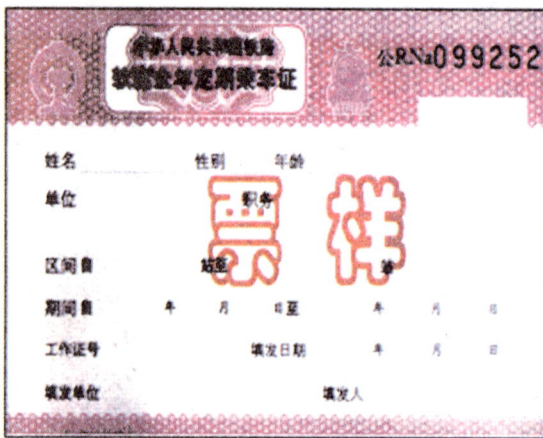

图 7-1　软席全年定期乘车证

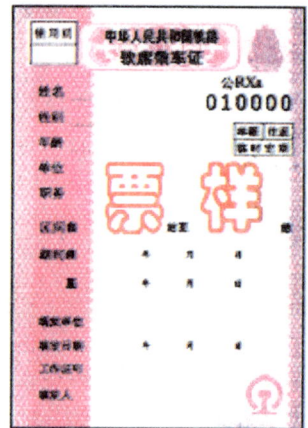

图 7-2　软席乘车证

(3)硬席全年定期乘车证,浅蓝色,横版,如图7-3所示。

(4)硬席临时定期乘车证,浅蓝色,竖版,如图7-4所示。

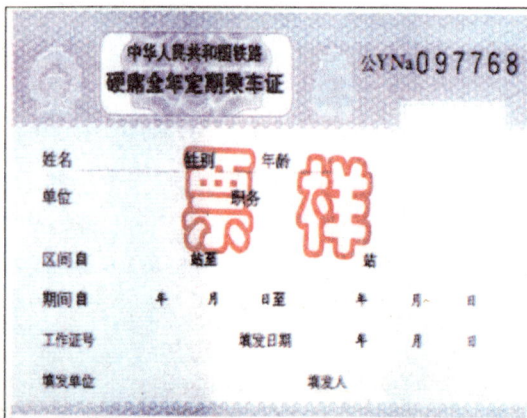

图 7-3　硬席全年定期乘车证

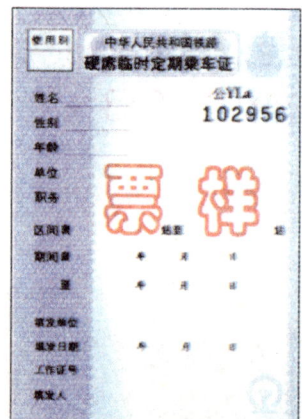

图 7-4　硬席临时定期乘车证

（5）硬席乘车证（含单程、往返），浅蓝色，竖版，如图 7-5 所示。

（6）便乘证，浅蓝色，竖版，如图 7-6 所示。

（7）通勤乘车证（含通学、定期），浅黄色，横版，如图 7-7 所示。

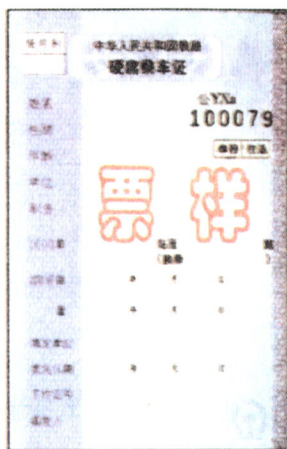

图 7-5　硬席乘车证

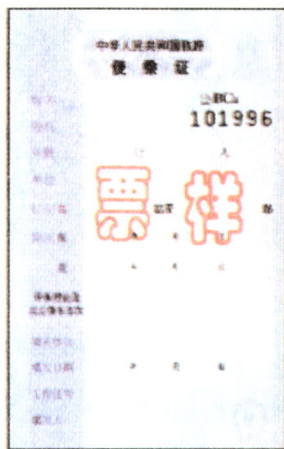

图 7-6　便乘证

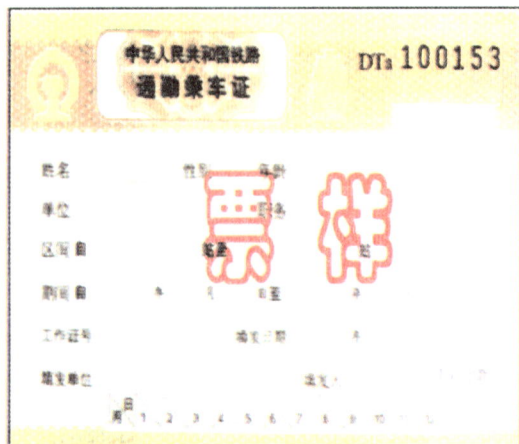

图 7-7　通勤乘车证

（8）就医乘车证（含往返，临时定期，全年定期），浅黄色，竖版，如图 7-8 所示。

（9）探亲乘车证（含单程、往返），浅黄色，竖版，如图 7-9 所示。

二、乘车证的使用范围

（1）软席、硬席全年定期：凡因工作需要必须经常在所管辖区段铁路沿线往返乘车的铁路职工，可使用所管辖区段全年定期乘车证。

（2）硬席临时定期乘车证：因工作需要短期内须在一定区段内连续往返乘车或一次出差到几个地点又不顺路，可使用一定区段内的临时定期乘车证。

（3）软席、硬席乘车证：因工作需要一次性的外出乘车、铁路职工及其供养的家属患病转院、职工疗养可使用软席、硬席乘车证。

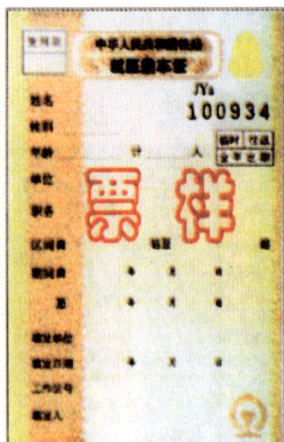

图 7-8　就医乘车证　　　　　　　　图 7-9　探亲乘车证

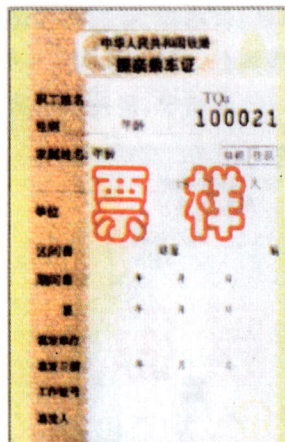

（4）定期通勤乘车证：符合享受一年一次探亲待遇条件的职工，其工作地至家属居住地在 600 km 以内（铁路局工程、大修部门流动施工的职工，在局管范围内可不受 600 km 限制）能利用节假日或休班时间回家的，在不享受国家规定的探亲假的前提下，可填发定期通勤乘车证。

（5）通勤（通学）乘车证：职工工作地至家属居住地在 300 km 以内，需通勤时可使用通勤乘车证；沿线职工供养的子、女、弟、妹由居住地至中、小学校在 50 km 以内，可使用通学乘车证。

（6）便乘证：机车乘务员、运转车长在规定担当乘务的区段内便乘时，可使用便乘证。按指定日期、车次一次乘车有效。

（7）事故救援与抢险救灾等特殊情况，来不及填发乘车证，可凭调度命令乘车，一次乘车有效。

乘车证实行一人一票制。除探亲、就医乘车证外，其他各种乘车证每张限填发一人使用。

计划内临时工、随同职工流动施工者、在工地转移时，可凭铁路局劳动力调剂中心出具的临时工工作证与正式职工一起使用集体硬席乘车证（每张乘车证使用人数不能超过 10 人）。填写到站不能出局，只限乘坐本局列车，职工集中培训，每张乘车证也不能超过 10 人，并限本局范围内乘坐本局列车。

三、路外人员使用乘车证的规定

为了铁路运输、建设和维护治安的需要，下列路外人员使用以下乘车证：

（1）驻铁路局、车站军代处军事代表因公外出乘车时，可由驻地铁路局填写乘车证。副师职及其以上的领导干部（不受年龄限制）可填发软席。其他人员一律填发硬席。

（2）驻铁路沿线守护铁路桥隧的人民武装警察部队值勤人员及上级直接主管人员，在其管辖区域内执行任务时，可由驻地铁路局填发全年定期乘车证。

（3）驻铁路的兽医站及住站检疫人员，在管辖区域范围内工作乘车时，可由铁路局填发临时定期或往返乘车证。

（4）在铁路沿线守护桥隧、护路的民兵（连排长、给养人员）可使用工作区段的全年定期乘车证或通勤乘车证。

四、乘车证的使用规定

（1）定期通勤乘车证一个月只限使用一次，不能提前或移作下月使用，如节假日适逢月初或月末，乘车证的往返日期可跨及上月或下月初，但起止时间不超过一周。如有特殊情况应根据批准假期天数填发。

（2）准乘列车的规定：

①持用全年定期、临时定期、软席、硬席乘车证和便乘证，在正式或临时营业铁路上准乘各种旅客列车（国际列车除外）。

②持用探亲乘车证准乘除国际、旅游列车以外的各种旅客列车。

③持用通勤乘车证准乘各种旅客列车（国际列车除外）。

④持用通勤（使用事由为通学）、就医乘车证准乘快车和普通旅客列车。

⑤持用铁路全年定期、临时定期、软席、硬席乘车证均可乘坐空调可躺式客车。

⑥持有各种铁路乘车证的铁路员工允许乘坐动车组列车二等座车，但须办理签证后乘车。软席乘车证可以乘坐动车组列车卧铺。

（3）持用硬席、探亲、通勤、就医乘车证，除换乘外中途下车无效。

（4）乘车证明的规定：持用铁路各种乘车证的职工出入车站及在列车内须与旅客同样经过检验手续，同时交验工作证、学生证、离休证、退休证、家属医疗证或家属证。任何证明均不能代替上述证件。职工持用探亲乘车证，需同时持贴有本人照片的工作证和探亲证明；职工配偶或父母、子女持贴有本人照片的家属证（医疗证）和探亲证明。任何代替工作证或家属证的证件均无效。三证俱全方为有效。

出差、探亲、驻勤、开会、入学、出校、调转赴任、搬家还必须交验相应的证明，如职工出差证明书、人事调转命令、户口迁移证明等；铁路高等院校、中等专业学校和技工学校的学生到学校所在地铁路局管辖区域外实习时，必须交验教育部门批准的实习证明；医疗转院必须交验医疗机构的转院证明；机车乘务员便乘时，必须携带机务段填发的司机报单；机械保温车乘务员去外地换班乘坐旅客列车时，应交验保温段填发的交、接班证明。

（5）免费使用卧铺的规定：

①职工（含路外符合使用乘车证的人员）出差、驻勤、开会、调转赴任、医疗转院（含职工供养的直系亲属）、疗养、护送、出入学校，以本人开始乘坐本次列车开车时刻计算，从 20:00 至次日早晨 7:00 之间，在车上过夜 6 h（含 6 h）或连续乘车超过 12 h（含 12 h）以上的，准予免费使用卧铺。

②学生实习使用乘车证，不能免费使用卧铺。

③使用卧铺中途不能下车，如必须下车，不足夜间乘车 6 h 或连续 12 h 的，列车应按章核收已乘区间的卧铺票及手续费。

（6）签证：全年定期、通勤、就医乘车证及便乘证可不签证上车，其他乘车证均需办理签证。

持有各种铁路乘车证的铁路职工乘动车组列车时，必须先签证后乘车。

（7）托运行李的规定：持用铁路各种乘车证，均不能免费托运行李、搬家物品。

（8）乘车证的查验及加剪：对持用的全年、临时定期、通勤、就医乘车证免打查验及加剪标记；其他乘车证均须于始乘站和返乘站予以剪口，列车内查验时应打查验标记，否则按客运有关规定办理。

五、违章使用乘车证的处理

1. 属违章使用的情况

在票面上加添、涂改、转借，超过有效期限或有效区间乘车，未持规定的有关证明、证件或持伪造证明、证件，超出规定使用范围。

2. 违章使用的处理（以发现违章时所乘列车等级为准）

违章使用乘车证均要按所乘旅客列车的等级、席别、铺别、区间（单程或往返）及票面填写人数，按照《客规》的规定补收和加收票款，下列乘车证还应按票面记载的席别、区间，按照下列计算方法加收罚款：

（1）定期通勤乘车证，按票面填写乘车区间，自有效月份起至发现违章月份止，按每月一次往返的里程计算。

（2）全年定期乘车证、临时定期乘车证、通勤（学）乘车证从有效日期（过期的从有效期终了的次日）起至发现违章日期止，票面填写的乘车区间在一个铁路局以内的，按每日乘车 50 km 计算票价（指客票票价）；乘车区间跨铁路局，按每日乘车 100 km 计算票价（指客票票价），计算后低于 50 元的按 50 元核收。

（3）发现其他违章行为的，均按《客规》的规定相应处理。

（4）乘车证使用过程中发现的违章事项，当时处理不了的，站、车应编制客运记录，连同查扣的乘车证及有关证件报本铁路局收入部门，由铁路局依据规定向违章职工单位发函，依据违章使用乘车证的处理的规定追补票款和罚款。

（5）对违章使用乘车证者，要查扣其乘车证及有关证件。同时编制客运记录，注明违章情况，将查扣的乘车证和有关证件上交铁路局收入部门。此外，单位还应追究其行政责任。对持用伪造乘车证者，一经发现，应立即查扣，并移交公安机关依法处理。

第二节　路内监察证件

为加强对铁路运输安全、质量等工作的管理，铁道部各专业管理部门制定了相关监督监察管理办法，颁发了相应的监察证件，其中与客运工作相关的监察证件有"客运监察证"、"安全监察证"、"路风监察证"、"收入稽查证"、"乘车证监察证"、"站车卫生监察证"等。

一、客运监察证

依据铁道部《铁路旅客运输服务质量监督监察办法》（铁运〔2002〕31 号）执行。

1. 监察目的

为保证铁路旅客运输服务质量，维护旅客和行李、包裹托运人、收货人的合法权益，加强对铁路旅客运输服务质量的监督监察。

2. 监察范围

国家铁路、地方铁路、合资铁路以及铁路单位与在铁路站、车内从事经营活动的单位、个人签订合同的甲方单位。

3. 职能部门

铁路运输企业必须确定负责铁路旅客运输服务质量监督监察工作的职能部门，并确定铁路旅客运输服务质量监督监察人员。铁道部运输局是全路客运监督监察职能部门，根据工作需要可聘任兼职客运监察，负责全路旅客运输服务质量监督监察；铁路局客运处是本局客运监督监察职能部门，负责本局旅客运输服务质量监督监察。持有"客运监察证"的人员分别是铁道部客运监察和铁路局客运监察。

4. 监察证件

对铁路旅客运输服务质量实行持证监督监察，证件为"中华人民共和国铁道部客运监察证"（以下简称客运监察证）。"客运监察证"的有效期为一年，不跨年度填发，本年度"客运监察证"的有效期可延期使用至次年一月十五日。铁道部"客运监察证"和编号由铁道部统一编印和颁发。

"客运监察证"封皮为皮质、红色，长方形对开式样，规格为 107 mm×77 mm，正上方为烫压的金色国徽，国徽下并列两行烫压金色汉字"中华人民共和国铁道部"、"客运监察证"，填发时加盖"中华人民共和国铁道部"钢印和"铁道部证件专用章"，如图 7-10 所示。

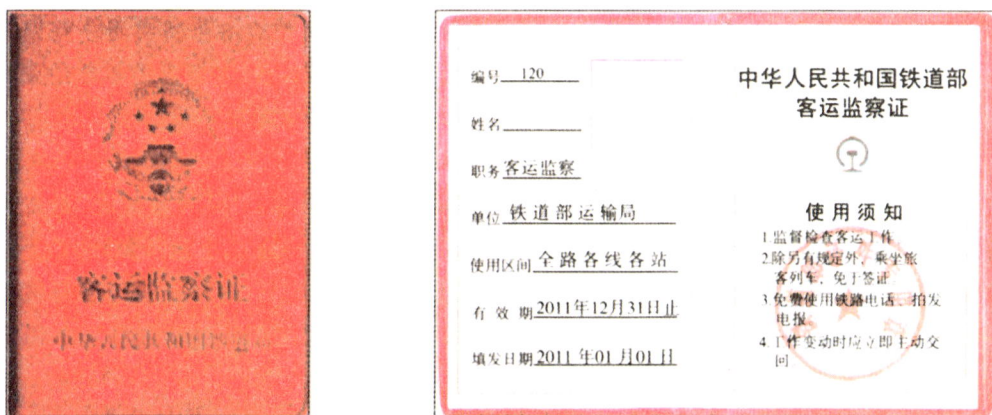

图 7-10　客运监察证

二、安全监察证

依据铁道部《行车安全监察工作规则》（铁安监字〔1984〕983 号）执行。

1. 监察目的

为维护铁路行车安全法规的实施，保证运输安全，加强安全管理，实行监察制度。

2. 职能部门

铁道部、铁路局设置安全监察机构。

3. 监察证件

各级安全监察人员在执行职务时，应持"安全监察证"。"安全监察证"由铁道部统一印制。铁路局安全监察机构负责人和监察人员的"安全监察证"由铁道部签发，如图 7-11 所示。

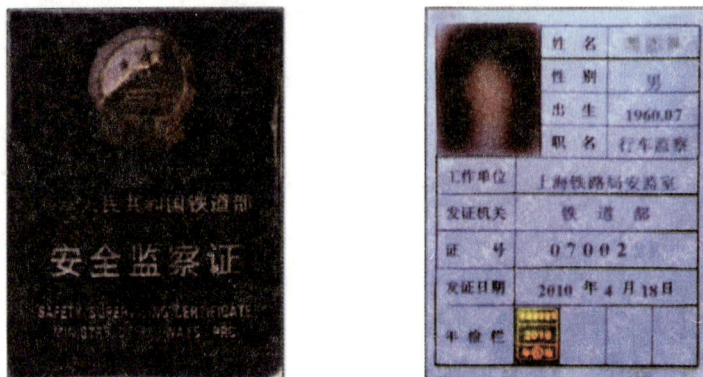

图 7-11 安全监察证

三、路风监察证

依据铁道部《铁路路风管理办法》（铁监〔2009〕160号）执行。

1. 监察目的

为加强路风监察与监督，严肃查处路风问题，维护铁路形象和声誉。

2. 监察职能

铁路各级路风监察机构，均具有路风监察职能。铁道部路风监察办公室负责全路路风监察工作；各铁路局（集团公司）及基层站段路风监察机构或专兼职人员，主要负责本单位路风监察工作，同时按联网互控要求，或受上级委托和委派，可跨路局实施监察监督。

3. 监察证件

"路风监察证"由铁道部路风办制发，发至铁路局路风专职干部。"路风监察证"封皮为皮质、墨绿色，长方形对开式样，规格为 107 mm×77 mm，正上方为烫压的金色国徽，国徽下并列两行烫压金色汉字"中华人民共和国铁道部"、"路风监察证"，封底下方烫压"铁道部路风监察办公室监制"字样，证件加盖"中华人民共和国铁道部"钢印和"铁道部证件专用章"，如图7-12所示。

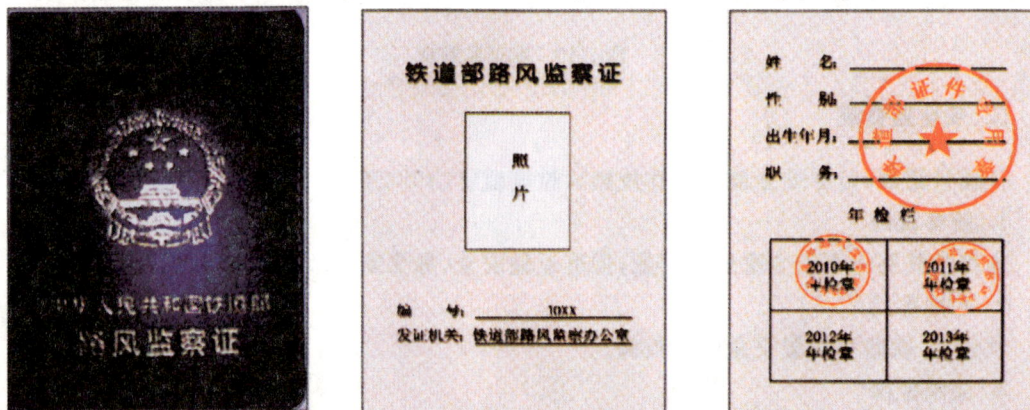

图 7-12 路风监察证

四、收入稽查证

依据铁道部《铁路运输收入管理规程》（铁道部第 24 号令）执行。

1. 稽查目的

为规范铁路运输收入的稽查工作，加强对铁路运输收入工作的监督检查，保证国家有关铁路运输收入的规章、制度及运价政策正确贯彻执行。稽查是铁路财务监督的重要组成部分，是各铁路运输企业收入管理部门依照本规则授予的职权，是对铁路客货运输单位的运输收入工作的全过程监督、检查、处理。

2. 稽查范围

对管辖区域内从事铁路客货运输单位及相关单位的运输收入工作，依据铁道部有关规章、规定和铁路运输企业依据铁道部规章、规定制定的补充规定，进行监督、检查、指导，查处各种违反铁路运输收入纪律的违章违纪行为，维护铁路运输合同各方当事人的合法权益，保证铁路运输收入的正确核收和按规定解缴。

3. 稽查证件

"收入稽查证"（图 7-13）、"稽查臂章"（图 7-14）和"稽查印章"是运输收入稽查人员执行任务的凭证和标志。稽查人员在执行稽查任务时，应当向被查单位的有关人员出示"收入稽查证"，查验旅客乘车凭证时必须按规定着装，佩戴"稽查臂章"。"收入稽查证"由铁道部统一制作。

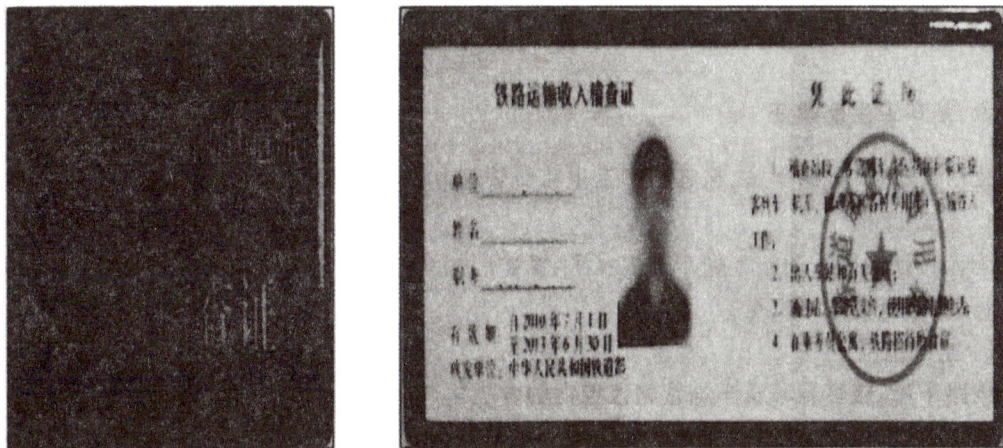

图 7-13　收入稽查证

五、乘车证监察证

依据铁道部《铁路乘车证监察管理办法》（劳工〔1995〕13 号）执行。

1. 监察目的

铁路各种乘车证均属有价证券，必须严格审批、填发、使用和管理，因此，铁道部建立对铁路乘车证的监察制度。

图 7-14　稽查臂章

2. 监察范围

铁道部统一设立铁道部、铁路局二级铁路乘车证监察,监察人员由劳资部门主管乘车证的人员担任,铁道部每年组织乘车证监察人员进行专项检查。铁路乘车证监察人员在管内区段对各种乘车证的使用执行进行监督检查。发现违章现象,有权按规定查处,并编制乘车证监察记录。

3. 监察证件

"乘车证监察证"为 PET 卡,印有"乘车证监察证"和"中华人民共和国铁道部制发"字样,规格为 180 mm×76 mm,如图 7-15 所示。

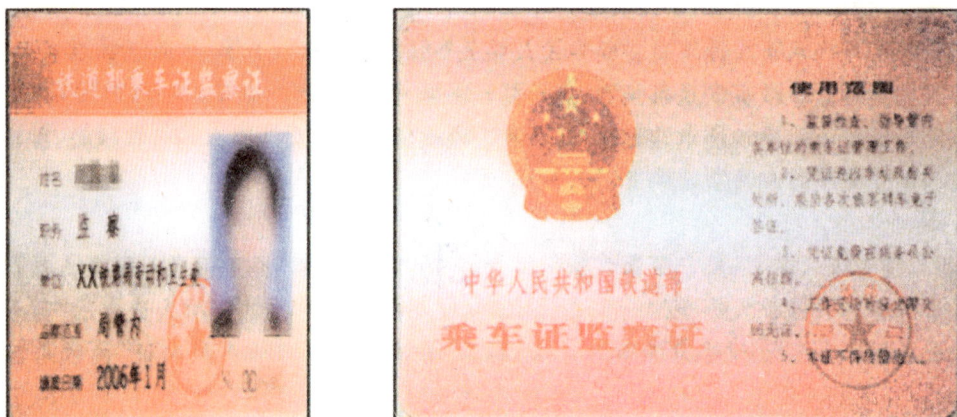

图 7-15　乘车证监察证

六、站车卫生监察证

依据铁道部《铁路车站、旅客列车卫生监督管理办法》(铁卫保〔1992〕20 号)执行。

1. 监察目的

为提高铁路车站和旅客列车卫生水平,维护广大旅客和铁路职工身体健康,防止传染病传播,确保铁路运输生产安全。

2. 监察范围

铁路车站、旅客列车及车站管辖范围内的食品生产经营单位和公共场所经营单位。

3. 监察证件

"站车卫生监察证"封皮为塑料,印有"站车卫生监察证"和"中华人民共和国铁道部"字样,由铁道部统一印制,如图 7-16 所示。

第三节　路用品运送和携带

一、路内有关单位携带和运送路用品的规定

1. 铁路衡器

铁路衡器管理所检修工作人员,持证明到各站检定、修理衡器时,准许随身携带小型配件、调和漆 5 kg 和标准砝码 200 kg,也可凭书面证明免费托运砝码和衡器配件。车站填发包

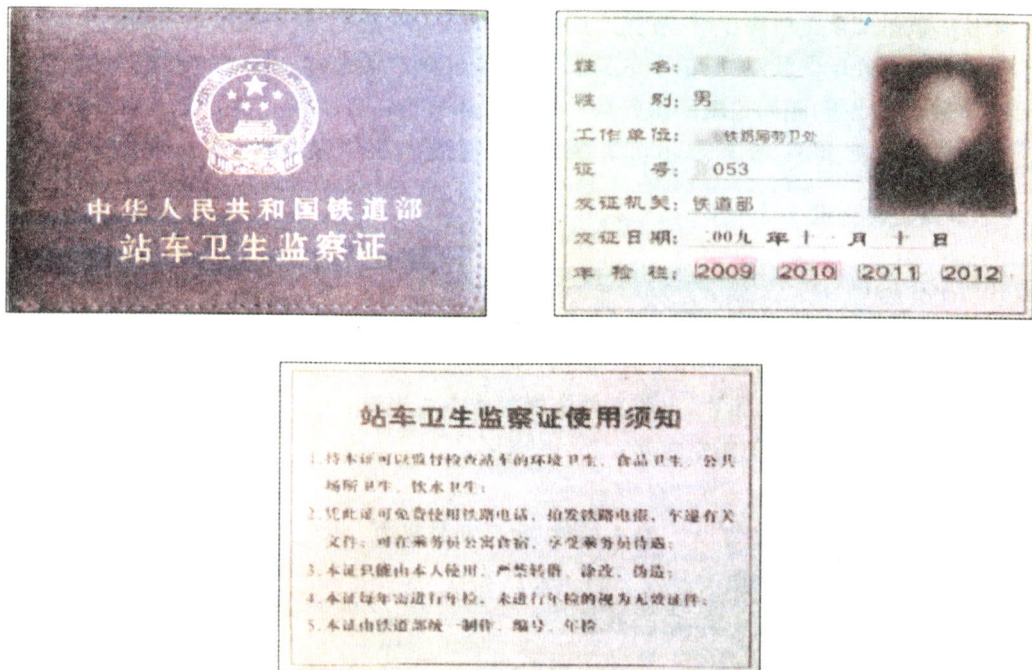

图 7-16　站车卫生监察证

裹票,在记事栏内注明"衡器检修"字样,收回书面证明报铁路局。

2. 钢轨探伤仪

钢轨探伤人员为方便工务段钢轨探伤人员乘车需要,由各铁路局发给"携带钢轨探伤仪乘车证",可携带 JGT 型钢轨探伤仪(体积为 1000 mm×830 mm×380 mm)乘车,同时需出示铁路公用乘车证,准乘管内旅客列车,并按乘务员或列车长指定的地点放置,不得妨碍旅客乘降。

3. 免费运输的范围及规定

(1)免费运输的范围

①中国铁路文工团到铁路基层单位慰问演出用的服装、道具、布景准予免费运输。

②中国铁路文工团电视剧部凭中国铁路文工团书面证明,将摄像机、录像机、放像机免费带人客车,自行看管,重量不受 20kg 的限制;监视器、投影机、录像机等附属品按规定办理托运手续,免费运输。

③中国铁道出版社音像厂录像所需器材:摄像机、录像机、放像机、灯具随身携带,自行看管;监视器、投影机、录音机等附属品按规定办理托运手续,免费运输。

(2)免费运输办理托运手续的规定

①需托运的服装、道具、布景数量较大时,可以拨给行李车,如行李车不足,也可以拨给棚车代用。使用后,立即交还,不得停留占用。严禁用拨给的行李车或棚车装服装、道具和布景以外的物品。

②少量的服装、道具、布景,可装在旅客列车编组中行李车内运送,不必另拨车辆。

③办理此项免费运输时,必须凭"中国铁路文工团"开具的证明文件,到车站办理托运手

续。如要求拨给行李车或棚车时,应凭上述证明文件到有关铁路局办理拨车手续。

④车站办理托运手续时,应填写包裹票,并在运价栏划斜线,在记事栏内注明"免费"字样,同时将证明文件收回,随同包裹票报告页一并报铁路局。

⑤托运的服装、道具、布景等,由车站装卸时,应按规定核收装卸费。

二、铁路公文运送

铁路公文是指铁路系统各单位为处理公务而形成并使用的文字材料或音像制品。

(1)下列物品可比照公文办理:

①证章、证件、奖状、锦旗;

②展览品、模型、样品、图片、记载文件资料的软盘或光盘;

③车递文件和物品用的回空容器;

④票据、款袋。

车递公文范围不得自行扩大。私人信件、物品严禁车递。未经上级主管部门同意,超过车递范围,行李人员应拒绝受理。

(2)车递公文属下列之一者,应当挂号。

①密件;

②发文单位认为重要的文件;

③证章、证件、奖状、锦旗;

④各种合同(协议);

⑤物资分配和调拨单;

⑥国际联运清算单、财务会计账单和凭证;

⑦重要统计报表。

挂号公文在封套正面右上角标注编号,编号下面盖戳。经办人员对一切公文和附件务必重视,无论挂号与否,均应妥善保管,认真清点,保证不丢失、不延误。

(3)铁路公文免费在铁路系统传递。按包裹传递的公文可收取运输杂费。

(4)运送公文的行李车应有保险柜。密件、款袋等应放入柜内并加锁。保险柜内不得放置其他物品。

(5)公文数量较多时,须分别包装,每包重量不得超过 5 kg,体积长、宽、高均不超过 0.3 m。同一发送单位发往同一收文单位不得超过 4 包。一次发送文件重量超过 20 kg 或体积超过 0.1 m³,发件单位须出具相关证明,在车站行包房办理托运手续,按包裹运送(包裹每件重量和规格按现行铁路客运规章办理)。包裹到达后,到站应及时通知收件单位。

(6)车递公文的封套或其他包装均应做到牢固无破损。装运输进款的容器(款袋)应施封。密件封皮封口处,要粘贴薄纸条,加盖骑缝章或单位公章,在封皮的左上角标明密级。不能折叠的公文应妥善包装,加以保护。

(7)挂号公文交接:

①按挂号办理的公文应当填写"铁路公文物品运送单"一式三份,一份发件单位留存,两份随文交给车站行李员用于办理交接。"铁路公文物品运送单"填写必须清楚,站、车行李人员须认真核对,交接应层层办理签收手续,并加盖名章。

②款袋破封或包装破损,行李员应拒绝签收。

(8)车递公文可以按接收单位、按线路或者按地区集中送出,以减少手续,缩短公文传递时间。集中的方法,由各单位自行选择。

(9)车递公文在途中装卸搬运时,包装或封套破损,由当时的经手人加以整理重封,并在封皮上加盖名章,继续运送。遇有包封呈现异状,显示揭拆或遗失公文、物品痕迹时,接收人应拒绝接收。

(10)公开发行的报刊、图书不得通过车递公文渠道运送;属自办发行的,应商中铁快运公司同意后报铁道部办公厅、运输局批准。路内单位生产、加工的营利性物品运输不得以公文办理。各单位不得车递纸质简报。

(11)各单位印制的内部刊物,车递范围限定在本单位或本系统内部,允许主办单位通过车递赠送上级对口部门、铁道部政治部宣传部、中国铁路文联和作者。

(12)各单位必须严格执行规定的车递公文范围,不得瞒报、伪报品名。未经许可,超范围运送物品,按四类包裹加倍补收运费,严重者给予通报批评。

(13)各铁路局在管内通过车递公文渠道运送超过规定范围的资料、物品等,须商中铁快运公司同意。其他单位通过车递公文渠道运送超过规定范围的资料、物品时,需报铁道部办公厅、运输局批准。

(14)车递公文具有机要通信工作性质,有关单位要高度重视,加强领导,明确责任,切实做好车递公文的监督、管理和考核工作。要经常向公文传递人员进行保密法和遵章守纪教育,定期进行相关业务考核。站、车对公文传递工作要给予大力支持,确保传递渠道畅通。遇有延误、错投、丢失情况,要认真协助顺查。

(15)负责公文传递的人员要认真学习业务,掌握公文传递径路,各交接环节必须签字或盖章确认。

(16)对车递公文的发送单位、收件单位及品类的认定由发站负责。公文发生丢失,应由发站负责追查,责任单位应向发件单位书面说明原因和处理意见。

第四节　军事运输

一、铁路军事运输的地位和作用

铁路军事运输是国家运输的组成部分,是保障部队机动和物资供应的重要手段,也是铁路和军队各有关部门的共同任务,它具有时限紧急、保密要求高、涉及部门多、组织工作复杂等特点,铁路军事运输是指军队执行各种任务所产生或直接用于军事用的并经军交机关核准,组织和利用铁路运输设备实施体系的重要组成部分,而且具有十分重要的地位和作用。

二、军事运输等级

根据任务性质和装备物资性能,铁路军事运输依次分为特殊、重点和一般三个运输等级。

三、军运付费方式

铁路军事运输产生的费用,实行"后付"和"现付"两种付费方式。"后付"由运费主管部门定期向铁道部门清算,"现付"按铁道部有关规定,实行同类物资的商运运价,由托运单位直接向车站支付。

四、军运票据

军运后付客票(代用票)只填写乙、丙两联,丙联发站按日汇总与后付凭证一起报铁路局财务处。旅客列车运送的人员,客票乙联由客运部门交乘车部队作为乘车凭证;非旅客列车运送人员时,后付客票乙联用票据封套签封后(重点以上运输,封套加盖无站名密字章)交车长带至到站,到站报所属铁路局财务处(收入处);中途换乘旅客列车时,由车长或车站将客票乙联交部队凭此换乘。

五、新老兵运输

1. 新老兵运输的组织原则

新老兵运输工作应当遵循集中领导,归口管理,分级负责,统筹计划,优先安排,方便部队的原则。

2. 新老兵运输期限

全国新老兵运输期限依照国务院、中央军委的命令和指示确定。铁路新老兵运输工作,正常情况下,退伍老兵运输于每年11月25日开始,12月31日基本结束;入伍新兵从12月10日开始起运,至12月31日止。

3. 新老兵运输方式

新老兵铁路运输使用除国际旅客列车外的各类旅客列车,采取整批军运和零星购票相结合进行,主要有三种方式:一是选用部分旅客列车整列运送;二是在旅客列车中预留车厢;三是零星购票。

(1)一列旅客列车编组内的全部硬座席位同时用于新兵军事运输的,按整列运输组织。用于整列运输的旅客列车,沿途各站硬座票额一律取消;软卧、全列无硬卧代硬座的硬卧,仍按原票额分配计划执行;全列有硬卧代硬座的,剩余硬卧均由列车始发站发售,沿途各站硬卧票额一律取消。在使用区段内,列车及沿途各站不得发售载有新兵的硬卧代硬座车的上、中铺硬卧客票。

(2)一列旅客列车编组内的部分硬座席位用于新兵军事运输的,按整批留座组织。整批留座使用硬座车厢数较多的列车(跨局旅客列车以铁道部、局管内旅客列车以铁路局下达的新兵军事运输计划为准),剩余硬座均由列车始发站发售,沿途各站硬座票额一律取消。

(3)老兵和送兵干部,同行人数不足20人的新兵和接兵干部,按纳入客运计划购买客票组织。同一硬座车厢载有70名以上老兵时,各站及列车不得再发售该车厢的客票。

(4)运输新兵较多的旅客列车,在保证安全、不影响管区分界口交接时分的前提下,跨局旅客列车经铁道部、铁路局管内旅客列车经铁路局批准,可以在无停时车站临时停车供新兵上下。但一列旅客列车临时停车不得超过2次。

(5)新兵在列车中途站下车的,该中途站(以铁道部或铁路局下达的新兵军事运输计划为准)及其后各停车站和列车可以发售空出席位的客票。

(6)铁路通勤职工和通学学生,可以搭乘整列运输新兵的旅客列车,但不得与新老兵和接送兵干部争抢座位。其他无关人员不得搭乘。旅客列车全部硬卧车代硬座运输新兵的,机车乘务员便乘铺位在宿营车安排。

4. 运输安全

禁止新老兵和接送兵干部携带或托运武器、弹药、雷管、导火索、管制刀具及其他易燃、易爆、危险品进站上车。

行李安全检查工作由部队负责,携带、托运行李夹带危险品造成事故的,应当追究当事人、安全检查人员及其主管领导的责任。

部队应当对老兵行李进行点验,检查合格的托运行李,用经检查人签名和团级(含)以上机关盖章的封条施封。

车站凭部队施封条免检托运,可以抽查。发现危险品,部队或公安部门应当立即收缴,并向当地驻交通沿线军事代表机构通报情况。

5. 免费携带重量

新老兵运输期间,新老兵可免费携带 35 kg 随身行李物品,超过免费重量部分,凭部队团以上机关证明信,办理行李托运手续,交纳运费。车站一律免收老兵行李保管费。

按军事运输办理的老兵凭团(含)以上单位证明,按购买客票办理的老兵凭客票及士兵退出现役证,于乘车日的 3 天前办理行李托运。托运行李应当拴挂货签,标明发、到站和收货人姓名、详细地址,并注明醒目的"老兵行李"字样。

有条件的车站应当到部队集中办理行李托运,部队应当主动配合,提供方便。车站开具行李托运票据应当 1 人 1 票,对老兵行李应当优先装运、优先中转,不得积压,做到人到行李到。老兵应当尽快领取运到的行李。

6. 退伍老兵列车就餐

根据铁道部《关于退伍老兵在列车上用餐实行优惠的通知》(2000 年电报 482 号)规定。自 2000 年度起退伍老兵在旅客列车上凭"中国人民解放军士官退出现役证"、"中国人民解放军义务兵退出现役证"、"中国人民武装警察部队士官退出现役证"、"中国人民武装警察部队义务兵退出现役证"购买主食品、冷热菜(包括盒饭)时,均按外卖价格的 50% 收取费用。

六、漏乘人员的处理

乘车(押运)人员途中漏乘时,经军事代表或车站确认后,由军事代表或车站开具证明,免费乘坐就近旅客列车追赶,并将处理情况及时报驻铁路局军代处或铁路局。

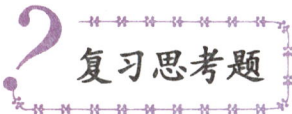

❓ 复习思考题

1. 铁路乘车证分为哪几类,各是什么颜色?
2. 路外人员使用乘车证有哪些规定?
3. 铁路乘车证准乘列车有什么规定?
4. 哪些乘车证除换乘外中途下车无效?
4. 使用铁路乘车证乘车时需同时交验哪些证明?
5. 乘车证的查验及加剪有何规定?

6. 哪些情况均属违章使用乘车证？

7. 违章使用乘车证对票证如何处理？

8. 与客运工作相关的监察证件有哪些？

9. 哪些公文运送需要挂号？

10. 铁路衡器管理所检修人员持证明到各站检定、修理衡器时，准许携带哪些物品？

11. 铁路军事运输划分几个等级？

12. 铁路军事运输有几种付费方式？

13. 新老兵运输的组织原则是什么？

14. 新老兵运输期限是如何规定的？

15. 老兵免费携带品重量是多少？

16. 军运票据如何办理？

17. 车站对漏乘人员如何处理？

第八章　客运安全知识

　　安全是铁路工作的生命线,是旅客运输最为重要的工作质量。随着经济发展和社会进步,人们对生命和健康权越来越重视,生命无价、健康无价是对生命和健康的深刻认识。安全运输的稳定,为铁路发展、提高客运服务质量以及开展营销活动奠定了良好的基础。

　　熟知和掌握与安全有关设备、设施的功能和使用方法,严格执行操作规程,是做好服务工作、确保旅客运输安全的重要保障,这就要求铁路客运职工,必须以对人民生命财产高度负责、珍爱生命的精神,严格执行规章,确保安全。

第一节　旅客运输安全

一、一般规定

　　1. 旅客候车安全规定

　　(1)车站应阻止无票人员进入候车室,三等以上车站可以实行凭票候车,以保证候车室的良好秩序。

　　(2)车站应按区域或分片组织乘车。对老、幼、病、残、孕及带有婴儿的旅客,应组织提前进站上车。

　　(3)软席候车室候车的旅客乘车时,应提前预告列车车次和开车时间,按规定检验车票,必要时引导上车。软席候车室不得移作他用。

　　(4)要坚持候车室、站台等处所的巡视制度,发现危及旅客人身、财产安全时,立即采取措施处理,确保旅客候车期间的人身及财产安全。

　　2. 车站检票的规定

　　(1)始发站在列车开车前40 min检票(节假日或雨雪天,可联系列车长提前检票)。中间站一般在列车到站前20 min开始检票。检票时,先重点,后团体,再一般旅客。

　　(2)高铁车站动车组列车中间站一般在列车到站前15 min开始检票。始发站一般在折返保洁作业完毕后,不晚于开车前10 min开始检票。

　　(3)开车前按规定时间停止检票,防止旅客抓车。车站旅客列车的停止检票时间应向旅客公告。

　　3. 组织旅客乘降的安全规定

　　(1)要维护好车站秩序,严禁旅客钻车和横跨股道,客运人员要随时清理站台、天桥、地道和候车室的滞留人员。

　　(2)天桥、地道、平过道要做好防护引导,防止旅客对流。站台上应组织旅客排队上车。

　　(3)旅客列车应固定停靠站台。因临时必须变更时,车站值班人员应提早通知客运值班人员,由客运人员及时向旅客通告。

(4)动车组车门验票由车站负责,通道和站台专用的车站可以不在车门验票。

(5)办理动车组业务的车站,当站台邻靠正线,一侧有动车组列车通过时,站台另一侧应停止组织旅客乘降或设置防护栏进行防护。当一个站台两侧同时有动车组列车邻站台通过且无防护措施时,除有人身安全措施的车站工作人员外,站台上不得再有候车旅客、其他工作人员和可移动物体。

4. 站台迎送旅客列车的规定

(1)列车出发和到达,客运人员、站台售货员、车站值班员、值勤民警等应在站台上列队迎送列车。国际列车(包括挂有国际车厢的列车)指定站长(副站长)迎送,直达快速列车指定客运主任(副主任)迎送,其他旅客列车由客运值班员迎送。高铁动车组列车由1~2人负责迎送列车。

(2)迎送时,间距适当,足踏白线,面向列车,目迎目送,应以列车进入站台开始,开出站台为止。

(3)列车进站前和开车铃响后,站台服务人员应组织站台上的人员退到安全白线以内,确保人身安全。

5. 动车组列车站台紧急停车的规定

(1)动车组列车停站或初启动时,车站客运人员发现危及旅客人身安全或行车安全的情况,应将对讲机调至司机电台频道,呼叫司机停车,列车工作人员同时按照《铁路技术管理规程》要求按下紧急停车按钮。

(2)司机听到呼叫后立即紧急制动,了解停车事由后,向列车调度员报告停车原因。相关人员及时做好应急处置。

(3)紧急情况处置完毕后,报告司机,列车长按规定通知关闭车门后,司机按规定程序开车。

(4)动车组在车站初起动的范围为自车站开车后,至列车尾部驶过出站信号机前。

(5)车站应配齐高铁车站客运作业人员450 MHz对讲机,并对客运作业人员450 MHz对讲机频率进行统一设置,对讲机CH1(频道1)频率为467.200 MHz(用于与动车组司机联系),CH2(频道2)频率为457.950 MHz(用于与动车组列车长联系)。

6. 站台安全管理规定

(1)加强站台管理,防止旅客抢越线路、钻车。没有跨线设备的车站要重点加强对旅客进出站的管理,防止旅客横越线路和钻爬车底。

(2)站台严禁堆放路料、杂物、停放车辆。除指定在站台上作业的小型机动车辆和因特殊情况经站长批准进站的车辆外,其他车辆不准进入站台。进入站台车辆应技术状态良好,并限速10 km/h行驶。使用行包、邮政拖挂车时,牵引辆数限重车4辆、空车5辆,绳索捆牢,不致甩落。办理动车组列车的站台严禁机动车辆进入。

(3)站台售货车必须定位定点停放,离人时加锁。严禁扎堆,堵占天桥、地道、车门口和影响旅客乘降。

7. 设备设施安全规定

(1)车站建筑物和站、车一切为旅客服务的设施、备品应齐全,并保持良好的运用状态。夜间应有良好的照明。

(2)对于消防设备,必须定期检查,在暑运、春运、五一、十一之前要全面检查设备。

(3)站、车服务场所应及时清除积冰、积水,冬季要有防滑措施。建有无柱雨棚的车站在雨雪天气要加强站台防滑措施和安全宣传,并提示使用雨伞的旅客注意安全。

(4)电梯及自动扶梯应有安全警示牌或警示语,并由专人管理,遇有老、幼、病、残、孕旅客或停电时,应及时引导旅客从安全出口上下楼。

8. 危险品检查规定

(1)站、车应加强禁带危险品的宣传,铁路公安人员和客运人员要密切配合,共同做好检查危险品工作。实施安全检查时,应佩戴规定的标志。站、车对检查出的危险品,应予没收。对携带危险品上车,造成事故的,按国家有关规定处理。

(2)设有安全检查仪的车站,公安部门和客运部门密切配合,共同管好用好设备,防止危险品进站上车。

二、电气化区段发生攀爬列车的处置

(1)在电气化区段,当发现列车车顶有人员时,应立即通知车站值班员和前方停车站,做好应急处置。车站发现停靠的旅客列车车顶有人员时,应好言相劝,要他们千万不要站立,提醒他们上面的高压电,要俯卧车顶,慢慢爬下车顶。

(2)必要时,应立即通知车站值班员,报告调度所关闭车站区段的接触网电源,并在接触网停电再让车顶人员下车。在接触网未停电时,千万不能采取大声斥责、吓唬等手段,让车顶人员下车,以免造成触电等伤害。

第二节　客运职工安全

(1)站、车应对客运人员定期进行业务知识、安全岗位责任制和技术安全教育,新职人员需经培训,考试合格,方可正式担任工作。

(2)客运人员在接班前,必须充分休息,保持精力充沛。严禁在接班前和工作中饮酒。

(3)通过线路时,应走天桥、地道,走平交道时严格执行"一停、二看、三通过"制度,严禁钻爬车底、跨越车钩。

顺线路走时,不走轨心、轨面和枕木头,并随时警觉前后列车。严禁在运行中的机车、车辆前面抢越线路。小型机动车辆通过平过道时必须有人引导。

(4)高空作业时,要身系安全带,梯子有人扶,物品不下掷。

(5)严禁摸黑开关电器设备,防止触电。

(6)客车上水时,上水员应戴安全帽,穿防护服,整队提前立岗,站在安全地带,注意脚下杂物和来往车辆。

(7)电气化区段作业安全:

①除供电段专业人员按规定作业外,任何人员及所携带的物件、使用的工具等,与接触网设备带电部分必须保持2 m以上安全距离。

②在接触网未停电、接地的情况下,从业人员严禁攀登机车车辆顶部或站在货物上进行任何作业;严禁使用水流冲刷机车车辆上部。

③发现接触网导线断落碰地时,任何人必须距断落碰地的导线 10 m 以外,防止跨步电压伤人。

④通过电气化铁路平交道口的机动车辆及运输工具,所装载的货物高度(从地面算起)不得超过 4.5 m 或触及道口限界门的吊标(吊链、横板)。

⑤通过电气化铁路平交道口的机动车辆及运输工具装载货物高度超过 2 m 时,货物上严禁坐人。

⑥持有木棒、竹竿、彩旗等高长物件的行人通过电气化铁路道口时,不准高举挥动,须将物件保持水平状态。

⑦电气化铁路及附近地区发生火灾时,必须通知列车调度员、电力调度员或接触网工区值班人员。扑救人员应事先确认燃着物体与接触网带电设备的距离,如不足 4 m 又未停电的情况下,不得使用水或一般灭火器灭火,使用沙土灭火时,必须距接触网带电设备 2 m 以上;如超过 4 m 以上的,在未停电的情况下可以使用水浇,但严禁向带电部分的方向喷射,并保持水流与带电部分的距离在 2 m 以上。

(8)在电气化铁路的旅客列车所有乘务人员不得攀登车顶,不得在车外使用铁钎、长杆疏通烟囱或调整通风口。

(9)在电气化铁路上给机车车辆上水时,必须先接水管,后开阀门;拔下水管前必须先关闭阀门。

第三节　票据现金安全

一、铁路客运票据安全

1. 客运票据管理要求

铁路客运票据应实行集中统一管理,建立严格的客货票据管理制度,确保客货票据的安全。

2. 票据库安全管理

(1)各营业站应设置客货票据库,二等以上车站配备管账员和管库员,实行票、账分管制度。业务量较小的车站由车站站长或站长指定人员,负责监控客货运输票据请领、保管等工作。

(2)票据库钥匙必须由客货票据库管理人员专人保管,不准挂放公用。遇特殊情况时,可临时加挂双锁,由车站收入负责人指定二人各保管其中一套钥匙,共同开柜取票。

(3)票据库必须建立严格的出入库制度,有关人员需进入客货票据库时,必须由客货票据库管理人员陪同并执行登记制度。

(4)票据库必须配备专用的票柜、票架,并有防火、防盗、防湿、防虫蛀、防鼠咬等设施,有条件的要设置自动报警装置,并定期(每季)检查安全设备状况和和防范措施执行情况。

(5)票据库内不准存放与客货运输票据无关的其他物品,严禁烟火和无关人员进入。

(6)未使用票据与使用过的票据实行分库(分区)保管。票据入库、出库,均要建立清点、登记、签收制度,及时登账,做到账实相符。

(7)客货票据库应建立严格的保管、交接和清查制度,客货票据库管理人员应定期对库内客货票据进行清查;管理人员工作变动时,必须对库存的客货票据进行清查,确保账实相符。

3. 票据使用安全

(1)保险箱(柜)除票据、资金外,不准存放其他物品。

(2)过夜或临时离岗时的客货票据均应全部存入保险柜并按规定锁闭。

(3)客货票据的交接必须当面清点并有完备的互相签认记录,严禁信用交接。因交接不清发生的问题其责任由接收人负责。

二、铁路运输进款现金安全管理

1. 运输进款管理基本要求

运输进款必须实行账款分管制度,不得由一人办理运输进款的收存、汇缴和运输收入报表编报的全过程业务。日均现金收入在 5 000 元及以上或日均总进款在 10 万元及以上的营业单位应设专职人员负责运输进款的核对、解缴、上汇工作。专职负责运输进款的人员不得直接对外办理客货运输及收付款业务。

2. 运输进款现金安全

(1)运输进款存放地点必须配备安全设备和防范措施,严禁无关人员进入。定期(每季)检查安全设备和防范措施的执行情况,及时排除安全隐患。

(2)营业单位必须按规定配备存放运输进款的专用保险柜,并指定专人负责管理,保险柜内不得存放其他与运输收入进款现金无关的物品。

(3)营业窗口的运输收入进款结账必须执行先封包交款后结账的规定,未办理运输收入进款交款手续前,不允许办理结账工作。结账发现短少款时,由责任人当时赔补,不准以溢收款或找零款顶数滚欠;发生溢收款时,当日列账上缴,待查明后处理,严禁保留账外现金。

(4)运输收入进款必须坚持专户管理的原则,严禁通过运输收入专户套取现金,发生退款时,按原收款结算方式办理。运输收入专户内不得办理与运输收入无关的经济业务及运输收入进款动支范围以外的其他收付款业务。

(5)各种银行票据的购买、保管、领用、注销等由专人负责管理,并专设登记簿进行记录,防止空白银行结算票据的遗失和被盗用。

(6)各营业站必须尽量压缩过夜现金,确保现金安全,当日进款应在次日 12:00 前送存银行。过夜或临时离岗时现金应全部存入保险柜,存放运输进款的处所应安排人员值班。

(7)运输收入资金向银行送存时,原则上实行银行上门服务,确无条件而自行送存的,从存款地点到送款机动车辆、送款途中及从送款机动车辆到银行,必须由公安人员全程护送;没有公安人员的车站,由单位负责人指派专人专车护送,日均现金收入在 1 万元及以上时必须使用机动车辆送存银行;金额在 10 万元及以上时应有公安干警、保卫干部携带枪支或警械护送,以防被抢、被盗事件发生。

实行银行上门服务的交款单位,必须与银行签订协议,明确双方的业务操作流程与交接要求、责任与义务、付费标准与费用承担等,所签协议上报铁路局收入管理部门备案。

(8)各营业站应按规定及时足额向铁路局运输收入专户汇缴运输收入资金。资金在途时间控制在规定天数以内。

(9)营业窗口的找零备用金由单位财务部门提供,不得使用运输进款滚欠。

（10）运输进款的交接必须当面点清，按规定填制交接清单，互相签认。严禁信用交接。因交接不清发生的运输进款方面的问题由接收人负责。

第四节 危险品查处

一、危险品的概念及分类

1. 危险品的概念

危险品是指具有易燃、易爆、毒害、腐蚀、放射性的物品和传染病病原体及枪支、管制器具等可能危害公共安全的物品。

2. 危险品分类及常见危险品

危险物品按其主要危险性和运输要求分为九类：爆炸品、压缩气体和液化气体、易燃液体、易燃固体（自燃物品、遇湿易燃物品）、氧化剂、毒害品、放射性物品、腐蚀品和其他。

危险品分类及常见危险品见表8-1。

表8-1 危险品分类及常见危险品

顺号	危险品分类	常见危险品
1	爆炸品	雷管、传爆助爆管、导火线、火帽、引信、炸药、烟火制品（礼花、鞭炮、摔炮、拉炮等）点火绳、发令纸
2	压缩气体和液化气体	甲烷、乙烷（压缩、液化的）丙烷、丁烷、打火机、微型煤气炉用贮气罐、气体杀虫剂
3	易燃液体	汽油、酒精、去光水，引擎开导液、鸡眼水、染皮鞋水、打字蜡纸、改正液，强力胶、汽车门窗胶、橡胶水、脱漆剂、环氧树脂、油漆皮革光亮剂、显影液、印刷油墨、煤油、樟脑油、松节油、松香水、擦铜水，纽扣磨光剂、油画上光油、刹车油、防冻水、柴油
4	易燃固体	红磷、硫黄、火补胶
	自燃物品	黄磷、油布
	遇湿易燃物品	金属钠、镁铝粉
5	氧化剂和有机过氧化物	过氧化氢（双氧化）硝酸铵、氯酸钾
6	毒害品	氰化物、砷、赛力散、灭鼠安（含各类鼠药）敌百虫等杀虫剂、灭草松、敌稗等灭草剂
7	放射性物品	夜光粉、发光剂、放射性同位素
8	腐蚀品	硝酸、硫酸、盐酸、苛性钠
9	杂类	

二、禁止携带物品目录

1. 枪支、械具类（含主要零部件）

（1）公务用枪：手枪、步枪、冲锋枪、机枪、防暴枪等。

（2）民用枪：气枪、猎枪、小口径射击运动枪、麻醉注射枪等。

（3）其他枪支：仿真枪、道具枪、发令枪、钢珠枪、催泪枪、电击枪、消防灭火枪等。

（4）具有攻击性的各类器械、械具：警棍、催泪器、电击器、防卫器、弓、弩等。

2. 爆炸物品类

（1）弹药：各类炮弹和子弹等。

(2)爆破器材:炸药、雷管、导火索、导爆索、爆破剂、手雷、手榴弹等。

(3)烟火制品:礼花弹、烟花、鞭炮、摔炮、拉炮、砸炮、发令纸以及黑火药、烟火剂、引线等。

3. 管制刀具

匕首、三棱刀(包括机械加工用的三棱刮刀)、带有自锁装置的弹簧刀以及其他类似的单刃、双刃、三棱刀等。

4. 易燃易爆物品

(1)易燃、助燃、可燃毒性压缩气体和液化气体:氢气、甲烷、乙烷、丁烷、天然气、乙烯、丙烯、乙炔(溶于介质的)、一氧化碳、液化石油气、氧气、煤气(瓦斯)等。

(2)易燃液体:汽油、煤油、柴油、苯、乙醇(酒精)、丙酮、乙醚、油漆、稀料、松香油及含易燃溶剂的制品等。

(3)易燃固体:红磷、闪光粉、固体酒精、赛璐珞等。

(4)自燃物品:黄磷、白磷、硝化纤维(含胶片)、油纸及其制品等。

(5)遇水燃烧物品:金属钾、钠、锂、碳化钙(电石)、镁铝粉等。

(6)氧化性物质和有机过氧化物:高锰酸钾、氯酸钾、过氧化纳、过氧化钾、过氧化铅、过醋酸、过氧化氢等。

5. 毒害品

氰化物、砒霜、毒鼠强、汞(水银)、剧毒农药等剧毒化学品以及硒粉、苯酚、生漆等。

6. 腐蚀性物品

盐酸、硫酸、硝酸、氢氧化钠、氢氧化钾、蓄电池(含氢氧化钾固体或注有碱液的)等。

7. 放射性物品

放射性同位素等。

8. 传染病病原体

乙肝病毒、炭疽菌、结核杆菌、艾滋病病毒等。

9. 其他

①《铁路危险货物品名表》所列除上述物品以外的其他物品以及不能判明性质可能具有危险性的物品。

②国家法律、行政法规规定的其他禁止乘客携带的物品。

三、危险品的检查

1. 设备及人员配备

(1)设备配备

①X光安检仪。二等及以上客运站、旅客日均发送量在1 000人以上的三等站及高速铁路车站、边境口岸车站、反恐任务和警卫任务繁重地区车站,在进站口配备相应的台式X光安检仪;专业运输公司办理行包业务的营业部应配备安检仪,各铁路局负责的行李房应根据行包发送量确定配备安检仪的数量;小件寄存处应根据行李寄存量确定安检仪的配备及数量。

②手持金属探测器。各车站均应配备与安检工作人员数量相当的手持金属探测器。未配备安检仪的小件寄存处、属于站房组成部分的宾馆、饭店等场所按需要配备,列车每组车底应当配备1个,手持金属探测器可在铁路局范围内调剂使用。

③安全门。全路44个较大客运站和高速铁路车站应配备安全门。

④其他安检设备。每个车站安检场所应配备防爆罐等处置设备。已经配备的防爆毯,在重点时期调剂使用。全路44个较大客运站应配备远距离炸药探测定位器或便携式挥发性爆炸物探测器。

⑤搜爆犬。省会所在地特、一等客运站配备一定数量的搜爆犬。

(2)人员配备

安检人员原则上由铁路职工组成,不足部分,在完成保安人员精简的基础上,在现有的保安人员中少量调剂。由车站民警组织进行安检工作。从职工中转岗的安检人员由车站负责管理,相应的劳动关系调整至车站。安检人员应保证男女比例适当(手检人员应以女性为主)。

2. 安全检查

(1)安检人员上岗着制式服装,佩戴"安全检查证",如图8-1所示。

"安全检查证"规格为85 mm×58 mm。浅蓝底色,黑字,并背面以棕色革、正面透明塑料封装。

(2)安检工作应当坚持"安全第一、严格检查、文明执勤、热情服务"的原则。安检人员值勤时不得从事与安检工作无关的活动。

(3)安检工作可采用仪器或人工查验。对旅客和托运人进入下列场所时应进行安检:

①铁路车站站房和作为车站组成部分的广场、站台、候车、售票、行包托运、寄存场所、宾馆饭店等。

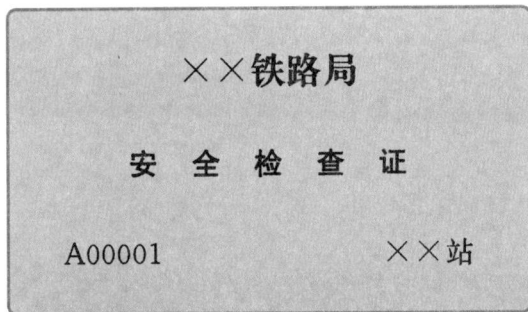

图 8-1 安全检查证

②车站在站房外划定的候车区域。

③旅客列车。

(4)每台安检仪实行"专人引导、专人值机、专人手检、专人处置"的查危工作模式,进站旅客的引导、安检仪值机、人工手检由安检人员负责,对检查出的可疑物品和人员交由公安民警处置。根据正常情况下开启使用的安检仪和客流数量,科学设置岗位人数,并可考虑一定比例的备用率,客运量大的车站安检仪所配人数可适当增加。

(5)旅客携带物品和托运的行李、包裹都必须经过安检仪检查,发现可疑物品时应当开箱(包)检查,必要时也可以随时抽查。未配备安检仪的,要逐个开箱(包)检查。

(6)配有安全门的车站,对通过时安全门报警的旅客,应当重复过门检查或使用金属探测器或手工人身检查的方法进行复查,排除疑点后方可放行。对女旅客实施手工人身检查时,必须由女工作人员进行。

(7)实施人工检查时,一般应由旅客自己打开行李、包裹或携带物品,必要时可由检查人员进行重点开包查验,但应尽量保持旅客物品完好。因检查不慎损坏物品时,应当按有关规定,经安检领导小组认定并区分责任后进行赔偿,应由安检部门赔偿的,在事故损失性费用中列支。

(8)旅客或托运人申明所携物品不宜接受公开检查的,安检人员应根据实际情况,在适当场合检查。

(9)旅客或托运人无正当理由拒绝检查时,携带或托运物品疑似为危险物品,但受客观条件限制又无法认定其性质的,旅客或托运人又不能提供该物品性质和可以经旅客列车运输的检测证明时,在车站应拒绝其进站或运输;在列车上应终止其旅行或托运,由列车长编客运记录,交前方停车站处理。

(10)对可疑物品的检查可按下列原则掌握:凡封装良好,无针孔、破封等异常情况,能够确认为瓶装酒、水、易拉罐饮料等物品,以及能够确认其物质安全性的肥皂等块状、膏状物品予以放行;属于易燃、易爆、剧毒、腐蚀等危险品要坚决收缴;不能辨明识别的,要采取开盖检查、请专业部门鉴定等方法,查明性质,妥善处置,确保安全。

(11)按照国家有关规定应当予以免检的,按照有关规定办理。

3. 内部管理

(1)车站区域内任何单位不得擅自设置安检仪让旅客进站。便民利民的服务措施应当坚持安全第一,未经过进站口安检接送旅客行李进站的"小红帽"和站内茶座等项目不准经营,宾馆、旅店、酒楼等直接进入站内的通道应予关闭。

(2)机动车出入证按照"谁发证、谁负责"的原则,由公安处审核备案,严格控制进站数量。

(3)严禁持站台票人员和其他人员未经安检从出站口进入车站;铁路职工应凭工作证进入车站,携带行李物品必须通过安全检查;进入车站区域作业的职工必须佩戴明显标志;严禁非工作人员通过行李房或随客车车底进站;严禁列车工作人员从车库带人进站;车站内部职工通道应由相关单位派专人把守。

(4)客运站实行封闭式管理,严禁旅客从车站两端及专用线通道进入车站区域;对车站区域两端和因铁路运输生产需要无法封闭的专用线通道,应由车站设岗值守。驻站单位通道应由管理单位实施封闭管理,严禁闲杂人员进入车站。

四、危险品的处理

1. 站、车查出危险品的处理

站、车检查出危险品时,按下列规定处理:

(1)对危险品应依法予以收缴或扣押,但进站、托运前查出少量的危险品,可由旅客、托运人选择交送站亲友带回或放弃该物品。

(2)对携带、托运、寄存数量较大的危险品,由公安机关登记、保管、处理。

(3)对未列入管制范围内的可能危害公共安全的器具,一般不进行罚没,应劝携带者交送行人员带回或办理托运;特殊情况下,公安派出所可代为保管,并出具保管单据,限定30日内取回,逾期视为主动放弃,由公安派出所按无主物品处理。

(4)对违反规定携带危险品进站上车或在车站寄存危险品或违反规定托运危险品的,应依照有关法律法规给予处罚;情节严重,构成犯罪的,应依法追究刑事责任。

(5)旅客进站上车时主动交出其携带的危险品的,可以从轻、减轻或不予处罚。

(6)对收缴危险品或予以处罚的,安全检查人员应向当事人告知有关权利。

2.列车上查出危险品的处理

在列车上查获的危险品由列车工作人员妥善保管,由乘警按公安站、车交接程序向前方停车站派出所移交。鞭炮、发令纸、摔炮、拉炮等易爆物品应立即浸湿处理。

3.收缴或移交的危险品的处理

车站派出所对收缴和移交的危险品应定期报公安处批准后交付有关部门处理;爆炸、剧毒、放射性等危险品,要由公安局、处统一负责组织,交所在省(市、自治区)公安或环保部门认定的专业单位处理。不宜存放的易燃易爆物品应及时进行安全处理,并做好登记。

五、查危人员管理

1.从事安检工作人员的基本条件

从事安检工作的人员应符合下列条件:

(1)政治可靠,责任心强,品行端正,志愿从事安检工作。

(2)年龄适当,身体健康,无残疾,无色盲、色弱、高度近视等眼科疾病;高速铁路车站和省会所在地的新建、改建车站,安检人员形象应与现代化车站相匹配。

(3)无违法犯罪记录。

2.安检人员岗前培训

安检人员均应经过岗前培训,考试合格后持证(铁路公安局统一制发)上岗,并每年组织一次审验。从职工中转岗的安检人员,需在各公安局公安训练学校进行不少于2个月的脱产学习,采取聘请专业人员授课、查危岗位实习等形式,进行法律知识和查危业务技能培训。

六、检查方式及方法

1.人身徒手检查

(1)检查原则:双手掌心切实接触被检人身体和衣物,从上到下、从前到后,通过手的触摸、眼睛的观察排除可疑点。

(2)人身徒手检查必须做到"四到"。

①眼到:在被检人通过安全门后应观察被检人表情和形态。

②手持仪查到:手持金属探测器要检查到位,不放过任何一个可疑部位。

③手触摸到:手与仪器结合,当手持金属探测器检查某一部位报警时,左手应轻触报警部位。

④问到:当检查到某一部位有可疑物品或不确定该物品为何物时,应询问被检人。

(3)人身检查注意事项:适用特殊人群(带有心脏起搏器的人、孕妇、肢体有残疾的人),应遵循"同性检查"的方式;本着"快速、准确、合法"方式进行,杜绝用手揪、捏或用手拍打旅客口袋内的物品;检查过程中,注意观察被检旅客的表情,随时做好应变准备。

(4)人身检查顺序:观察其面部表情是否异常,让其打开双手并手心朝前,检查时手检员应站在旅客正前方约一臂的距离,然后双手五指打开,分别从衣领部、肩部、手臂外侧、手腕、手臂内侧、腋下、前胸、腰部(180°平角)、裤兜至脚踝;因被检人群的特殊性,所以最好转到被检人身后检查,同样双手从颈部(后衣领)、后肩、背部、至后腰部、臀部、然后分别检查后侧腿部,应用两手先查左腿至脚踝、再检查右腿至脚踝。

2. 手持金属探测器检查法

(1)检查原则:从左到右、从上到下、从前到后、仪器与手相结合,通过仪器的报警,手的触摸,眼睛的观察排除可疑点。

(2)检查顺序:首先检查旅客手内是否有可疑物品,然后安检员站在被检人右前方 45°角的位置,右腿向前一步,左手虎口打开托住袖口处与手持金属探测器的右手同步进行,检查旅客的左臂、左肩胛、左前胸、左腋下、腰部(180°平角)、左腿外侧、左脚踝、左腿内侧至裆部、右腿内侧至脚踝、右腿外侧、右腋下、右前胸、右肩胛、右臂(同左臂检查方式一样);然后请被检人转身,对其背部进行检查,依次由头部、后肩、背部、后腰(180°平角)右侧臀部、右腿后侧、右脚踝、左脚踝、左腿后侧至左臀部,排除可疑点后放行。

(3)使用手持金属探测器检查时的注意事项:

①检查手持金属探测器是否接通电源,发现报警风鸣长响不断或者指示灯频繁闪烁都要更换电池。

②不能摔打、敲击硬物,以免造成损坏。

③使用仪器检查时,坚持"男不检女"的安检原则。

④注意安检礼仪和规范用语。

⑤安检动作规范、举止大方得体、手检力度把握到位、杜绝用力揪、捏、抓被检人兜内物品或敏感部位,或用仪器敲打被检人兜内的物品。

⑥安检小组成员之间注意相互配合。

⑦手检过程中本着"快速、准确、合法"方式进行。

⑧对不配合安检的被检人要注意方式方法并严格检查。

⑨对携带禁带品不服从处理的、硬闯安检口的、上访的可疑人员要及时制止并上报。

⑩检查过程中,注意观察被检旅客的表情,随时做好应变准备。

⑪注意发现安检现场的可疑人员并及时上报。

七、危检品检查仪的一般知识

(一)危险品检查仪基本原理和注意事项

1. 工作原理

设备是借助于输送带将被检查的行李送入 X 射线检查通道,行李进入通道后遮挡了光障,检测信号被送至控制单元,触发射线源发射 X 射线束。一束经过准直器的非常窄的扇形 X 射线束穿透输送带上的行李物品落到双能量探测器上,高效半导体探测器把接收到的 X 射线变为电信号,这些很弱的电流信号被放大,并送到信号处理机箱作进一步处理。经过复杂的运算和成像处理后得到高质量的图像。

2. 基本安全规则

(1)当系统运行时,身体的任何部位都不能进入检查通道。

(2)当通道有行李、包裹堵塞或有物品卡在通道内,在清理时必须关断设备电源。

(3)在清洗设备时,必须关断电源,以防漏电,要防止任何液体流入设备。

(4)禁止检查任何动物。

(5)尽量将被检物品放在传送带的中间部位。

(二)危险品检查仪操作方法

1. 开机前的准备工作

(1)系统上电前必须检查通道入口和出口的用于防止射线泄露的铅门帘是否完好,如有损坏,需立即更换。

(2)检查传送带是否完好,是否有危害被检行李的尖刺和污染。

(3)检查键盘外罩的锁盖有无被未经许可的人的损坏的迹象。

(4)检查所有盖板均已盖好。

(5)检查通道内是否有遗留物。

2. 开机后信息

开机后系统软件可自动给出一个自检测信息。若屏幕上显示"光障被遮挡"信息,则须检查通道内是否有遗留物,或清除光障灰尘或重新对准光障。光障清洁或对准后,屏幕上的错误信息将消失。

(7)确认所有急停按钮都处于释放状态。

(三)系统操作

操作键盘布局如图 8-2 所示;操作键盘上的控制键及指示灯操作方法见表 8-2。

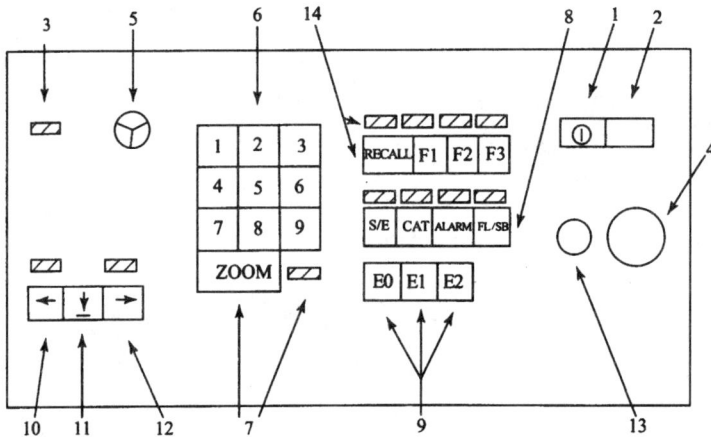

图 8-2　操作键盘布局图

1—钥匙开关;2—通电按钮;3—等待指示灯;4—紧急停止按钮;5—X 射线发射指示灯;

6—图像放大区选择按键;7—ZOOM 按键及指示灯;8. 第一组功能键及指示灯;9—图像增强键;

10—正向运行键及指示灯;11—停止键;12—反向运行键及指示灯;

13—X 射线控制部分按钮及指示灯;14—第二组功能键及指示灯

表 8-2　操作键盘上的控制键、指示灯及操作方法

顺号	键盘名称	操作方法
1	钥匙开关	插入钥匙开机前顺时针旋转钥匙,使系统处于非锁定状态,逆时针旋转钥匙可关闭系统
2	通电按钮及指示灯	打开钥匙开关后按下通电按钮,使系统上电,键灯和通道顶板的指示灯会立即点亮

顺号	键盘名称	操作方法
3	等待指示灯	系统自检测和显示测试期间,等待灯点亮约10 s,等待灯熄灭后,系统即可正常使用
4	紧急停止按钮有三个,一个在操作键盘上,其余两个在检查通道的两个端面板上	如遇紧急情况按下三个按钮中的任何一个即可关闭系统,要重新启动系统,需顺时针旋转紧急停止按钮使其复原,然后,再按下通电按钮,请注意,操作键盘上的紧急停止按钮无锁定功能
5	X射线发射指示灯	X射线发射灯有两个,一个在操作键盘上,另一个在检查通道顶板上,物体进入通道挡住光障后,X射线发射,指示灯点亮
6	图像放大区选择按键	按下九个按键中的一个,图像的一个区域被选定,显示器上该区域较亮
7	ZOOM按键及指示灯	按下ZOOM键,可使显示器屏幕上选区内的图像放大两倍,放大时指示灯点亮,要退出放大状态,可再按一次ZOOM键,退出时,指示灯熄灭
8	第一组功能键及指示灯	(1)多功能量/无机物剔除图像转换开关(S/E键)及指示灯：该键处于起始位置时,彩色显示器上显示正常的多能量图像,按下该键,将只显示无机物剔除图像。该键按下时,指示灯点亮。再次按下S/E键,可恢复到正常的多能量图像,指示灯熄灭 (2)亮度扫描键(CAT)及指示灯：按下CAT键实现亮度扫描功能,同时指示灯点亮。再次按下CAT,可恢复正常的黑白图像,指示灯熄灭,按下E0及E2键可以改变亮度扫描方向,按下E1键,可使扫描暂停 (3)报警键(ALARM)及指示灯：按下ALARM键,在彩色显示器上可对穿不透的物体显示亮白的闪动,同时指示灯点亮,再次按下该键可恢复到正常图像,指示灯熄灭
9	图像增强键(仅适于黑/白图像)	按下E0键,图像加亮,对比度和穿透力增大。按下E1键,图像加暗,对比度减小,小密度物体图像更清晰,按下E2键,显示黑白翻转的图像
10	正向运行键及指示灯	按下此键,传送带正向运行,该键上方指示灯点亮
11	停止键	按下此键,传送带立即停止
12	反向运行键及指示灯	其功能与正向键相同,只是传送带反向运转
13	X射线控制部分按钮及指示灯	按下该键可切断X射线控制部分的电源切断状态下,该键的键灯点亮,要恢复供电,需重新按下通电按钮
14	第二组功能键及指示灯	(1)取消按键(RE-CALL)及指示灯：按下此键可消去屏幕上的字符同时亮指示灯,再按一次可恢复屏幕上的字符,指示灯熄灭 (2)系统诊断程序调用键(F1)：按下该键,可显示维修服务菜单 (3)系统设置功能键(F2)：按下该键,可对时间、系统系统号,操作员身份证号等参数进行修改 (4)消除维护保养信息/消除包裹计数键(F3)：按下该键可消除显示器屏幕上的维护保养信息,同时显示清除包裹计数菜单

（四）图像识别

多能量X射线图像反映了在标准扫描速度下被检查物体的化学成分。多能量按照物品吸收X射线的多少,常规X射线图像显示了黑白变化的层次。因此,金属武器很容易识别。多能量图像显示见表8-3。

表 8-3　多能量图像显示

名称颜色	原子结构所定义的颜色间的关系	具体物品
有机物颜色——橙色	原子序数小于 10 的化学元素归类为有机物。其这一组中,通常共有的元素为氢、碳、氮和氧。不管化学链如何,只要某物质的主要构成是这一组的任何元素,它就被显示为有机物	如炸药、药物塑料、纸、布、木材和水
混合物颜色——绿色	图像中的绿色表示:(1)化学元素的原子序数为 10~17	如铝和硅
	(2)有机物和无机物重叠。若混合物的主要成分为有机物,则图像呈淡绿色,若混合物的主要成分为无机物呈现蓝绿色	
无机物颜色——蓝色	无机物显示为蓝色	如铁、铜、锌、镍、钢等
	密度较小的无机物呈浅蓝色图像密度较大的无机物呈深蓝色图像	
红色	过厚的或密度过大的物体,由于不能被 X 射线穿透,均显示为红色	如铅板

第五节　消 防 知 识

消防安全工作,实行预防为主、防消结合的方针,为了预防火灾和减少火灾危害,保护人身财产的安全,必须做好预防工作。"防范胜于救灾,责任重于泰山"。确保旅客旅行中的安全,是国家和人民赋予我们的责任和义务。为此,客运人员要了解掌握必要的消防知识。

一、火灾及火灾等级的划分

1. 燃烧和燃烧的必要条件

燃烧就是可燃物与氧化剂作用发生的放热反应,通常伴有火焰、发光和(或)发烟现象。

燃烧的三个必要条件为可燃物、氧化剂和温度(引火源),三者要有足够的量并相互作用。三个条件无论缺少哪一个,燃烧都不会发生。

2. 火灾

凡失去控制并对财产和人身造成损害的燃烧现象,都称为火灾。

3. 火灾等级的划分

根据火灾造成的人员伤亡或者直接经济损失,火灾一般分为以下几个等级:

(1)特别重大火灾,是指造成 30 人以上死亡,或者 100 人以上重伤,或者 1 亿元以上直接经济损失的事故;

(2)重大火灾,是指造成 10 人以上 30 人以下死亡,或者 50 人以上 100 人以下重伤,或者5 000 万元以上 1 亿元以下直接经济损失的火灾;

(3)较大火灾,是指造成 3 人以上 10 人以下死亡,或者 10 人以上 50 人以下重伤,或者1 000 万元以上 5 000 万元以下直接经济损失的火灾;

(4)一般火灾,是指造成 3 人以下死亡,或者 10 人以下重伤,或者 1 000 万元以下直接经济损失的火灾。

等级划分中所称的"以上"包括本数,所称的"以下"不包括本数。

4. 火灾燃烧的五个阶段

火灾燃烧分为初始阶段、发展阶段、猛烈阶段、下降阶段和熄灭阶段五个阶段。燃烧在初始阶段时是扑救的最佳时期,时间为起火后 3～5 min。

二、扑救火灾的基本原理和应遵循的原则

(1)扑救火灾就是要破坏或切断燃烧三要素的相互联系和作用,一般采取冷却、窒息、隔离和化学抑制四个方式。

(2)在灭火中应采取先控制后消灭的原则,并根据火场及其周围情况,当时风向,分别进行先重点后一般、先人员后物资、先危险物品后其他物品的方法,集中兵力打歼灭战。

①对于初期火灾应当根据现场情况控制可燃物,用水或其他相应的灭火剂,隔绝空气,消除火源,室内或封闭窖内发生火灾时,应先准备好灭火器后方可打开门窗灭火。

②灭火中要以最大的可能减少火灾损失,以保障国家和人民生命财产安全。

③灭火后应复验现场,消除余火,对现场加以保护,为有关单位进行现场勘查创造条件。

三、灭火器材

1. 灭火器

灭火器是一种轻便的灭火器材,用来扑救初起火灾。常用的灭火器主要有干粉灭火器、水雾灭火器等。

干粉灭火器由于充装干粉灭火剂不同,适用场所也不同。碳酸氢钠和碳酸氢钾干粉灭火器适用于扑救易燃液体、可燃气体的初起火灾。碳酸铵盐干粉灭火器除可扑救上述物质的起火灾外,还可扑救固体物质的初起火灾。

使用干粉灭火器时,拔掉保险销,一手握住喷嘴,一手将压把用力往下压,干粉即可喷出。

干粉灭火器的性能和使用见表8-4。

表 8-4　干粉灭火器的性能和使用

灭火器种类		性能	使用方法	适用扑救的火灾
手提式干粉灭火器	8 kg	射程 4～5 m 喷射时间 20 s	使用时拉开保险销,把喷管嘴口对准火源,拉动提环,或将把手压下,即喷出干粉灭火	干粉灭火器适用于扑救石油及其产品、可燃气体和电器设备的初起火灾
	5 kg	射程 3～5 m 喷射时间 15 s		
推车式干粉灭火器		射程 10～13 m 喷射时间 17～20 s		

2. 消火栓

(1)消火栓的使用与保养

打开消火栓的门,卸下出水口的堵头,安上消火栓接扣,接出水带,拧开闸门,水即经水带输送到火场。关闭时,首先关闸门,停止水的输送,然后再把水带分散开,卸下接扣,把堵头安好。如是地下消火栓,还要打开试水门将水放净,把试水门关严,再盖上井盖。

平时,要经常检查消火栓是否完好,有无渗漏、锈蚀现象,接口、垫圈是否完整无损,阀杆上应经常加油润滑,以保持开启灵活。室外消火栓要注意防冻保温,室内外的消火栓要设有明显标志,并不准埋压、圈占、遮挡。

(2)消防水带的使用与保养

常用的水带口径一般有 65 mm、50 mm 两种,平时卷好存放在通风干燥地方,防止腐烂。使用时要铺好,不要拧花,不要拐死弯,接口要衔接牢固。消防水带每次用后要冲洗干净,晒干卷好,如发现漏水要及时修补,水带接口里的胶垫如有硬化变质或损坏,应及时更换,保证完好备用。

(3)消防水枪的种类和使用方法

消防水枪是一种增加水流速度、射程和改变水流形态的射水工具,多系铝合金制造。按结构和射流方式,可分为直流水枪、开花直流水枪、喷雾水枪等。喷嘴口径一般 13 mm、16 mm、19 mm、22 mm、25 mm 五种。由于喷嘴口径不同,喷射出去的水流量也不同,射程和流量也不同。

3. 消防破拆工具的种类及其用途

常用的消防破拆工具有铁锹、消防钩、消防斧等。消防破拆工具主要是在灭火时用于开启门窗、破拆建筑结构和清理火场、开辟消防通道,以便进行灭火、救火或疏散物资或阻止火势。

四、电气设备火灾的种类及扑救方法

1. 电气设备引起火灾的原因

电气设备引起火灾的主要原因:短路、超过负荷、接触电阻热、电火花和电弧、照明灯具、电热工具的表面热、过电压和涡流热等。

2. 扑救电气火灾注意事项

扑救电气火灾时,不能用水,因为水能导电,用水灭火有可能触电伤人或造成短路,所以扑救电器火灾应先断电、再救火。

五、《铁路消防管理办法》有关知识

(1)铁路消防工作贯彻"预防为主,防消结合"的方针,按照"铁道部统一领导,运输企业全面负责,业务部门依法监管,职工群众积极参与"的原则,实行消防安全责任制。

(2)铁路消防工作由铁路公安机关监督管理,并由铁路公安机关消防机构负责实施。

(3)铁路公安机关消防机构对各单位遵守消防法律、法规情况依法进行监督检查。并根据铁路火灾规律、运输生产特点和重大节日、重大活动等消防安全需要,进行重点抽查。

公安派出所、乘警队对管辖区域内各单位和旅客列车开展消防监督检查。

(4)铁路运输企业应建立防火安全委员会或防火安全领导小组,定期召开会议,组织、协调本单位的消防工作,研究解决消防安全重大问题。

(5)铁路运输企业及所属单位应当履行下列消防安全职责:

①贯彻执行消防法律、法规、规章和有关规定,落实逐级消防安全责任制和岗位防火责任制,建立健全消防规章制度,制定安全操作规程。

②保证消防工作与生产经营和基本建设同计划、同布置、同检查、同考核、同奖惩。

③按照国家标准、行业标准配备消防设施、器材,设置消防安全标志,并定期组织检验、维

修,确保完好有效。

④对火灾自动报警、自动灭火等建筑消防设施委托有法定资质的检测机构每年至少进行一次全面检测,确保完好有效,检测记录应当完整准确,存档备查。

⑤保障疏散通道、安全出口、消防车通道畅通,保证防火防烟分区、防火间距符合消防技术标准。

⑥组织防火检查,建立重大火灾隐患督促整改工作制度,组织落实重大火灾隐患整改,及时处理涉及消防安全的重大问题。

⑦制定火灾事故应急预案。

⑧法律、法规规定的其他消防职责。

单位法定代表人或主要负责人是消防安全责任人,对本单位的消防安全工作全面负责。

(6)单位应确定本单位消防安全管理人。消防安全管理人可由分管领导担任,负责日常消防管理工作。

消防安全管理人对本单位的消防安全责任人负责,实施并组织落实下列消防安全管理工作:

①制定年度消防工作计划,组织实施日常消防安全管理工作。

②组织制定消防安全管理制度和保障消防安全的操作规程,并检查督促落实。

③制订消防资金投入计划和组织实施保障方案。

④组织实施消防安全检查和火灾隐患整改工作。

⑤组织实施对消防设施、灭火器材和消防安全标志的维护、保养,确保完好有效,确保疏散通道和安全出口畅通。

⑥组织管理义务消防队。

⑦组织开展职工消防知识、技能的宣传教育和培训,组织火灾事故应急预案的实施和演练。

⑧消防安全责任人委托的其他消防安全管理工作。

消防安全管理人应当定期向消防安全责任人报告消防安全管理情况,及时报告涉及消防安全的重大问题。

(7)消防安全责任人和消防安全管理人应定期接受消防安全专门培训。

各单位应对职工进行经常性的消防安全知识培训教育。

定期对单位专(兼)职消防管理人员和消防设施操作人员,电工、电气焊等特种作业人员,易燃易爆岗位作业人员,旅客列车工作人员,以及车站客货运工作人员、机车司机进行消防安全培训,达到"三懂三会",即懂得本岗位的火灾危险性、懂得预防火灾的措施、懂得火灾的扑救方法,会报警、会使用灭火器、会扑救初起火灾,经考试合格,持证上岗。

新职工、其他从业人员和改变工种人员应经过消防安全知识教育,考试合格后,方可上岗。

(8)铁路运输企业及所属单位应当制定火灾事故应急预案,建立应急响应和处置机制,为灭火救援工作提供保障。定期组织火灾应急处置实战演练,消防重点单位和旅客列车每年不少于2次。

六、发生火灾时如何报警

发生火灾后,及时、准确地报告火警,对于减少火灾危害有着非常重要的作用。我国火灾报警电话"119",一般直接拨打即可。报告火警时,为了能使消防队迅速到达火场,应讲明起火单位的名称、地址、燃烧物性质、有无被困人员、有无爆炸和有无毒气泄漏、火势情况、报警人姓名、电话号码等,并说明起火部位及附近有无明显标志,然后派人到路口迎候消防车。

七、公共场所发生火灾时,现场人员应履行的义务

公共场所发生火灾时,该公共场所的工作人员有组织、引导在场群众疏散的义务。公共场所发生火灾,在场群众由于缺乏引导组织,易造成惊慌、混乱和群死群伤的严重后果。而现场工作人员熟悉现场疏散通道、安全出口以及建筑消防设施、器材,因此在法律上规定公共场所的现场工作人员有义务组织、引导在场群众有序的疏散。

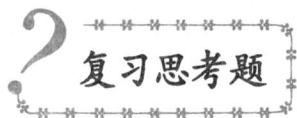

复习思考题

1. 车站如何组织旅客有秩序地候车和乘车?

2. 车站检票有何规定?

3. 迎送列车有何规定?

4. 客运人员通过线路时有何规定?

5. 客运人员顺线路走时有何规定?

6. 电气化铁路及附近地区发生火灾时,应如何处理?

7. 票据、进款现金安全有何规定?

8. 什么是危险品?

9. 危险品中爆炸物品类包括哪些?

10. 危险品中易燃易爆物品包括哪些?

11. 安检工作可采用哪两种方式?对旅客和托运人进入哪些场所时应进行安检?

12. 实施人工检查时有何规定?

13. 旅客或托运人无正当理由拒绝安全检查时如何处理?

14. 站、车检查出危险品时如何处理?

15. 什么是燃烧?燃烧的必要条件是什么?

16. 火灾燃烧分为几个阶段?

17. 灭火的基本原理和遵循原则是什么?

18. 消火栓的使用方法是什么?

19. 发生火灾时如何报警?

第九章 国际联运

第一节 总 则

一、国际联运的概念

国际铁路旅客联运是指发、到站不在同一国内的旅客、行李和包裹铁路运输,包括海铁联运。参加国际旅客联运的铁路间具有连带责任。

这里所指的国际旅客联运,是指我国同其他国家铁路间办理的旅客、行李和包裹运输。

二、国际旅客联运站

我国铁路目前经国家正式批准开通的铁路客运边境口岸(不含办理对港运输的口岸)共有7个,分别是二连、丹东、绥芬河、满洲里、凭祥、阿拉山口和河口,在《国际客运运价规程》中公布的办理国际旅客联运的车站共有30个,除上述7个国境站外,还有北京、北京西、天津、沈阳、长春、哈尔滨、牡丹江、大同、集宁南、呼和浩特、乌鲁木齐、郑州、汉口、长沙、衡阳、桂林、南宁、昆明北、宜良、开远、山海关、昂昂溪和崇左。

国际旅客联运站示意图如图9-1所示。

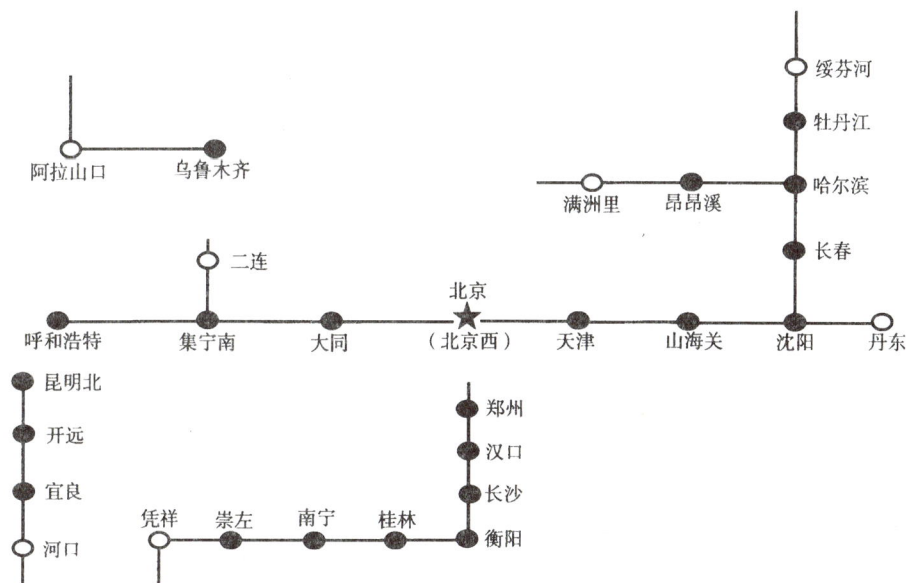

图 9-1 我国铁路国际旅客联运站示意图

图注:★——首都;●——联运站;○——国境联运站

第二节 旅 客 运 送

一、乘车票据

(1)客票是证明缔结国际联运旅客运输合同的乘车票据。补加费收据是运输合同条件变更的证明。

(2)旅客乘坐卧车、座卧车,以及规定必须预留席位的座席车时,除客票外,还应持有占用相应席位的卧铺票。

(3)旅客应在乘车前购买本条规定的必要乘车票据,并检查其中所载事项是否正确。

(4)如果列车(直通车厢)运行经路上未实行自动化席位预留,旅客可在列车上购买卧铺票。

(5)乘车票据用发送国文字及中文、德文、俄文之一印制。

手工方法办理的册页票本票皮(封面)如图 9-2 所示。

中华人民共和国铁路
ЖЕЛЕЗНЫЕ ДОРОГИ КНР
EISENBAHNEN DER VRC

MC
中 铁
КЖД /KZD

册 页 票 本
КУПОННАЯ КНИЖКА
BUCHFAHRKARTE

有效期
Срок годности
Geltungsdauer

2	个 月
-	Месяца
4	Monate

自发售之日起
Со дня выдачи
Vom Datum der Ausgabe an

票价总额
Общая стоимость
Gesamtbetrag

人民币 ————— 元
RMB yuen

以发售国货币表示
В валюте страны выдачи
In der Währung des Ausgabelandes

每票处日期戳
Штемпель места
выдачи с датой
Datumstempel
der Ausgabestelle

旅 客 须 知

1. 凭本乘车票据有权在国际联运中按客票上注明的发、到站和经路乘车。

2. 每名旅客乘坐卧车和座卧车时,除客票外,还应持有占用相应铺位的卧铺票。持有卧铺票的旅客免费使用卧具。

3. 凭没有册页客票的票皮或没有票皮的册页客票均无权乘车,且对这类乘车票据不退还乘车费用。

旅客除改过的乘车票据视为无效。

4. 有册页客票的册页票本的有效期,自发售之日起往程为两个月,返程为四个月,往返为四个月。未注明发车日期的卧铺票有效期与其客票的有效期相同。

5. 在客票有效期内,如不违反护照行政法规,旅客有权在沿途车站下车,不限制次数和时间。

在继续乘坐卧车时,旅客应购买新的卧铺票。运行途中的停留不延长客票有效期。

在中途下车或不再继续乘行的情况下,旅客应在列车到站后 3 小时向内铁路提出乘车票据,以便做相应记载。

6. 如不再乘车或乘车改期,旅客应在卧铺票上所载列车发车 6 小时向内铁路提出乘车票据,以便做相应记载。在遵守该条件的情况下,更改乘车日期的旅客有权对客票重新轧孔并更换卧铺票,但不多于一次。

如果未赶上列车,为继续乘车,旅客应在列车出发后 3 小时内向铁路提出乘车票据。这时,要继续乘坐卧车,旅客需购买新的卧铺票。

7. 全部或部分退还乘车费用由发售乘车票据的铁路办理。如乘车票据上没有铁路的相应记载,则乘车费用不予退还。

8. 免费运送的手提行李总重,(成年旅客)不得超过 36 公斤,12 周岁以下的儿童不得超过 15 公斤。

图 9-2(之一)

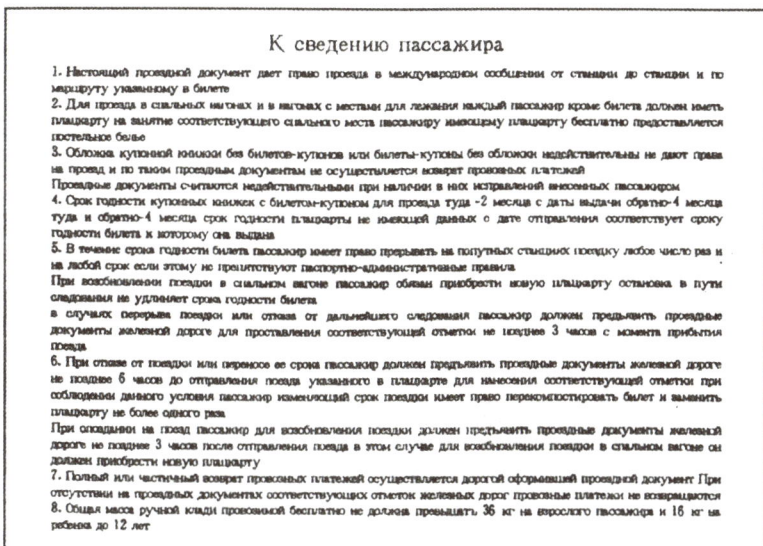

К сведению пассажира

1. Настоящий проездной документ дает право проезда в международном сообщении от станции до станции и по маршруту указанному в билете

2. Для проезда в спальных вагонах и в вагонах с местами для лежания каждый пассажир кроме билета должен иметь плацкарту на занятие соответствующего спального места пассажиру имеющему плацкарту бесплатно предоставляется постельное белье

3. Обложка купонной книжки без билетов-купонов или билеты-купоны без обложки недействительны не дают права на проезд и по таким проездным документам не осуществляется возврат провозных платежей

Проездные документы считаются недействительными при наличии в них исправлений внесенных пассажиром.

4. Срок годности купонных книжек с билетом-купоном для проезда туда -2 месяца с даты выдачи обратно- 4 месяца туда и обратно- 4 месяца срок годности плацкарты не имеющей данных о дате отправления соответствует сроку годности билета к которому она выдана

5. В течение срока годности билета пассажир имеет право прерывать на попутных станциях поездку любое число раз и на любой срок если этому не препятствуют паспортно-административные правила

При возобновлении поездки в спальном вагоне пассажир обязан приобрести новую плацкарту остановка в пути следования не удлиняет срока годности билета

в случаях перерыва поездки или отказа от дальнейшего следования пассажир должен предъявить проездные документы железной дороге для проставления соответствующей отметки не позднее 3 часов с момента прибытия поезда

6. При отказе от поездки или переносе ее срока пассажир должен предъявить проездные документы железной дороге не позднее 6 часов до отправления поезда указанного в плацкарте для нанесения соответствующей отметки при соблюдении данного условия пассажир изменяющий срок поездки имеет право перекомпостировать билет и выменять плацкарту не более одного раза

При опоздании на поезд пассажир для возобновления поездки должен предъявить проездные документы железной дороге не позднее 3 часов после отправления поезда в этом случае для возобновления поездки в спальном вагоне он должен приобрести новую плацкарту

7. Полный или частичный возврат провозных платежей осуществляется дорогой оформивший проездной документ При отсутствии на проездных документах соответствующих отметок железных дорог провозные платежи не возвращаются

8. Общая масса ручной клади провозимой бесплатно не должна превышать 35 кг на взрослого пассажира и 15 кг на ребенка до 12 лет

图 9-2(之二)　手工方法办理的册页票本票皮(封面)

二、客票和补加费收据

(1)客票和补加费收据按乘坐以下车厢划分:

①一等车厢;

②二等车厢。

(2)客票和补加费收据上应载有下列主要事项:

①发站和到站名称;

②运输合同规定的运行经路及接续承运人代号;

③车厢等级;

④人数;

⑤乘车票价;

⑥有效期;

⑦客票、补加费收据办理日期和地点;

⑧合同承运人(填发补加费收据的承运人)代号。

全部事项印就的册页客票样式如图 9-3 所示;补充册页客票如图 9-4 所示;补加费收据如图 9-5 所示。

三、卧铺票

(1)卧铺票上应载有下列主要事项:

①承运人代号;

②发站和到站名称;

③运行经路;

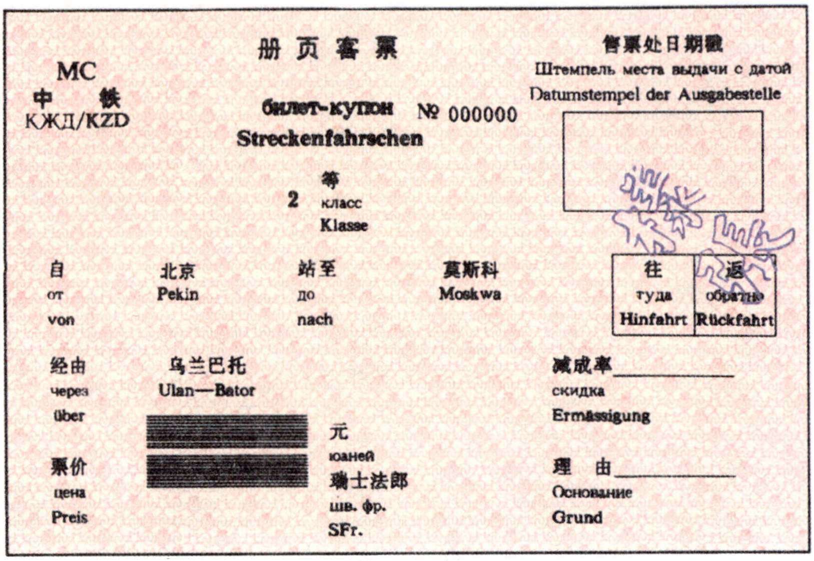

图 9-3　全部事项印就的册页客票

④发车日期和时分、车次、车厢号和铺位号；

⑤车厢等级和铺位种类；

⑥人数；

⑦卧铺票票价；

⑧卧铺票发售日期和地点；

⑨客车经营人代号。

(2)在有空闲铺位的条件下,旅客(团体旅客)在客票有效期内有权将已办理的卧铺票更换成同一经路的新卧铺票,但应不迟于卧铺票所载列车开车 6 h 前向售票点提出乘车票据,应不迟于卧铺票所载列车开车 5 天前(立陶宛共和国和爱沙尼亚共和国的承运人为 1 天)向售票点提出团体乘车票据。

更换卧铺票不得超过 1 次,承运人未履行运输合同条件的情况除外。

(3)全套卧具使用费包含在卧铺票价中。对乘坐卧车和座卧车的旅客提供卧具,每套卧具使用 5 天。

卧铺票样式如图 9-6 所示。

四、乘车票据的有效条件

(1)客票有效期为 2 个月。

(2)客票有效期起算日期规定如下：

①如无卧铺票或针孔(戳记),自旅客表明并由售票处在客票上注明之日起算。办理客票日期与客票有效期起算日期之间的间隔天数不得超出承运人规定的乘车票据预售期限。

②如册页票本中订有卧铺票或客票上有针孔(戳记),自发送旅客当日起算。

(3)如旅客由于不得已的原因不能在规定的客票有效期内结束乘车,在客票有效期终了前并提出相应文件的条件下,有权向承运人申请延长客票的有效期。

第一联

| MC | 册页客票 | A 000009 | 售票处日期戳 |

（a）单程

图 9-4（之一）

第一联

MC 中　铁 КЖД/KZD	册 页 客 票 Билет-купон Streckenfahrschein	A　000009	售票处日期戳 Штемпель места выдачи с датой Datumstempel der Ausgabestelle

供 .... 人乘车用
для .... человек
für .... Reisende(n)

往 程 туда/hinfahrt			返 程 обратно/rückfahrt	
自 от/von		站		站
至 до nach	1 等 кл./kl.	站		站
	2 等 кл./kl.	站		站

经 由
через/über ....

减成率 Скидка Ermässigung _____%	理由 основание _____ Grund	一名旅客客票票价 Плата за проезд одного пассажира/Preis je Person		瑞士法郎 шв. фр. SFr.
团体旅客证 Контрольные купоны/Kontrollkarten 自 第 号 至 第 号 c/von Nr до/bis Nr		客票票价总额 Общая стоимость Gesamtbetrag		元 юаней
				瑞士法郎 шв. фр. SFr.

第二联

MC 中　铁 КЖД/KZD	册 页 客 票 Билет-купон Streckenfahrschein	A　000009	售票处日期戳 Штемпель места выдачи с датой Datumstempel der Ausgabestelle

供 .... 人乘车用
для .... человек
für .... Reisende(n)

往 程 туда/hinfahrt			返 程 обратно/rückrahrt	
自 от/von		站		站
至 до nach	1 等 кл./kl.	站		站
	2 等 кл./kl.	站		站

经 由
через/über ....

减成率 Скидка Ermässigung _____%	理由 основание _____ Grund	一名旅客客票票价 Плата за проезд одного пассажира/Preis je Person		瑞士法郎 шв. фр. SFr.
团体旅客证 Контрольные купоны/Kontrollkarten 自 第 号 至 第 号 c/von Nr до/bis Nr		客票票价总额 Общая стоимость Gesamtbetrag		元 юаней
				瑞士法郎 шв. фр. SFr.

注：中国铁路未使用

（b）往返

图 9-4（之二）　补充册页客票

第一联

MC 中 铁 КЖД /KZD

补加费收据 Доплатная квитанция Nachlösequittung A 000009

售票处日期戳 Штемпель места выдачи с датой Datumstempel der Ausgabestelle

附 于 К билету/плацкарте Zum Fahrausweis/zur Bettkarte 第 Nr ...... 号客票/卧铺票

Жел. дор. Eisenbahn ...... 铁路等级 класс Klasse ...... 供 для für ...... 人乘车用 человек Reisende(n) 减成率 скидка Ermässigung ...... %

自 OT/VON ...... 站至 до/nach ...... 站

经由 через/über ......

补 收 Доплата для Nachzahlung für ...... 人的费用 человек Reisende(n) 减成率 скидка Ermässigung ...... %

自 OT/VON ...... 站至 до/nach ...... 站

经由 через/über ......

补 收 Взыскано дополнительно Erhobener Zuschlag		改乘1等车 Переход в 1-й класс Klassenwechsel	变更经路 Изменение пути следования Streckenwechsel	卧铺费差额 Разница в стоимости плацкарты Unterschied in der Bettkarte 由 из/von ...... 变为 в/in	
每名旅客 За одного пассажира für je person	瑞士法郎 шв. фр. SFr.				
合 计 Общая стоимость Gesamtbetrag	瑞士法郎 шв. фр. SFr.				
	人民币				元 юаней

第二联

MC 中 铁 КЖД /KZD

补加费收据 Доплатная квитанция Nachlösequittung A 000009

售票处日期戳 Штемпель места выдачи с датой Datumstempel der Ausgabestelle

附 于 К билету/плацкарте Zum Fahrausweis/zur Bettkarte 第 Nr ...... 号客票/卧铺票

Жел. дор. Eisenbahn ...... 铁路等级 класс Klasse ...... 供 для für ...... 人乘车用 человек Reisende(n) 减成率 скидка Ermässigung ...... %

自 OT/VON ...... 站至 до/nach ...... 站

经由 через/über ......

补 收 Доплата для Nachzahlung für ...... 人的费用 человек Reisende(n) 减成率 скидка Ermässigung ...... %

自 OT/VON ...... 站至 до/nach ...... 站

经由 через/über ......

补 收 Взыскано дополнительно Erhobener Zuschlag		改乘1等车 Переход в 1-й класс Klassenwechsel	变更经路 Изменение пути следования Streckenwechsel	卧铺费差额 Разница в стоимости плацкарты Unterschied in der Bettkarte 由 из/von ...... 变为 в/in	
每名旅客 За одного пассажира für je person	瑞士法郎 шв. фр. SFr.				
合 计 Общая стоимость Gesamtbetrag	瑞士法郎 шв. фр. SFr.				
	人民币				元 юаней

图 9-5 补加费收据

第一联

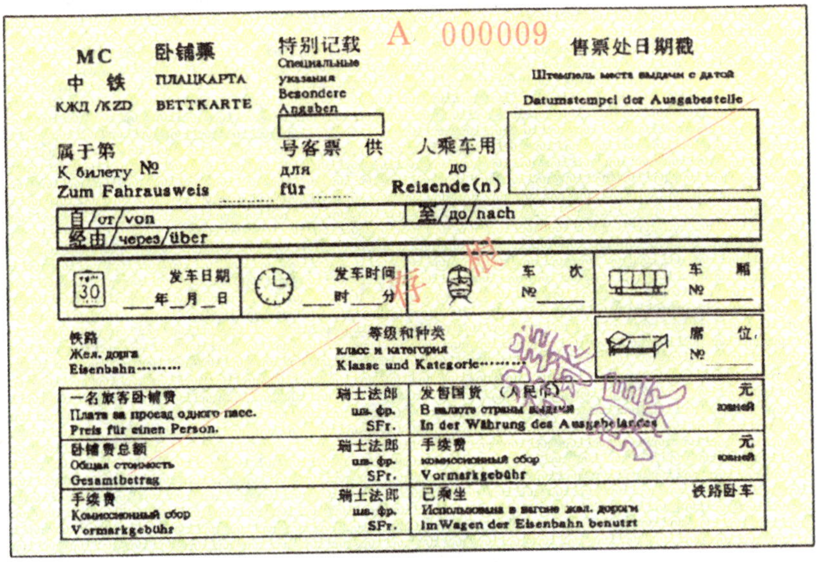

A 000009

MC　卧铺票　特别记载
中　铁　ПЛАЦКАРТА　Специальные указания
КЖД /KZD　BETTKARTE　Besondere Angaben

售票处日期戳
Штемпель места выдачи с датой
Datumstempel der Ausgabestelle

属于第　号客票　供　人乘车用
К билету №　для　до
Zum Fahrausweis ......　für ......　Reisende(n)

自/от/von　至/до/nach
经由/через/über

发车日期　___年__月__日
发车时间　___时___分
车　次　№_____
车　厢　№_____

铁路
Жел. дорга
Eisenbahn.........

等级和种类
класс и категория
Klasse und Kategorie.........

席　位　№_____

一名旅客卧铺费 Плата за проезд одного пасс. Preis für einen Person.	瑞士法郎 шв. фр. SFr.	发售国货　（人民币） В валюте страны выдачи In der Währung des Ausgabelandes	元 юаней
卧铺费总额 Общая стоимость Gesamtbetrag	瑞士法郎 шв. фр. SFr.	手续费 комиссионный сбор Vormarkgebühr	元 юаней
手续费 Комиссионный сбор Vormarkgebühr	瑞士法郎 шв. фр. SFr.	已乘坐 Использована в вагоне жел. дороги Im Wagen der Eisenbahn benutzt	铁路卧车

第二联

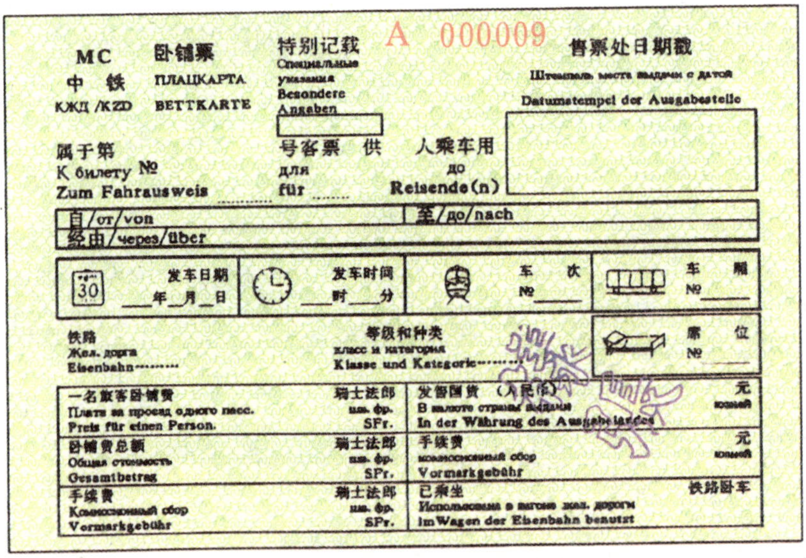

A 000009

MC　卧铺票　特别记载
中　铁　ПЛАЦКАРТА　Специальные указания
КЖД /KZD　BETTKARTE　Besondere Angaben

售票处日期戳
Штемпель места выдачи с датой
Datumstempel der Ausgabestelle

属于第　号客票　供　人乘车用
К билету №　для　до
Zum Fahrausweis ......　für ......　Reisende(n)

自/от/von　至/до/nach
经由/через/über

发车日期　___年__月__日
发车时间　___时___分
车　次　№_____
车　厢　№_____

铁路
Жел. дорга
Eisenbahn.........

等级和种类
класс и категория
Klasse und Kategorie.........

席　位　№_____

一名旅客卧铺费 Плата за проезд одного пасс. Preis für einen Person.	瑞士法郎 шв. фр. SFr.	发售国货　（人民币） В валюте страны выдачи In der Währung des Ausgabelandes	元 юаней
卧铺费总额 Общая стоимость Gesamtbetrag	瑞士法郎 шв. фр. SFr.	手续费 комиссионный сбор Vormarkgebühr	元 юаней
手续费 Комиссионный сбор Vormarkgebühr	瑞士法郎 шв. фр. SFr.	已乘坐 Использована в вагоне жел. дороги Im Wagen der Eisenbahn benutzt	铁路卧车

图 9-6（之一）

第三联

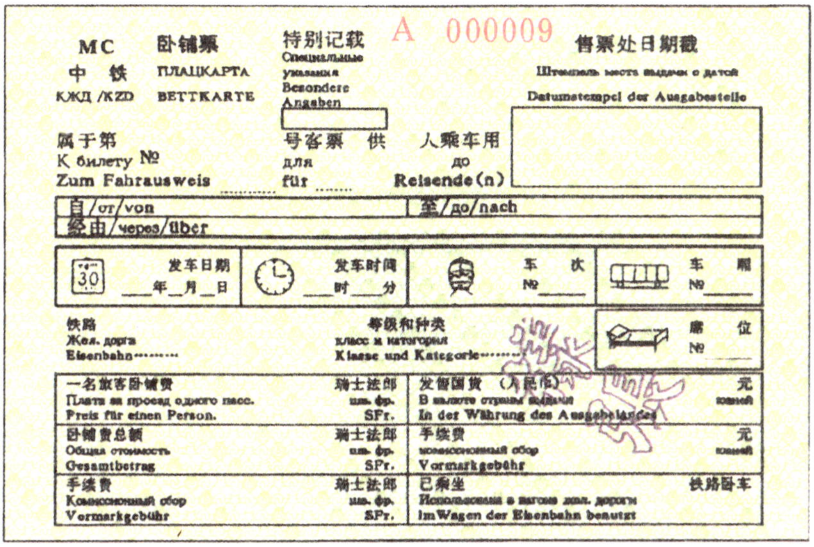
MC 中铁 КЖД /KZD
卧铺票 ПЛАЦКАРТА BETTKARTE
特别记载 Специальные указания Besondere Angaben
A 000009
售票处日期戳 Штемпель места выдачи с датой Datumstempel der Ausgabestelle
属于第 К билету № Zum Fahrausweis ……
号客票 供 для für ……
人乘车用 до Reisende(n)
自/от/von
至/до/nach
经由/через/über
发车日期 ___年__月__日
发车时间 ___时___分
车次 №____
车厢 №____
铁路 Жел. дорга Eisenbahn………
等级和种类 класс и категория Klasse und Kategorie………
席位 №____

一名旅客卧铺费 Плата за проезд одного пасс. Preis für einen Person. 瑞士法郎 шв. фр. SFr.	发售国货（人民币） В валюте страны выдачи In der Währung des Ausgabelandes 元 юаней
卧铺费总额 Общая стоимость Gesamtbetrag 瑞士法郎 шв. фр. SFr.	手续费 комиссионный сбор Vormarkgebühr 元 юаней
手续费 Комиссионный сбор Vormarkgebühr 瑞士法郎 шв. фр. SFr.	已乘坐 Использована в вагоне жел. дороги Im Wagen der Eisenbahn benutzt 铁路卧车

图 9-6(之二)　卧铺票样式

客票有效期延长不得超过 2 次，同时，每次延长的期限不得超过 2 个月。

接到旅客延长客票有效期请求的承运人，在认可必须延长的理由确属正当后，应予延长客票有效期。

(4)如由于运送过程参加者的原因导致运送延误，客票有效期应延长该延误的时间。

五、儿童乘车条件

(1)在座席车厢中，每名旅客有权免费携带不超过 4 周岁且不单独占用席位的儿童 1 名。单独占用席位的儿童必须购买儿童客票。如果旅客携带不超过 4 周岁的儿童超过 1 名时，除 1 名儿童外，其他儿童均应购买儿童客票。1 名或数名 4～12 周岁的儿童乘车时，每名儿童必须购买儿童客票。

(2)乘坐卧车和座卧车时，每名旅客有权免费携带不超过 4 周岁且不单独占用铺位的儿童 1 名。占用卧铺席位的不超过 4 周岁的儿童必须购买卧铺票和儿童客票。如果旅客携带不超过 4 周岁的儿童超过 1 名时，除 1 名儿童外，其他儿童均必须购买儿童客票。儿童占用的每一个卧铺席位均应办理一张卧铺票。

4～12 周岁的儿童凭儿童票乘车。若占用单独席位，则必须办理卧铺票。

(3)在确定儿童乘车运费时，以乘车开始之日的儿童年龄为准。

六、中途下车的规定

(1)如护照行政规定许可，旅客有权在客票有效期内在中途站下车，不限次数和时间。中途下车不延长客票的有效期。旅客应在列车到达时起 3 h 内提出乘车票据，以便做关于中途下车的记载。

(2)旅客在客票有效期内向售票处提出客票并办理手续后可再继续乘车。继续乘车时，旅客须根据适用的运价规程购买卧铺票。

（3）如旅客从未列入适用的运价规程的车站继续乘车,则应自列入运价规程的前一站起支付卧铺费。

七、携带品的规定

1. 禁止按携带品运送的物品

（1）能损坏或弄脏车厢、给其他旅客或其携带品造成损害的物品;

（2）易燃品、易发火品、自燃品、爆炸品、放射性物质、毒害性和腐蚀性物品;

（3）装有弹药的武器;

（4）能造成感染或具有恶臭气味的物品;

（5）海关和其他规定禁止运送的物品;

（6）三个方向长度总和超过 200 cm 的大件物品。

2. 携带品和动物的运送

（1）如不属于禁止按携带品运送的物品,旅客有权随身携带携带品。

旅客可利用车厢内规定地方放置自己的携带品。

（2）免费运送携带品的总重量,对每张办理的客票,成人旅客不得超过 36 kg,未满 12 周岁的儿童不得超过 15 kg。

折叠式儿童手推车或残疾人轮椅如属于乘车的儿童或残疾人,则允许超过规定标准作为携带品运送。

多出的携带品,旅客应作为行李托运。

运送时需特别小心的物品可计算在携带品的标准内,放在客车中供旅客使用的位置运送。

（3）国际联运车厢内禁止旅客随身携带动物,但家养动物(狗、猫、鸟)除外。

运送动物只准利用 2 等车厢单独包房,一个包房内不得超过 2 只。这时,旅客必须按包房内的铺位数支付客票票价和卧铺费。

如承运人不能为运送动物提供单独包房,则不准运送。

（4）在外交信使占用的单独包房内,允许运送 200 kg 以内的外交邮件和行李。在这种情况下,应按包房内的铺位数支付客票票价和卧铺费。同时,超过免费运送携带品标准的外交邮件,应按适用的运价规程规定的费率交付行李运费,并作为手提行李办理。

（5）旅客应自己注意携带品的完整和完好,并照看好随身携带的家养动物(狗、猫、鸟等)。

旅客对自己随身携带的动物或鸟违反卫生要求负完全责任,并须保证相应地清洁车厢。

八、行李运送的规定

1. 禁止按行李运送的物品

（1）易燃品、易发火品、自燃品、爆炸品、放射性物质、腐蚀性和毒害性物品、枪炮、弹药和能使其他旅客的行李或运送过程参加者受到损害的物品。

（2）能造成感染或具有恶臭气味的物品。

（3）动物。

（4）属于参加运送承运人的任何一国邮政专运的物品。

(5)易腐产品。

2. 行李运送标准

凭一张客票托运的行李,总重量不得超过100kg。多名旅客凭一张客票乘车时,该标准按团体人数相应提高。承运外交行李,无重量限制。

一件行李的重量不得少于5kg且不得超过75kg,并应能迅速和毫无困难地装入旅客列车的行李车内。

3. 行李的承运

(1)行李根据提出的客票承运,其发到站须是适用的运价规程所载的车站,并且必须位于客票票面所载旅客乘车经路以内。

(2)行李应预先托运。

承运的行李应随旅客所乘列车发送。如无此可能,则行李应随办理行李运送的最近一次列车发送。

(3)承运行李时,应发给旅客行李票,上面应载有下列主要事项:

①发站和到站名称;

②车次和发车日期;

③运送经路。

收到行李票时,旅客应检查票面记载内容是否正确无误。

行李的承运日,以发站在行李票上加盖的日期戳为准。

(4)空白行李票用发送国文字以及中文、德文或俄文之一共两种文字印制。

行李票的填写用发送国文字。

(5)装有尸体的棺材和骨灰盒的运送,各承运人相互商定后用行李车办理。

(6)家养动物(狗、猫、鸟)作为行李运送时,如不违反卫生规定,须装在笼内或其他相应容器中,且旅客须保证喂养。

九、包裹运送的规定

1. 准许和禁止按包裹运送的物品

(1)在行李车中有空闲地方且对行李和包裹的运送不至于有损害的情况下,能迅速容易地装入并放置在行李车中的物品准许按包裹承运。

(2)下列物品禁止按包裹运送:

①易燃品、易发火品、自燃品、爆炸品、放射性物质、腐蚀性和毒害性物品、枪炮、弹药和能使其他旅客的行李或运送过程参加者受到损害的物品。

②能造成感染或具有恶臭气味的物品。

③动物。

④属于参加运送承运人的任何一国邮政专运的物品。

⑤易腐产品

(3)在必要情况下,承运人有权检查包裹的内容。在发站检查时,发送人应在场。在到站检查时,领收人应在场。在途中或者发送人或领收人不到场时,可以在没有他们参加有情况下进行检查。

如在包裹发送人或领收人不在场的情况下进行检查,必须要有承运人代表在场。

2. 包裹的承运

(1)承运包裹无需提出客票。

(2)物品所有者如希望将准许按包裹运送的物品按包裹托运,应向承运人代表提出书面申请书,在申请书上应记载:

①发站和到站名称。

②发送人和领收人名称及其住址。

③运送经路(包裹应经由哪些国境站)。

④包裹名称、件数、每件的重量和包装种类。

⑤包裹出口许可证号码和填发日期,并注明许可证已在何时寄往哪一国境海关。如出口许可证在发送人手中,发送人应将该证附在申请书上。

⑥声明价格的款额。

承运人认为能够运送时,在申请书内注明包裹从发送人处承运的时间。

一件包裹的重量不得少于 5kg 且不得超过 165kg。

(3)发送人除附出口许可证外,还应将履行海关和其他规定手续所必需的其他添附文件附在申请书上并提交发站。这些文件可只与发送人按该票作为包裹托运的物品有关。

加发送人未提出包裹出口许可证,或未指明该许可证已寄往哪一海关,发站应拒绝承运该包裹。

发站应要求发送人在申请书中填写与出口许可证中记载相同的国境站。

(4)承运人无义务检查发送人提交的随同包裹的各项添附文件是否正确和完备。

(5)为证明包裹的承运,应发给发送人包裹票。包裹票上应载有下列主要事项:

①发站和到站名称。

②车次和发送日期。

③运送经路。

④发送人和领收人名称及其地址。

⑤声明价格。

⑥一批的件数、包装种类和重量。

⑦运送费用。

发送人在收到包裹票时,应检查票面记载内容是否正确无误。

包裹的承运日,以发站在包裹面上加盖的日期戳为准。包裹票中应注明添附文件。

(6)空白包裹票用发送国文字以及中文、德文和俄文中的两种文字印制。包裹票的填写用发送国文字。

第三节　免费乘车证

国际旅客联运中允许使用的免费乘车证包括"铁组公用免费乘车证"、"铁组一次性私用免费乘车证"和"国际旅客列车(直通客车)国内免费乘车证"3 种。

一、铁组公用免费乘车证

"铁组公用免费乘车证"是铁组成员国统一采用的通用不记名免费乘车证。一般每 5 年更换 1 次,只限参加铁组公务活动的人员使用,仅当能出示本人护照时有效。该乘车证的持有者有权在铁组任何成员国铁路免费享受下列待遇。

(1)免费乘坐任何方向、任何经路、任何等级的列车或车厢。

(2)免费使用卧车、座卧车中任何等级的卧铺以及座席车中的座席;乘坐卧车时,应提前办理签认手续,以取得卧铺席位。当有空闲席位时,该乘车证持有者有权优先取得空余席位。

(3)免费运送 36 kg 以内的行李。

(4)免费使用全套卧具。

(5)对该乘车证持有者,免收手续费和杂费。

"铁组公用免费乘车证"由铁组委员会统一制作,其样式和具体发放及使用条件由铁组约束性 111 备忘录规定。

"铁组公用免费乘车证"由铁道部对外合作司负责保管和发放。"铁组公用免费乘车证"如图 9-7 所示。

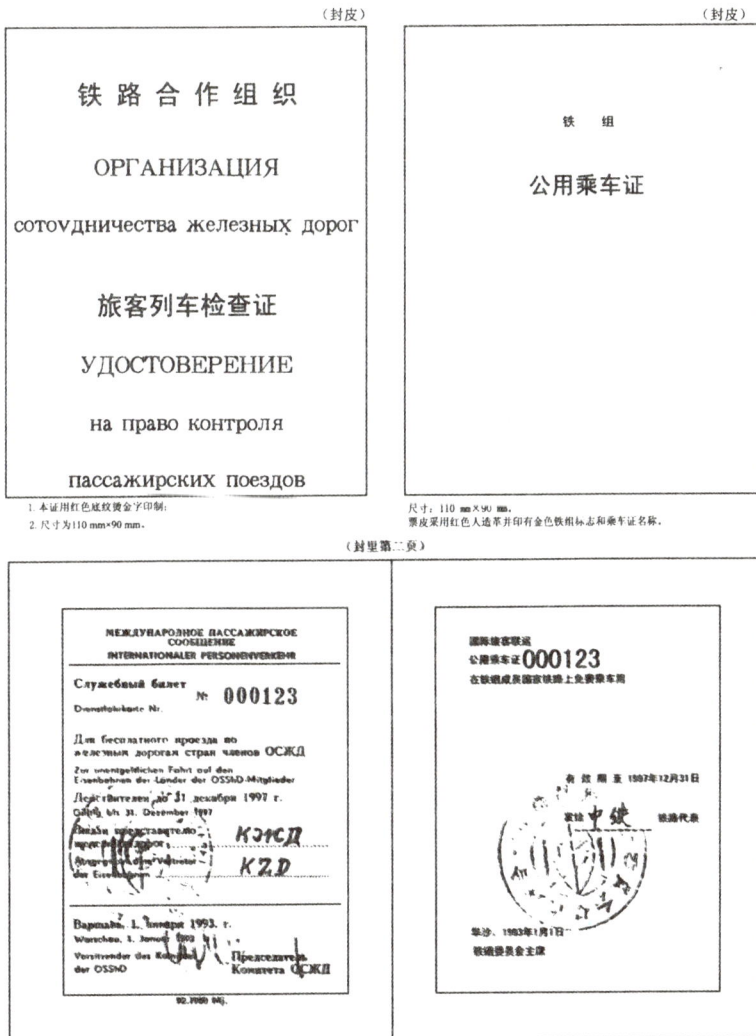

图 9-7　铁组公用免费乘车证

二、铁组一次性私用免费乘车证

“铁组一次性私用免费乘车证”是铁组成员国统一采用的记名私用免费乘车证，每张乘车证只能使用 1 次(单程或往返)，仅限铁路正式职工及其家属在国际联运乘车时使用，且仅当能出示本人护照时有效。在与中国铁路的联运中，凭每张乘车证乘车最多不超过 5 人；在其他国家间的联运中，不能超过 36 人。该乘车证的持有者有权在铁组任何成员国铁路享受下列待遇：

(1)免费乘坐乘车证上所载等级的列车或车厢。

(2)免费运送每人 36 kg 以内的行李。

(3)允许乘坐卧车或座卧车，但需购买全价卧铺票。

(4)允许改乘高于乘车证所载等级的列车或车厢，但需支付票价差额。

“铁组一次性私用免费乘车证”由铁组委员会统一制作，其样式和具体发放及使用条件由铁组约束性 111 备忘录规定。

“铁组一次性私用免费乘车证”由铁道部对外合作司负责保管和发放。“铁组一次性私用免费乘车证”如图 9-8 所示。

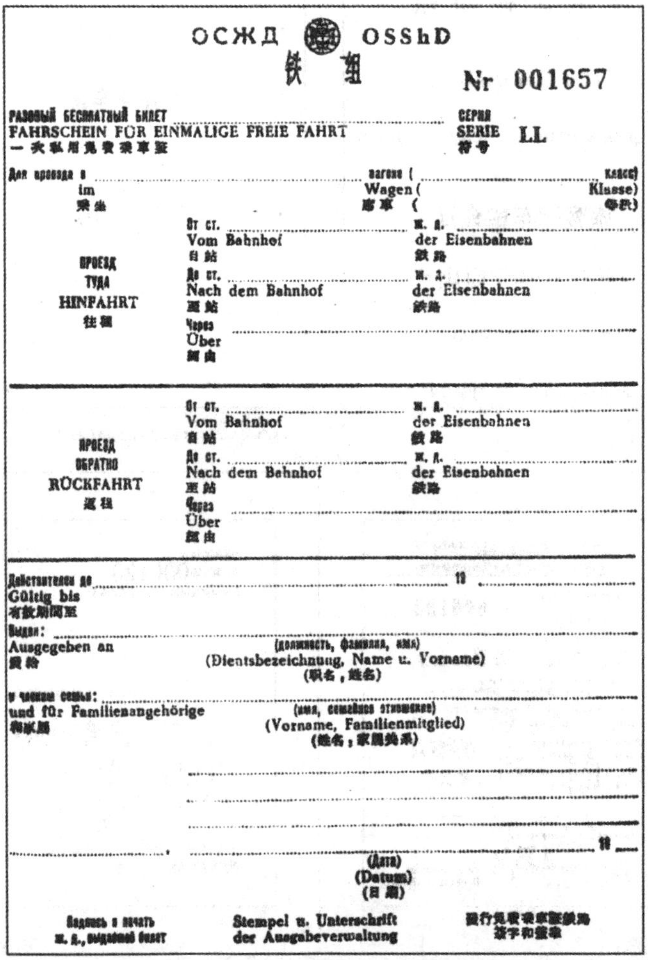
ОСЖД OSShD
铁组
Nr 001657

РАЗОВЫЙ БЕСПЛАТНЫЙ БИЛЕТ
FAHRSCHEIN FÜR EINMALIGE FREIE FAHRT
一次私用免费乘车证
СЕРИЯ
SERIE LL
符号

Для проезда в … вагоне (… класс)
im … Wagen (… Klasse)
乘坐 … 车厢 (… 等级)

ПРОЕЗД ТУДА
HINFAHRT
往程
От ст. … ж. д. …
Vom Bahnhof … der Eisenbahnen
自站 … 铁路
До ст. … ж. д. …
Nach dem Bahnhof … der Eisenbahnen
至站 … 铁路
Через
Über …
经由

ПРОЕЗД ОБРАТНО
RÜCKFAHRT
返程
От ст. … ж. д. …
Vom Bahnhof … der Eisenbahnen
自站 … 铁路
До ст. … ж. д. …
Nach dem Bahnhof … der Eisenbahnen
至站 … 铁路
Через
Über …
经由

Действителен до … 19 …
Gültig bis
有效期间至

Выдан: …
Ausgegeben an
发给
(должность, фамилия, имя)
(Dientsbezeichnung, Name u. Vorname)
(职名，姓名)

и членам семьи: …
und für Familienangehörige
和家属
(имя, семейное отношение)
(Vorname, Familienmitglied)
(姓名，家属关系)

… 19 …
(Дата)
(Datum)
(日期)

Подпись и печать ж. д., выдавшей билет
Stempel u. Unterschrift der Ausgabeverwaltung
发行免费乘车证铁路签字和盖章

图 9-8　铁组一次性私用免费乘车证

三、国际旅客列车(直通客车)国内免费乘车证

"国际旅客列车(直通客车)国内免费乘车证"供因国际联运工作需要出差的铁路人员使用。该乘车证的持有者有权在我国境内免费乘坐中国铁路和外国铁路担当的各次国际旅客列车或直通客车,且不受夜间行车不足 6 h 不得使用卧铺的限制。

"国际旅客列车(直通客车)国内免费乘车证"由铁道部对外合作司和北京、呼和浩特、沈阳、哈尔滨、南宁、乌鲁木齐铁路局保管和填发。"国际旅客列车(直通客车)国内免费乘车证"如图 9-9 所示。

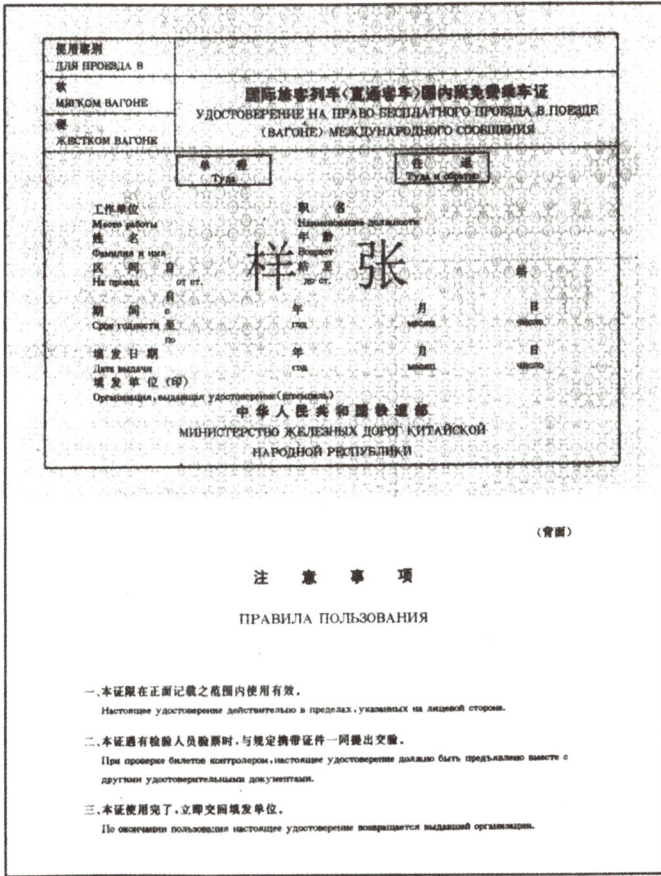

图 9-9   国际旅客列车(直通客车)国内免费乘车证

上述三种乘车证在国内使用时,仅限在《国际客运运价规程》中规定的各国际联运站间的经路上乘车有效。其他非国际联运站间的经路上的各次旅客列车不得使用。

复习思考题

1. 我国铁路的旅客联运站及国境站有哪些?
2. 国际铁路联运的客票和补加费收据分为几个等级发售?

3. 国际铁路联运乘车票据的有效条件是如何规定的?

4. 册页票本和卡片客票的有效期间如何起算?

5. 国际铁路联运客票有效期的延长是如何规定的?

6. 国际铁路联运儿童乘车购买客票有何规定?

7. 国际铁路联运儿童乘车购买卧铺票有何规定?

8. 国际铁路联运旅客中途下车是如何规定的?

9. 国际铁路联运旅客携带品是如何规定的?

10. 国际铁路联运中免费乘车证有哪些?

第一节　班　　组

一、班组在铁路运输生产中的地位

班组是企业生产、经营活动的基层单位;是职工从事劳动,创造财富的主要场所;是企业管理基础工作的重要组成部分。

铁路运输企业的班组范围广泛,客运车站根据车站规模大小,班次设置一般分为四班、三班、二班或日勤等不同班次,其中大站一般设置客运、售票车间,车间内各班又根据不同的作业区域和作业性质分为不同的作业小组;中型车站一般以班次为一个班组;小站一般是一个车站为一个班组。客运段以车班为一个作业班组。

(1)铁路运输企业的班组,是运输业的生产基层单位,是企业最基层的劳动组织和具体的落脚点。

铁路运输企业的班组是根据企业内部的劳动分工和各单位(部门)的实际工作需要进行划分的一种基本生产(工作)单位,是把生产(工作)过程中相互直接协作的有关人员组织在一起,从事具体的生产(工作)。

班组中的"班"泛指生产的班次,"组"泛指生产小组。在具体的实践中,有的班里有组,有的组里有班(次),因此,铁路运输业中的班组是根据各单位(站、段、厂、队等)的性质、工种不同,形成各不相同的班组形式。

(2)班组是从事生产活动、管理工作和为企业创造财富的最基层组织。

铁路运输业具有点多线长的特点,各项运输生产任务,均靠最基层的组织——班组来实现。

(3)班组是企业的细胞,是企业的最基层组织形式,是增强企业活力的源头。俗话说:"问渠哪得清如许,为有源头活水来"。具体的实践证明,班组工作搞好了,企业才能发展;班组充满生机,企业才会有活力和后劲,才能调动广大职工的积极性和创造力。

二、班组的任务和功能

班组的基本任务包括物质文明建设和精神文明建设。

物质文明建设方面主要是:坚持革新、改造、挖潜、正确使用和精心养护设备;全面开展经济核算;用尽可能少的能源、物质消耗,全面完成和超额完成运输生产任务;做到安全、优质、高效、低耗和文明生产。

精神文明建设方面主要是:组织工人学习政治、文化、技术和管理知识;加强日常的思想道德和法制教育,提高职工政治思想觉悟和技术业务,贯彻党和国家的各项方针政策、法令和企业的各项指令及规章制度;组织班组人员参加民主管理。

三、班组长的选择和培养

班组长是组织领导班组进行日常生产工作的负责人,在班组中处于中心地位,对班组的安全生产和管理工作负全面责任。俗话说:班组长是"兵头",又是"将尾"。班组长既要直接从事生产(工作),带头完成生产任务,又要指挥班组生产活动,组织落实企业的各项管理工作。

班组长是班组的顶梁柱,是核心人物,他们在班组职工中是否有威信,班组职工是否拥护,直接涉及班组集体意识的形象。班组长只有成为班组中有威信的人物,才能把全班成员团结成步调一致的集体。

为了搞好班组的工作,班组长的素质是搞好班组管理的关键。为此,要求班组长具有下列基本素质:

1. 思想政治素质

班组长的思想政治素质,主要包括思想意识、思想工作方法和思想修养。

2. 技术业务水平

班组长对本班组完成的生产任务必须具备相适应的专业(技术)水平,应能掌握本工种(工班)的各种技术标准和操作技能。善于处理生产中的一般性技术问题,对班组使用的设备(工具)要懂得会使用、保养及简单的维修;熟悉新设备和新技术的使用。

3. 管理素质

管理素质是指班组长管理班组的能力。班组长要学会科学地、合理地组织生产,变传统管理为现代化管理。

班组长应根据上级下达的各项任务,结合本班组的实际情况,与班组成员积极协商,对任务进行分解、落实和执行。在具体工作中能及时发现和解决出现的问题,想方设法带领全班职工做到质量良好地完成上级下达的各项任务。

4. 文化素质

文化知识是一切工作的基础,知识水平的高低决定着一个人在管理方面的能力。绝大多数班组长要求具有高(中)专及其以上的文化水平,达到便于掌握和使用新设备。

各单位(部门)都应认真选拔和培养班组长,这是加强班组建设的关键。班组长是企业最前线的生产指挥者、管理者和各项工作的组织者。因此,各单位不仅要注重选拔,还应重视培训。培训就是通过各种手段,加强对班组长的培训,努力造就一大批有觉悟、有干劲、懂业务、会管理的班组长。

第二节 班组建设和班组管理

一、班组建设

搞好班组建设,是企业综合性的基础建设,是企业党政工团各部门的共同任务和共同职责。班组建设主要包括组织建设、业务建设和思想建设三个方面,也可以简单地概括为一个核心、一个重点和三项工作。

一个核心是:选配和调整好班组长,正确引导选举好工会小组长,充实健全班组的核心成员。这是组织建设方面的主要内容。

一个重点是：抓好劳动纪律和标准化作业，把劳动纪律落实到标准化作业上。这是业务建设的重点。

三项工作是指：

(1)结合班组实际整章建制，建立健全切实可行的以岗位经济责任制(承包经济责任制)为核心的各项管理制度。

(2)搞好班组长和班组核心成员的岗位职务培训，提高班组核心成员的管理水平。

(3)加强班组思想政治工作，加强党团建设，开展日常活动，搞好民主管理以及精神文明建设。

二、班组管理的内容

班组管理就是对班组的生产、经济活动，实行计划、组织、指挥、协调和控制。

(1)班组生产、工作管理。根据上级下达的生产、工作计划和任务，安排好月、旬计划和日班计划，达到按时、优质、经济、高效地完成生产、工作任务。

(2)班组质量管理。在生产过程中必须按标准(或技术文件)组织生产，搞好工序质量控制，落实质量责任制，确保长期稳定地生产合格品、优等品。

(3)班组劳动管理。贯彻执行劳动定额，合理安排劳动力，充分利用工时，严格劳动纪律和工作实绩考核，开展技术业务培训等管理活动，不断提高工作效率。

(4)班组安全管理。牢固树立"安全第一，预防为主"的思想，严格遵守安全技术操作规程，正确穿戴防护用品，努力消除事故隐患，保证安全生产。

(5)班组设备管理。严格设备、工装、工具、计量器具等管理制度，实行定人定机、凭证操作制度，做到正确使用、精心维护、及时修理，做到"三好"、"四会"，使之长期处于良好的技术状态。

(6)班组经济核算。严格执行经济核算制度，执行材料物资消耗定额、能源消耗定额、工具消耗定额、资金定额、设备利用定额和生产期量标准等，开展"双增双节"，努力降低成本支出，以最小的消耗获取最大的成果。

(7)班组现场管理。对生产现场进行定制管理，使生产、工作现场做到环境整洁、纪律严明、设备完好、物流有序、信息准确，实行文明生产。

三、班组管理的任务

企业为了有效地组织生产，有序地按企业方针目标展开各项管理工作，就必须从企业的实际条件和企业产品的特色，设置所需的班组。班组作为企业最基层的生产和管理组织，其一切活动的好坏，直接关系到企业各项事业的成败。班组管理的具体任务可分为以下几点：

1. 推行新的管理方法

在实践中应该积极地学习兄弟单位(企业)的各项先进经验，改变原来的传统(经验)管理方法，逐步实现用科学的方法进行班组管理，达到对班组进行现代化的科学管理。

2. 合理组织生产，完成生产任务

对上级下达的各项任务，班组应按时、保质、保量地完成，力求降低生产成本，提高经济效益。

3. 严格执行各项规章制度

生产(工作)中应严格执行各项规章制度,执行各项技术(操作)规程;深入贯彻执行劳动纪律,严格执行各项规章制度,保证安全生产。

4. 建立班组台账,做好信息反馈和经济核算工作

对班组的原始记录、凭证、台账、报表等资料应记载及时、齐全;对班组的各项经济台账,应核算正确,做到奖惩分明。

5. 各班组应根据班组自身的特点制订其他有关的管理方法

如铁路运输业的基层站、段,他们长年累月都接触旅客或货物。那么他们应该强调维护旅客及发(收)货人的利益,保证旅客和货物的安全运输;客运(列车)、生活段的窗口单位应强调提高服务质量;机辆部门应强调设备的保养和使用。

6. 开展全员培训,提高人员素质

不断提高企业职工素质,是企业生存和发展的需要,职工的技术素质和管理素质,不仅影响班组产品的质量和成本,而且影响企业经营目标的实现。因此,开展全员培训是班组管理工作的一项重要任务。班组应以多种形式和方法对职工进行培训,促进职工思想政治、职业道德、科学文化、技术和管理素质的提高。

复习思考题

1. 班组的概念是什么?
2. 班组在铁路运输生产中的地位是什么?
3. 班组的基本任务包括哪两个方面内容?
4. 班组长应具有哪些基本素质?
5. 班组建设主要包括哪些方面?
6. 班组管理的内容有哪些?
7. 班组管理的具体任务分为几点?

职业技能

一、接发列车作业技能

接发列车工作在旅客运输组织中具有重要作用,它直接影响着行车组织安全和旅客人身安全。参加接发列车人员根据列车等级确定,除客运人员、运转助理值班员、执勤民警等参与接发列车外,国际列车(包括挂有国际车厢的列车)指定站长(副站长)接发;直达快速列车指定客运主任(副主任)迎送,其他列车由客运值班员接发。

(一)工作交接

1. 作业(操作)方法、步骤

(1)班前准备

客运值班员在接班前 20 min 到达岗位,收集班中所需要的工作资料,进行班前准备,具体内容如下:

①收集上级下达的文件、电报、命令及本班需要承办的重点工作,特别需要加强长期需要执行的文件、电报、命令的收集。

②做好一班工作前工作预想和班中工作安排。

③对本班需要接发的图定列车和临时加开、停运的列车以及加、甩挂车辆重点掌握,并要了解列车运行情况,掌握晚点车次、客流动态、涉外运输以及其他重点事项。

(2)对岗交接

各岗位人员在岗上相互敬礼,对岗交接,交接事项如下:

①列车运行情况、特别是交接班时间段的列车运行情况。

②客流动态。

③设备状态、备品数量。

④重点旅客。

⑤职场卫生。

2. 质量标准

(1)站立时挺胸、收腹,两脚跟并拢,脚尖略分开,双手自然下垂。敬礼时,五指并拢,姿态端正。

(2)交接时要做到责任分明、交接清楚。对上级下达的电报、命令、指示要签字交接。

(二)正常接发列车

1. 作业(操作)方法、步骤

(1)联系确认。与车站值班员联系确认列车运行情况及占线情况。遇有列车临时调整,及时通知本班组人员,做好接车准备。

(2)提前出场。组织本组人员列队提前出场,到达接车地点。检查站台、线路有无障碍物,组织站台上人员站到安全白线以内,上车旅客列队等候列车。

(3)迎接列车。在列车接近进站信号机前,组织本组人员迎接列车进站。在列车进站过程中,注意周边旅客动态,防止旅客抓车、钻车。

(4)组织乘降。列车停稳后,协助列车员组织旅客安全乘降。

(5)站、车交接。主动联系列车长办理站、车交接事项。

(6)响铃送车。开车铃响后,组织送站旅客退到安全白线以内,确认旅客上车完毕后,按岗位站到安全白线上,目送列车出站,直到开出站台为止。注意防止旅客抓车、钻车、跳车。

(7)清理站台。列车开出站台后,及时引导旅客和送站人员出站。

(8)清扫站台。及时清理站台及线路内的杂物,保持站容卫生。

2. 质量标准

(1)接送列车时足踏白线、间距适当、面向列车,目迎目送,以列车进入站台开始至开出站台为止。

(2)组织旅客乘降时要做到先下后上,对重点旅客重点照顾。

(3)清理站台时做到车开站台清。

(三)特殊情况的站、车交接

1. 因承运人责任致使旅客中途站退票

(1)作业(操作)方法、步骤

①由于承运人责任致使旅客在中途站退票时,应退还已收票价与已乘区间票价差额,已乘区间不足起码里程时,退还全部票价,不收退票费。

②列车编制客运记录移交下车站,客运记录记载的内容为,旅客在中途站办理退票的原因和旅客所持车票的种类、票号、发到站及已乘区间。

③客运值班员签字交接后,指导旅客到售票室办理退票手续。

(2)质量标准

①退票时,按照《客规》、《细则》、《铁路客运运价规则》、《铁路客运运价里程表》、《铁路旅客票价表》的相关规定处理。

②按照《铁路旅客运输服务质量标准》的相关规定做好服务工作。

2. 旅客误乘列车或坐过了站

(1)作业(操作)方法、步骤

①旅客因误乘或坐过了站需送回时,列车长应编制客运记录交前方停车站。车站应在车票背面注明"误乘"并加盖站名戳,指定最近列车免费返回。

②在免费送回区间,站、车均应告之旅客不得自行中途下车。如中途下车,对往返乘车的免费区间,按返程所乘列车等级分别核收往返区间的票价,核收一次手续费。

③由于误乘或坐过了站在原通票有效期不能到达到站时,应根据折返站至正当到站间的里程,重新计算通票有效期。

(2)质量标准

①按照《客规》、《细则》、《铁路客运运价规则》、《铁路客运运价里程表》、《铁路旅客票价表》的相关规定处理。

②按照《铁路旅客运输服务质量标准》的相关规定做好服务工作。

3. 旅客在列车上丢失车票补票后又找到原票或在车站丢失非实名制车票

(1)作业(操作)方法、步骤

①旅客在车站丢失非实名制车票,另行买票或在列车上丢失车票补票(站、车均应填发代用票)后又找到原票时,列车长编制客运记录交旅客,到站后连同原票和代用票,交车站处理。旅客在到站出站前退还后补车票,核收退票手续费。

②客运值班员与列车长办理签字交接后引导旅客到售票室办理退票手续。

（2）质量标准

①按照《客规》、《细则》、《铁路客运运价规则》、《铁路客运运价里程表》、《铁路旅客票价表》的相关规定处理。

②按照《铁路旅客运输服务质量标准》的相关规定做好服务工作。

4. 接收旅客携带的危险物品

（1）作业（操作）方法、步骤

①值班员接到列车长编制的附有旅客姓名、性别、年龄、单位或住址、车票发到站、票号及所携带危险品品名、数量的客运记录后进行签字交接。

②对危险品按该件全部重量加倍补收乘车站至下车站四类包裹运费。

③将危险物品移交公安部门处理。

（2）质量标准

①补费时按照《客规》、《细则》、《铁路客运运价规则》、《铁路客运运价里程表》、《铁路旅客票价表》的相关规定处理。

②按照《铁路旅客运输服务质量标准》的相关规定做好解释工作。

5. 接收旅客遗失品

（1）作业（操作）方法、步骤

①接收列车移交的旅客遗失物品时，要认真核对客运记录记载的内容与物品实际是否相符，确认无误后签字交接。

②妥善保管，并在遗失物品登记簿上详细登记，注明时间、地点、品名、包装及内含物品数量、重量、交物人、经办人、处理结果等内容，并记录身份证号码。

③在车站张贴公告。寻找失主，当旅客来认领时，要确认旅客的身份，核对时间、地点、车次、品名、件数、重量，确认无误后交付，由失主签收，并记录身份证号码。

④遗失物品需通过铁路向失主所在站转送时，物品在 5 kg 以内的免费转送；超过 5 kg时，到站按品类补收运费。

（2）质量标准

按照《客规》、《细则》的相关规定对遗失物品进行处理。

6. 接收列车移交急病、死亡的旅客

（1）作业（操作）方法、步骤

①接收时，对照客运记录确认内容是否正确，包括旅客姓名、性别、年龄、单位或住址，旅客携带品的名称、件数。

②将患病旅客及时送往医院救治。患有传染病的旅客应送往传染病医院。

③旅客在住院期间所需的一切费用，应由旅客自己负担。如本人确实无力负担，由车站垫付，报铁路局，铁路局可在"旅客保险支出"项下列支。

④接收死亡旅客时，核对客运记录，并认真确认记载的相关内容，对死者的遗物应妥善保管，通知单位家属或工作单位前来认领。

（2）质量标准

根据《旅客丢失车票和发生急病、死亡处理办法》和《铁路旅客人身伤害及自带行李损失事故处理办法》的规定进行处理。

（四）特殊情况组织乘降

1. 车站遇有大风雪时乘降组织办法

（1）作业（操作）方法、步骤

①及时清扫站台积雪。做到随下随清，铺设防滑草垫等。保证站台、旅客通道、站台边缘无积雪。

②利用广播或手提喇叭提示旅客注意自身安全，防止旅客滑倒摔伤。

③提前出场。加强对站台接车旅客的安全防护工作。

④重点照顾。组织重点旅客提前进站上车。

⑤提前预检。必要时，客运值班员要与列车长取得联系，提前打开车门，组织检票。协助列车员做好旅客乘降的帮扶工作，保证旅客安全。

⑥遇雪情严重影响旅客列车晚点较多时，客运人员及时向旅客公告列车运行情况，为旅客退票、改签提供方便。

（2）质量标准

①按照《铁路车站行车作业人身安全标准》的相关规定确保旅客人身安全。

②按照《铁路旅客运输服务质量标准》的相关规定做好服务工作。

2. 突发大客流时的旅客乘降组织办法

（1）作业（操作）方法、步骤

①对始发旅客列车，客运值班员与车站运转部门联系车体提前出库，并通知列车长提前打开车门，组织旅客提前检票上车。

②对中转列车。要安排好站台客运人员进行防护，列车到达后，联系列车长双开车门，并协助列车员维持好车门秩序，防止对流、堵塞，挤伤、踩伤旅客。

（2）质量标准

①遵守《铁路车站行车作业人身安全标准》的相关规定确保旅客人身安全。

②组织旅客均衡乘坐车厢，防止车体弹簧压死。

③按照《铁路旅客运输服务质量标准》的相关规定做好服务工作。

二、服务作业技能

（一）候车服务

1. 作业（操作）方法、步骤

（1）审批广播日班计划。接班后，根据政治时事中心、上级领导要求、列车运行情况、旅行常识、气候变化等对广播员所编制的广播班计划进行审批、签字。

（2）宣传、查堵危险品。加强"严禁旅客携带危险品进站上车"的安全宣传。采取人机结合的方式，配合公安部门组织安检人员在候车室入口处利用安检门、台式查危仪、手提式查危仪、液体查危仪等对进入候车室人员进行携带品检查。对查出的危险品及时交公安部门处理。

（3）服务重点旅客。对老、幼、病、残、孕旅客引导到重点旅客服务区内，实行重点照顾。

（4）检票作业实施先重点、后团体、再一般的作业过程。重点旅客需提前进站时，内外勤要做好交接服务，避免在天桥、地道与到站旅客产生对流，保证安全。

（5）巡视检查。合理安排岗位，经常深入候车室检查安全、服务、卫生工作情况、岗位纪律以及标准化作业执行情况,发现职工作业不标准要及时纠正,发现设备有问题要及时处理,发现滞留人员及时清出候车室。

2. 质量标准

(1)实施"全面服务、重点照顾",做到"三要、四心、五主动":接待旅客要文明礼貌,纠正违章要态度和蔼,处理问题要实事求是;接待旅客热心,解答问事耐心,接受意见虚心,工作认真细心;主动迎送旅客,主动扶老携幼,主动解决旅客困难,主动介绍旅客须知,主动征求旅客意见。

(2)对重点旅客做到"三知三有"(知座席、知到站、知困难,有登记、有服务、有交接)。

(二)问询服务

1. 作业(操作)方法、步骤

(1)使用"您好"等文明用语接待旅客。

(2)耐心解答旅客问事。

(3)正确处理旅客意见。

2. 质量标准

(1)运用"请、您好、谢谢、对不起、再见"等十字文明用语。对旅客称呼得体,统一称呼为"各位旅客",分别称呼为"同志、小朋友、先生、女士"等,对外籍、华侨旅客称呼先生、太太、小姐、女士,可使用英语对话。

(2)与旅客交谈时,要面向旅客,保持适当距离。目光要注视对方的眼睛,以示尊敬。注意听取对方的谈话,不可东张西望。不准手放在口袋里或双手抱在胸前,不准随意打断旅客的谈话,不准边走边答,不准单独使用肢体语言回答旅客的问题。

(3)解答问事时要做到有问必答、答必正确、态度和蔼、热情周到,为旅客介绍旅行常识,指导旅客候车、购票、办理行包等。对旅客提出的问题不能使用"大概、也许、差不多"等模棱两可的语言。语言通俗易懂、简单明了,不能使用责备的口吻或粗鲁的语言。

(三)旅客服务

1. 特殊重点旅客站、车通报

(1)作业(操作)方法、步骤

①站、车密切联系,相互沟通,通报、确认重点旅客的信息。

②准备好轮椅、担架或联系救护车做好接送重点旅客上下车的准备工作。

③列车到站或开始检票时,安排专人,提前进站,与列车办理重点旅客的交接服务工作。

(2)质量标准

①实施"全面服务、重点照顾",做到"三要、四心、五主动":接待旅客要文明礼貌,纠正违章要态度和蔼,处理问题要实事求是;接待旅客热心,解答问事耐心,接受意见虚心,工作认真细心;主动迎送旅客,主动扶老携幼,主动解决旅客困难,主动介绍旅客须知,主动征求旅客意见。

②服务重点旅客。对老、幼、病、残、孕旅客引导到重点旅客服务区内,实行重点照顾,做到"三知三有"(知座席、知到站、知困难,有登记、有服务、有交接)。检票作业实施先重点、后团体、再一般的作业过程。重点旅客需提前进站时,内外勤要做好交接服务,避免在天桥、地道与到站旅客产生对流,保证安全。

2. 列车大面积晚点客流组织

(1)作业(操作)方法、步骤

①因自然灾害、设备故障或事故影响发生旅客列车大面积严重晚点、线路短时间不能开通时，车站应当立即报告铁路局客运调度。车站领导、值班干部必须亲临现场，做好旅客的安抚工作，稳定旅客情绪。

②车站候车室工作人员接到晚点列车通报(中断行车)时，全员出场，向旅客做好晚点列车的宣传、解释和秩序维护工作。

③对列车晚点后要求退票或改签的旅客，要及时组织到售票室办理退票及改签手续。对持有联程车票赶不上接续列车的旅客，在解释劝阻同时，主动帮助旅客查询其他接续列车，加开退票窗口，协助旅客免费退票或改签。同时，停止发售站台票，分阶段组织旅客进候车室或进入站台，并随时清理候车通道滞留的旅客。

④站、车工作人员必须清楚旅客列车晚点情况，遇旅客询问时，应耐心细致回答，不得使用"不知道"、"没点"等不负责任言语或有不耐烦表现。

⑤如旅客已经上站台时，客运值班员亲自组织指挥站台人员提前出场，将乘坐晚点列车的旅客引导至所乘列车的候车室，并与候车室工作人员进行交接。

⑥如候车室滞留旅客较多时，积极联系，增设临时候车地点，妥善安排被阻旅客。

⑦要组织好开水等供应工作以及候车室卫生保洁工作。

⑧站台工作人员接到列车进站预告后，客运值班员要组织站台工作人员提前上岗，清理散流。列车进站后，与列车长联系双开车门，保证晚点列车不超站停。对没有上去车的旅客给予改签，转乘其他列车。

⑨候车室接到晚点列车进站预告后，工作人员要加强宣传，客运值班员要合理安排岗位，提前组织旅客排行，检票员要提前上岗，提前到行中进行预检，检票口工作人员提前打开检票口，同时加强宣传，做好引导，防止旅客漏乘。遇有晚点列车变更占线，造成候车室检票对流时，候车室工作人员要积极向旅客进行宣传，天桥岗位工作人员要做好旅客引导工作。对客流严重超员的列车，站台与候车室内外呼应，掐段放流，以减轻列车的压力，避免列车弹簧压死。

(2)质量标准

①按照《铁路车站行车作业人身安全标准》的相关规定确保旅客人身安全。

②按照《铁路旅客运输服务质量标准》做好解答问事及候车旅客服务工作。

(四)征求意见

1. 征求旅客意见，改进工作方法

日常工作中，经常深入到候车室及各岗位巡视检查，帮助旅客解决困难，纠正职工作业脱标，对待旅客投诉虚心听取，并妥善处理，达到旅客满意。对待旅客留言簿上的意见要认真签阅，不漏项，并逐个问题解决。

2. 处理旅客投诉

(1)热情接待旅客。

(2)认真了解事情经过。

(3)按照铁路规章制度的相关规定，耐心解释。属于铁路责任的，要查找责任者，从中吸取教训，制定整改措施，并认真落实好首问首诉负责制。

(4)由于承运人责任给旅客造成的损失应按章进行赔偿。

（五）处理危险品

1．作业（操作）方法、步骤

（1）发现危险品后，立即将携带人员引导到指定部位，通知公安部门对危险品进行检查。

（2）开具没收危险品处理通知书，将危险品交公安部门处理。

（3）如为爆炸性等容易造成旅客伤害的物品，应当迅速疏散周围及候车室旅客，做到有序组织、不慌不乱，同时立即向上级领导汇报。由公安值勤人员控制现场，主管站长应立即组织客运主任或客运值班员及车站有关人员赶赴现场，疏散旅客、维持秩序。情节严重时，要立即向地方政府报告。同时要做好自身的保护。

2．质量标准

（1）按照《铁路旅客运输危险品检查处理办法（试行）》正确识别危险品。

（2）根据危险品的性质及时处理并妥善保管。

（六）组织特殊旅客乘降

1．作业（操作）方法、步骤

（1）在检票或候车组织过程中发现酗酒、停检后预持票未上车的旅客、精神失常旅客，客运值班员要认真接待，做好安抚解释工作。

（2）如旅客确有急事需乘坐本次列车时，指定客运工作人员将旅客护送到车厢。

（3）与列车长办理交接。

（4）如接到列车通知，有特殊旅客需接站时，准备好相关服务设备，并指派人员做好接车准备工作。

（5）车到站后，安排专人，提前进站，与列车办理特殊旅客的交接服务工作。

2．质量标准

（1）实施"全面服务、重点照顾"，做到"三要、四心、五主动"：接待旅客要文明礼貌，纠正违章要态度和蔼，处理问题要实事求是；接待旅客热心，解答问事耐心，接受意见虚心，工作认真细心；主动迎送旅客，主动扶老携幼，主动解决旅客困难，主动介绍旅客须知，主动征求旅客意见。

（2）服务重点旅客。对老、幼、病、残、孕旅客引导到重点旅客服务区内，实行重点照顾，做到"三知三有"（知座席、知到站、知困难，有登记、有服务、有交接）。检票作业实施先重点、后团体、再一般的作业过程。重点旅客需提前进站时，内外勤要做好交接服务，避免在天桥、地道与到站旅客产生对流，保证安全。

三、不符合乘车条件的处理

为了维护旅客运输秩序，保障广大旅客的正常旅行，旅客应按照票面载明的日期、车次、席别乘车，并在票面规定的有效期内到达到站。如果违反了规定乘车，应根据具体情况，区别对待，正确处理。

（一）填写票据

1．计算票价、运费

（1）查找站名

如能确知所要查找的到站在哪条线路时，可从"线名音序索引表"中，查出该站所属线在"里程表"中的页数，即可查出到站。

如不能确知所要查找的到站在哪条线路,可从"站名首字音序索引表"或者从"站名首字笔画索引表"中,查出该站在"站名索引表"中的页数,然后再查出在"里程表"中的页数,即可查出到站。

(2)确认有无营业办理限制

查出到站后,应首先确认该站有无营业办理限制。

(3)计算里程

①发站和到站在同一条线时:用自本线起点站(2栏)或终点站(3栏)至发站和到站的运价里程相减,即可计算出发站至到站的运价里程。

②发站和到站在相互衔接的两条线时:应分别计算出自发站和到站至该两条线的接算站间的运价里程相加,即可算出发站至到站的运价里程。

③发站和到站在不相衔接的两条线,而旅客指定的径路与本里程表中直通运价里程径路相同时:应分别计算出自发站和到站至直通运价里程接算站间的运价里程相加,即可算出发站至到站的运价里程。

④发站和到站在不相衔接的两条线,而旅客指定的径路与本里程表中运价里程的径路不同时:按旅客指定的径路顺序,逐段计算出各线的运价里程,然后相加,即得出发站至到站的运价里程。

(4)票价计算依据

利用《铁路旅客票价表》和《行李包裹运价表》查找旅客票价和行李、包裹运价。

2. 填写票据

(1)区段票

区段票分为硬座区段票、普通加快区段票和硬座普快联合区段票3种。根据票价里程分组印刷,均为厚纸单页式。票页宽度为75 mm,长度为265 mm。发售区段票时,必须用墨汁、黑色墨水或圆珠笔填写并根据相应的运价里程以下的横线剪断(发售半价票时,其剪断线还应沿相应的栏向上剪断),剪下的上部交旅客,下部存根报缴。

(2)代用票

代用票为甲、乙、丙三页复写式,尺寸为120 mm×185 mm。甲、丙页为薄纸,乙页为厚纸。甲页存根,乙页为旅客用,加印浅褐色底纹,丙页报告。

①在事由栏填写相应的略语:

客票"客";

加快票"普快"或"特快";

卧铺票"卧";

客快联合票普快或特快分别为"客快"或"客特快";

客快卧联合票分别为"客快卧"或"客特快卧";

儿童超高"超高";

丢失车票"丢失";

变更座别、铺别、径路分别为"变座"、"变铺"、"变径";

无普快或无特快分别为"无快"或"无特快";

改乘高等级列车为"补价";

乘车日期、车次、径路不符"不符";

误撕车票"误撕";

不符合减价规定"减价不符";

有效期终了"过期";

退加快票"退快";

退卧铺票"退卧";

持站台票来不及下车"送人";

空调、包车、无票、越席、误售、误购、分乘、团体按本项定语填写。

②原票栏按收回的原票转记。

③乘车区间栏填写发到站站名、经由、乘车里程。

④人数栏分别全价、半价、儿童栏内用大写字体填写,不用栏用"♯"划消。

⑤票价栏按收费种别分别填写在适当栏内。其他费用应在空白栏内注明收费种别和款额,卧铺栏前加"上、中、下",不用栏用斜线划消,合计栏为收款总计。补收过程中有退款相冲抵时,退款金额前用减号表示。发生退款时在空白栏注明退款种别,在合计栏的金额数前用减号表示退款额。

⑥记事栏内记载下列事项:

发售学生票时,记载"学"字。

发售包车时,注明包车的车种、车号和定员数。

办理团体票时,注明团体旅客证的起止号。

在列车上发生退款时,应注明"到站净退××元"。

其他需记载的事项。

⑦票面填写禁止涂改,乙联按合计栏款额在相应的剪断线剪断后交旅客,区域随丙联上报。

(3)客运杂费收据

①日期栏:按制票日期填写。

②原票栏:按原票填写,如无票时,斜线划销。

③核收区间:按补票补费的发到站填写。

经由:填写主要接算站。

座别:按软、硬座分别填写。

人数栏:按补票人数大写表示。

④核收费用栏:按实际补收费用填写。

⑤记载需要特殊注明的事项。

⑥不用各栏划斜线抹消。

(二)无票旅客的处理

1. 作业(操作)方法、步骤

(1)准确判定补票区间。

(2)按列车等级补收票款。

(3)加收票款、核收手续费。

(4)填写客运运价杂费收据。

2. 质量标准

(1)符合《客规》、《铁路客运运价规则》、《细则》、《铁路客运运价里程表》、《铁路旅客票价表》的规定。

（2）具体处理时按照《铁路旅客运输服务质量标准》，注意服务语言和服务态度。

3. 实例解析

【例1】　2012年11月11日，T47次列车（北京—齐齐哈尔，新型空调车）到达齐齐哈尔站，发现一旅客持当日哈尔滨站站台票出站，经确认乘坐硬卧下铺到站，如何处理？

【解】　哈尔滨—齐齐哈尔　288 km

新空硬座客票票价：27.50元

新空快速加快票价：10.00元

空调票价：6.00元

硬卧下铺：54.00元

应补票价：27.50＋10.00＋6.00＋54.00＝97.50（元）

加收票价：97.50×50％＝49.00（元）

手续费：2.00元

合计：97.50＋49.00＋2.00＝148.50（元）

填写客运运价杂费收据，见票例1。

哈尔滨铁路局
客运运价杂费收据

2012年11月11日　　　　　　　　　甲（存根）

原票据	种别	日期		月日 时到达、通知、变更			
		号码		月　日　时　交　　付			
		发站		核收保管费　　　　　日			
		到站					
核　收　区　间				核　收　费　用			款　额
				种别	件数	重量	
自　哈尔滨　站				应收票价			97.50
至　齐齐哈尔　站				加收票价			49.00
经由（　　　）				手续费			2.00
座别　硬　人数　壹				合　　计			148.50
记事	"新"，持哈尔滨站站台票，T47次硬卧下铺到达。						

齐齐哈尔　站经办人　　印　印

票例1

【例2】 2012年11月11日,加格达奇站在组织6221次列车(齐齐哈尔—韩家园)旅客出站时发现一人无票,经确认是讷河站上车,加格达奇站如何处理?

【解】 讷河—加格达奇 281 km

全价硬座客票票价:18.50元

加收票价:18.50×50%=9.25≈9.50(元)

手续费:2.00元

合计:18.50+9.50+2.00=30.00(元)

客运运价杂费收据,见票例2。

哈尔滨铁路局
客运运价杂费收据
2012年11月11日　　　甲（存根）

原票据	种别	日期		月 日 时到达、通知、变更		
		号码		月 日 时 交 付		
		发站				
		到站		核收保管费 日		
核 收 区 间				核 收 费 用		款 额
				种别	件数	重量
自 讷河 站				应收票价		18.50
至 加格达奇 站				加收票价		9.50
经由（ ）				手续费		2.00
座别 硬 人数 壹				合 计		30.00
记事	无票,6221次到达。					

加格达奇 站经办人 印 印

票例2

【例3】 2012年11月11日,依安站在组织4081次列车(齐齐哈尔—北安)旅客出站时发现一旅客持11月1日齐齐哈尔至依安车票一张,日期涂改成11月11日,依安站如何处理?

【解】 齐齐哈尔—依安 129 km

客快票价:9.50元

加收票价:9.50×50%=5.00(元)

手续费:2.00元

合计：9.50＋5.00＋2.00＝16.50(元)

填写客运运价杂费收据，见票例3。

将该旅客送交公安部门处理。

票例3

【例4】 2012年11月11日，牡丹江站在组织6217次列车(一面坡—牡丹江)旅客出站时发现无票人员一名，不能判明其乘车站，车站如何处理？

【解】 一面坡—牡丹江 194 km

全价硬座客票票价：12.50元

加收票价：12.50×50％＝6.25≈6.50(元)

手续费：2.00元

合计：12.50＋6.50＋2.00＝21.00(元)

填写客运运价杂费收据，见票例4。

哈尔滨铁路局

客运运价杂费收据

2012年11月11日

甲
（存根）

原票据	种别	日期		月 日 时到达、通知、变更		
		号码		月 日 时 交 付		
		发站				
		到站		核收保管费		日

核 收 区 间			核 收 费 用			款 额
			种别	件数	重量	
自　一面坡　站			应收票价			12.50
至　牡丹江　站			加收票价			6.50
经由（　　　）			手续费			2.00
座别　硬　人数　壹			合　计			21.00

记事	6217次到达。无票乘车，不能判明乘车站。

牡丹江　站经办人　㊞　印

票例4

(三)减价不符旅客的处理

1. 作业(操作)方法、步骤

(1)确认旅客身份,判断是否符合减价条件。

(2)对不符合减价条件的,按规定补收票款,并加收票款,核收手续费。儿童超高时只补收票款,核收手续费。

(3)填写客运运价杂费收据。

2. 质量标准

(1)符合《客规》、《铁路客运运价规则》、《细则》、《铁路客运运价里程表》、《铁路旅客票价表》的规定。

(2)具体处理时按照《铁路旅客运输服务质量标准》,注意服务语言和服务态度。

3. 实例解析

【例5】　2012年11月11日,哈尔滨站组织4132次列车(前进镇—哈尔滨东)出站,发现一旅客持南岔至哈尔滨学生票一张(票号A004463,票价14.00元),核对证件时发现学校未注册,车站如何处理?

【解】　南岔—哈尔滨　354 km

硬座客快全价票价:25.50 元

硬座客快半价票价:13.00 元

应补票价:25.50－13.00＝12.50(元)

加收票价:12.50×50％＝6.50(元)

手续费:2.00 元

合计:12.50＋6.50＋2.00＝21.00(元)

填写客运运价杂费收据,见票例5。

哈尔滨铁路局

客运运价杂费收据

2012年11月11日

甲
(存根)

原票据	种别	日期		月 日 时到达、通知、变更	
		号码		月 日 时 交 付	
		发站			
		到站		核收保管费	日

核 收 区 间			核 收 费 用			款 额
			种别	件数	重量	
自　南岔　站			全半价票价差			12.50
至　哈尔滨　站			加收票价			6.50
经由(　　　)			手续费			2.00
座别　硬　人数　壹			合　　计			21.00

记事	4132次到达,持学生票减价不符。

哈尔滨　站经办人　(印)　印

票例5

【例6】　2012 年 11 月 11 日,哈尔滨站组织 K39 次(北京—齐齐哈尔,新型空调车)列车旅客出站,发现一旅客持 11 月 10 日北京至哈尔滨(经由天津、唐山、昌黎、绥中、锦州、大虎山、沈阳、沈北、四平)的新空半价硬座客快速车票,持"中华人民共和国残疾军人证",哈尔滨站如何处理?

【解】　北京—哈尔滨　1 413 km

新空客快速全价票价:173.50 元

新空客快速半价票价:87.00元

全半价票价差:173.50－87.00＝86.50(元)

加收票款:86.50×50％＝43.25≈43.50(元)

手续费:2.00元

合计:86.50＋43.50＋2.00＝132.00(元)

填写客运运价杂费收据,见票例6。

票例6

【例7】 2012年11月11日,K7050次列车(加格达奇—哈尔滨,新型空调车)到达哈尔滨站,出站验票时发现一成人旅客带一名身高1.55 m儿童,持该次列车加格达奇到哈尔滨站(经由富裕、齐齐哈尔、让湖路)全价、半价硬座车票各一张,哈尔滨站应如何办理?

【解】 加格达奇—哈尔滨 719 km

全价新空客快速票价:98.00元

半价新空客快速票价:49.00元

全半价票价差:98.00－49.00＝49.00(元)

手续费:2.00元

合计:49.00+2.00=51.00(元)

填写客运运价杂费收据,见票例7。

哈尔滨铁路局

客运运价杂费收据

2012年11月11日

甲
(存根)

原票据	种别	日期		月 日 时到达、通知、变更
		号码		月 日 时 交 付
		发站		
		到站		核收保管费 日

核 收 区 间	核 收 费 用			款 额
	种别	件数	重量	
自 加格达奇 站	全半价票价差			49.00
至 哈尔滨 站	手续费			2.00
经由( )				
座别 硬 人数 壹	合 计			51.00

| 记事 | K7050次到达,儿童超高。 |

哈尔滨 站经办人 印 印

票例7

(四)持用低等级的车票乘坐高等级列车、铺位、座席旅客的处理

1. 作业(操作)方法、步骤

(1)认真核对票面,确认列车等级。

(2)对于等级不符的,按规定补收所乘区间的票价差额、并加收应补票价50%的票款、核收手续费。

(3)填写客运运价杂费收据。

2. 质量标准

(1)符合《客规》、《铁路客运运价规则》、《细则》、《铁路客运运价里程表》、《铁路旅客票价表》的规定。

(2)具体处理时按照《铁路旅客运输服务质量标准》,注意服务语言和服务态度。

3. 实例解析

【例8】 2012 年 11 月 11 日,佳木斯站组织 K7007 次(哈尔滨 绥化 佳木斯,新型空调车,

哈尔滨 14:15 开)列车出站时,发现一旅客持当日,哈尔滨至佳木斯(经由绥化)的硬座客快车票(4131 次,票号 A000004,哈尔滨 16:43 开),如何办理?

【解】　哈尔滨—佳木斯　507 km

硬座客快票价:35.00 元

新空客快速票价:72.00 元

票价等级差:72.00－35.00＝37.00(元)

加收票款:37.00×50％＝18.50(元)

手续费:2.00 元

合计:37.00＋18.50＋2.00＝57.50(元)

填写客运运价杂费收据,见票例 8。

哈尔滨铁路局

客运运价杂费收据

甲(存根)

2012年11月11日

原票据	种别	日期		月 日 时到达、通知、变更		
		号码		月 日 时 交 付		
		发站				
		到站		核收保管费		日

核 收 区 间		核 收 费 用			款 额
		种别	件数	重量	
自　哈尔滨　站		新空与普通票价差			37.00
至　佳木斯　站		加收票价			18.50
经由(　　　)		手续费			2.00
座别 硬 人数 壹		合　计			57.50

记事	K7007次到达、等级不符。

佳木斯　站经办人　印　印

票例 8

(五)旅客在列车上丢失车票或在车站丢失非实名制车票的处理

1. 作业(操作)方法、步骤

(1)旅客在乘车前丢失车票时,应另行购票。

（2）在列车上，应自丢失站起（不能判明时从列车始发站起）补收票价，核收手续费。

（3）学生丢失车票，可凭学生减价优待证及优惠卡或学校证明，在发站重新购买学生票；在列车上或中途站丢失时，经确认无误后，补收自丢失站起至到站止的学生票，核收手续费。不再在优待证上加盖有关印章（即不占用使用次数）。

（4）旅客丢失车票另行补票后又找到原票时，列车长应编制客运记录，连同原票和后补车票一并交给旅客，作为旅客在到站出站前退还后补车票的依据。列车长与车站办理交接时，车站不得拒绝，处理站在办理时，填写退票报告，并核收退票费，列车编制的客运记录随报告联一并上报。

（5）由于站、车工作人员工作失误，造成旅客车票丢失时，站、车均应填写代用票，在记事栏内注明"因××原因丢失"，将款额剪断线全部剪下随丙联上报。

（6）如遇旅客丢失车票，确实无钱买票乘车时，必须经过详细认真的调查了解后，可按有关规定办理，但不得以客运记录代替车票乘车。

（7）填写客运运价杂费收据。

2. 质量标准

（1）符合《客规》、《铁路客运运价规则》、《细则》、《铁路客运运价里程表》、《铁路旅客票价表》的规定。

（2）具体处理时按照《铁路旅客运输服务质量标准》，注意服务语言和服务态度。

3. 实例解析

【例9】　2012年11月11日，4076次（嫩江—齐齐哈尔）列车富裕站开车后，一成人旅客声称已购的当日4076次富裕到齐齐哈尔站的车票丢失，列车如何处理？

【解】　富裕—齐齐哈尔　63 km

硬座普快票价：5.00 元

手续费　2.00 元

合计：5.00＋2.00＝7.00（元）

填写代用票，见票例9。

【例10】　2012年11月11日，北京开往齐齐哈尔的T47次列车（北京—齐齐哈尔，新型空调列车）哈尔滨站开车后，一旅客到办公席声称哈尔滨到齐齐哈尔的车票丢失。经确认是从哈尔滨站上车。列车按规定补收哈尔滨到齐齐哈尔的硬卧下铺车票。大庆开车后，该旅客又到办公席，声称原丢失车票找到，票号A000051，要求退票，T47次及齐齐哈尔站如何处理？

【解】　（1）T47次列车处理过程

哈尔滨—齐齐哈尔　288 km

新空硬座客票票价：27.50 元

新空快速票价：10.00 元

新空硬卧下铺票价：54.00 元

新空空调票价：6.00 元

手续费：5.00 元

合计：27.50＋10.00＋54.00＋6.00＋5.00＝102.50（元）

哈尔滨 铁路局

代 用 票

2012 年 11 月 11 日乙（旅客）

| 事由 | 丢失 | | | | | |

	种别	日期	年　月　日	座别
原票		号码		经由
		发站		票价
		到站		记事

自 富裕 站至 齐齐哈尔 站	经由	
	全程	63　千米

加收	至	间	票价	
补收	至	间	票价	

限乘当日第 4076 次列车	客票票价	5.00
于 当日当次 到达有效	快票价	
座别	人　数	卧票价	

硬	全价	壹	手续费	2.00
	半价	#		
	儿童	#	合 计	7.00

记事	旅客声称丢失车票。

㊣ 哈 齐 段第 4076 次列车列车长　印　印

_____　站售票员　印　印

注意事项
①核收票价与剪断线不符时，按无效处理（不足拾元的除外，超过万元的保留最高额）。
②撕角、补贴、涂改即作无效。

右侧金额栏：
拾元 9 8 7 6 5 4 3 2 1
佰元 9 8 7 6 5 4 3 2 1
仟元 9 8 7 6 5 4 3 2 1

票例 9

T47 次列车列车长填写代用票，见票例 10。

T47 次列车列车长编写客运记录，见票例 11。

T47 次列车列车长将客运记录、代用票一并交给旅客，到齐齐哈尔站出站前退票。

(2)齐齐哈尔站处理过程

应退票价：97.50 元

核收退票费：$97.50 \times 5\% = 5.00$（元）

净退款：$97.50 - 5.00 = 92.50$（元）

齐齐哈尔站填写退票报告。

票例 10

（六）旅客在车站办理实名制车票挂失补办的处理

1. 作业（操作）方法、步骤

（1）旅客购买实名制车票后丢失车票时，可到车站售票窗口办理挂失补办手续，但必须符合以下条件：

①提供购票时所使用的有效身份证件原件、原车票乘车日期和购票地车站名称。

②不晚于票面发站停止检票时间前 20 min。

（2）旅客要求办理车票挂失补办手续时，如遇以下情况时，车站不予办理挂失补办手续：

①超过规定时间提出时。

②原车票已经退票的。

××铁路局

客统—1

客 运 记 录

第 001 号

记录事由：

齐齐哈尔站：

　　哈尔滨开车后，旅客声称车票丢失，列车办理补票后，到达大庆站时，旅客找还车票，特请贵站按章处理。

注：
1.站、车需要编制记录时均适用。
2.本记录不能作为乘车凭证。

齐　　站
段　　编制人员 T47次列车（印）

站　　签收人员 ＿＿＿＿＿＿＿（印）
段

2012年 11月 11 日编

票例 11

③已经挂失补办的。

（3）车站办理实名制车票挂失补办手续时，旅客应提供购票时所使用的有效身份证件原件、原车票乘车日期和购票地车站等信息，通过与客票系统所调取的信息进行比对，核实旅客身份、车票等信息无误并将旅客有效身份证件名称、号码、原车票乘车日期和购票地车站等信息登记后，经售票主任确认方可办理。旅客应按原车票车次、席位、票价重新购买一张新车票。新车票票面标记"挂失补"字样。原车票已经改签的按改签后的车票办理挂失补办手续。结账时，应对实名制车票挂失补办情况进行审核。

（4）新车票发售后，原车票失效。新车票不能改签，但可以退票；退票时按规定核收补票的手续费。新车票退票后，原车票效力恢复。

（5）旅客持新车票乘车时，应向列车工作人员声明。到站前，列车长确认该席位使用正常的，对持"挂失补"车票的旅客，开具客运记录，记明旅客姓名、购票时所使用的有效身份证件号码、新车票票号及"席位使用正常，可办理退票"字样，交旅客作为到站退票的凭证。如发现持原车票乘车的旅客时，应按已失效车票处理，按规定补收票款。

(6)旅客到站后 24 h 内,凭客运记录、新车票和购票时所使用的有效身份证件原件,至退票窗口办理新车票退票手续,按规定核收补票的手续费。车站退票窗口,对办理"挂失补"字样车票退票的旅客,须核实客运记录以及"挂失补"字样车票、购票时所使用的有效身份证件原件、旅客一致性后,方可办理。

(7)"挂失补"车票退票均只按规定核收补票的手续费,不收退票费。

2. 质量标准

(1)符合《客规》、《铁路客运运价规则》、《细则》、《铁路客运运价里程表》、《铁路旅客票价表》、《实名制管理办法》的规定。

(2)具体处理时按照《铁路旅客运输服务质量标准》,注意服务语言和服务态度。

3. 实例解析

【例 11】　2012 年 11 月 11 日,旅客赵萍在哈尔滨站声称其使用本人二代居民身份证购买的当日 T47 次列车(北京—齐齐哈尔,新型空调列车)哈尔滨至齐齐哈尔硬卧车票丢失,哈尔滨站应如何处理。

【解】　哈尔滨站处理实名制车票"挂失补办"过程:

(1)核对信息。售票员根据旅客提供的本人二代居民身份证原件、原车票乘车日期和购票地车站等信息,与客票系统调取的车票信息进行比对,核实旅客身份、车票等信息的真实性。

(2)登记确认。核对信息无误后,将旅客的二代居民身份证证件名称、号码、原车票乘车日期和购票地车站等信息进行登记后,经售票主任确认。

(3)补办出票。客票系统发售一张与原车票信息完全一致的挂失补办车票,旅客按车票票面价格支付票款。

四、违章携带物品的处理

1. 作业(操作)方法、步骤

(1)正确检斤。

(2)发现携带物品超重、超大或携带动物时,按规定补收运费。

(3)确认携带物品品名,发现危险品及其他违禁物品时,按规定补收和加收运费。

(4)物品价值低于运费时,按物品价值的 50% 核收运费。

(5)补收运费时,不得超过本次列车的始发和终点站。

(6)在处理过程中,应本着实事求是的态度,区别不同的违章情况,妥善处理。正确检斤,对携带品超重不足 5 kg 时,应免收运费。

(7)填写客运运价杂费收据。

2. 质量标准

(1)符合《客规》、《铁路客运运价规则》、《细则》、《铁路客运运价里程表》、《铁路旅客票价表》的规定。

(2)具体处理时按照《铁路旅客运输服务质量标准》,注意服务语言和服务态度。

3. 实例解析

【例 12】 2012 年 11 月 11 日,6250 次列车(加格达奇—齐齐哈尔)到达齐齐哈尔站,组织旅客出站时,发现一旅客持加格达奇至齐齐哈尔硬座车票,携带背包 1 件 18 kg、手提包 1 件 19 kg,齐齐哈尔站应如何处理?

【解】 加格达奇—齐齐哈尔　431 km

17 kg 四类包裹运费:0.812×17＝13.80(元)

填写客运运价杂费收据,见票例 12。

哈尔滨铁路局

客运运价杂费收据

甲（存根）

2012年11月11日

原票据	种别	日期	月 日 时到达、通知、变更		
		号码	月 日 时 交 付		
		发站	核收保管费　日		
		到站			

核　收　区　间	核　收　费　用			款　额
	种别	件数	重量	
自　加格达奇　站	四类包裹运价			13.80
至　齐齐哈尔　站				
经由( )				
座别 硬 人数 壹	合　　计			13.80

记事　携带背包1件18 kg,手提包1件19kg,超重17kg。

齐齐哈尔 站经办人(印)印

票例 12

【例 13】 2012 年 11 月 11 日,绥芬河站在组织 4191 次列车旅客出站时发现一名旅客持下城子至绥芬河有效硬座客快车票一张,携带纸箱一件 13 kg,内装教具长 68 cm、宽 58 cm、高 75 cm,如何处理?

【解】 下城子—绥芬河　95 km

68＋58＋75＝201(cm)＞160 cm,整件超大。

补收 13 kg 四类包裹运费:0.197×13＝2.56≈2.60(元)

填写客运运价杂费收据,见票例 13。

哈尔滨铁路局

客运运价杂费收据

甲
（存根）

2012年11月11日

原票据	种别	日期		月 日 时到达、通知、变更		
		号码		月 日 时 交 付		
		发站		核收保管费　　　　　　日		
		到站				

核　收　区　间	核　收　费　用			款　额
	种别	件数	重量	
自　　下城子　　站	四类包裹运价			2.60
至　　绥芬河　　站				
经由（　　　　　）				
座别　硬　人数　壹	合　　计			2.60

记事	教具重13kg，长68cm、宽58cm、高75cm，整件超大。

绥芬河　站经办人　印　印

票例 13

【例 14】　2012 年 11 月 11 日，K7091 次列车（哈尔滨东—满洲里，新型空调车）到达满洲里站，组织旅客出站时发现一旅客持哈尔滨至满洲里的有效硬座车票一张，随身携带手提包一件，重 15 kg，活鸭两只，重 11 kg，满洲里站应如何处理？

【解】　哈尔滨——满洲里　935 km

补收 11 kg 四类包裹运费：$1.622 \times 11 = 17.842 \approx 17.80$（元）

填写客运运价杂费收据，见票例 14。

哈尔滨铁路局

客运运价杂费收据

甲
（存根）

2012年11月11日

原票据	种别	日期		月 日 时到达、通知、变更		
		号码		月 日 时 交 付		
		发站				
		到站		核收保管费		日

核 收 区 间			核 收 费 用			款 额
			种别	件数	重量	
自 ___哈尔滨___ 站			四类包裹运价			*17.80*
至 ___满洲里___ 站						
经由（ ）						
座别 硬 人数 壹			合 计			*17.80*

记事	携带动物重*11kg*。

满洲里 站经办人 印 印

票例 14

【例15】　2012 年 11 月 11 日,2052 次(大连—牡丹江,新型空调车)到达双城堡站,出站时发现一旅客持牡丹江至双城堡硬座车票一张,随身携带手提包一件 8 kg 和旅行包一件 11 kg,经查手提包内全部是鞭炮,双城堡站如何处理?

【解】　牡丹江—双城堡　406 km

加倍补收 8 kg 鞭炮的四类包裹运费:$0.759 \times 8 = 6.072 \approx 6.10$(元)

$$6.10 \times 2 = 12.20(元)$$

鞭炮没收,交公安部门处理,向旅客出具书面证明。

填写客运运价杂费收据,见票例 15。

哈尔滨铁路局

客运运价杂费收据

甲
（存根）

2012年11月11日

原票据	种别	日期	月 日 时到达、通知、变更		
		号码	月 日 时 交 付		
		发站			
		到站	核收保管费　　　日		

核　收　区　间	核　收　费　用			款　额
	种别	件数	重量	
自 ___牡丹江___ 站	加倍补收四类包裹运价			12.20
至 ___双城堡___ 站				
经由（　　　　　）				
座别 硬 人数 壹	合　　计			12.20

记事	手提包一件8kg内携带危险品。

双城堡　站经办人 (印) 印

票例 15

【例16】　2012 年 11 月 11 日，K7104 次（佳木斯—哈尔滨，新型空调车）到达阿城站，出站时发现一旅客持佳木斯至阿城新空硬座客快速车票一张，随身携带旅行包一件 15 kg，塑料袋一件，内装白菜 50 kg，阿城站应如何处理？（白菜当地价格 0.70 元/kg）

【解】　佳木斯—阿城　646 km

$15 + 50 - 20 = 45 (kg)$

补收 45 kg 四类包裹运费：$1.180 \times 45 = 53.10 (元)$

45 kg 白菜价值：$0.70 \times 45 = 31.50 (元)$

物品价值 31.50 元＜运费 53.10 元。

可按物品价值的 50% 核收运费：$31.50 \times 50\% = 15.75 (元) \approx 15.80 (元)$

填写客运运价杂费收据，见票例16。

哈尔滨铁路局

客运运价杂费收据

2012年11月11日　　　甲
（存根）

原票据	种别	日期	月 日 时到达、通知、变更		
		号码	月 日 时 交 付		
		发站			
		到站	核收保管费　　　日		

核 收 区 间	核 收 费 用			款 额
	种别	件数	重量	
	按物品价格50%核收			15.80
自____佳木斯____站				
至____阿 城____站				
经由（　　　　　）				
座别　硬 人数 壹	合　计			15.80

记事	旅行包一件15kg，塑料袋一件，内装白菜50kg，超重45kg，应收运费53.10元，该物品价值45×0.7＝31.50(元)，实收运费按物品价值的50%核收

阿 城　站经办人　印　印

票例 16

五、包车、旅游专列处理

1. 包车的里程、票价、运费的计算过程以及票据填写的操作方法、步骤

包车或加开专用列车，应按下列标准，根据运行里程（或根据使用日数）核收票价、运费、使用费、包车停留费、空驶费及其他费用等，并且包车或加开专用列车的运输费用在全部运行中里程采取通算。

（1）票价

①客车和合造车的客车部分，按客车种别、定员核收全价客票票价。成人与儿童（含享受减价优待的学生、伤残军人）混乘一辆车，人数不足时，按定员核收全价客票票价；实际乘车人数超过定员时，对超过人数按实际分别核收全价或半价客票票价。

②卧车按种别、定员核收客票及卧铺票的全价票价。

③公务车按40个定员核收软座客票及高级软卧票（上、下铺各1/2）的全价票价。

④豪华列车每辆按32个定员核收软座客票及高级软卧票（上、下铺各1/2）的全价票价。

⑤棚车代用客车,按车辆标记载重计算定员(按 1.5 人/t 折算)核收棚车客票票价。

⑥娱乐车、餐车使用费每日每辆 5 000 元,餐车、合造车每日每辆 2 500 元(不足 1 日按 1 日核收)。

⑦行李车和合造车的行李车部分,按车辆标记载重核收行李或包裹运费。用棚车代用行李车时,按行李或包裹的实际重量核收行李或包裹运费。起码计费重量按标记载重的 1/3 计算(不足 1 t 的尾数进整为 1 t)。行李、包裹混装时,按其中运价高的核收。

⑧包用的客车、公务车加挂在普通快车、特别快车列车上或加开的专用列车、豪华列车按上述等级速度运行时,都应根据核收客票票价人数核收相应的加快票价;途中发生中转换挂(或开行)不同的列车等级时,按首次挂运(或开行)的列车等级核收加快票价。

⑨包用车辆使用空调设备时,还应按核收客票票价的人数核收空调费。娱乐车、餐车的空调费按使用费的 25％计算。

⑩包车全部运行途中,里程采取通算。

(2)使用费

娱乐车、餐车按每日每辆核收使用费,不足 1 日,也按 1 日计算。但餐车、合造车减半核收使用费。

(3)包车停留费

包车时,根据包车人提出的全程路程单,对要求在发站、中途站、折返站停留(因换挂接续列车除外),按下列标准核收包车停留费,在停留当日不足 12 h 的减半核收。

①娱乐车、餐车,每日每辆 5 000 元;餐车合造车,每日每辆 2 500 元。

②公务车、高级软卧车,每日每辆 3 300 元。

③软座车、软卧车、软硬卧车、硬卧车、软座硬卧合造车,每日每辆 1 800 元。

④硬座车、行李车、软硬座合造车、行李邮政车、软座行李合造车、硬座行李合造车,每日每辆 1 400 元。

⑤棚车,每日每辆 139 元。

⑥包用娱乐车、餐车,一日内同时发生停留费、使用费两项费用时只收一项整日费用。

(4)空驶费

指定日期内乘车站没有所需车辆,需从外站向乘车站调送车辆以及使用完毕后将车辆回送至原车辆所在站或单程使用后由到站回送车辆所在站所产生的费用。空驶费按最短径路并全程通算。不分车种,核收 3.458 元/(车·km)的空驶费,但棚车不核收空驶费。

(5)其他费用

①包用公务车、豪华列车的服务费,按车票票价的 15％核收。

②包用专用列车、豪华列车,当列车编成辆数不足 12 辆时,应按实际运行日数,每欠编一辆每日核收欠编费 850 元,当日不足 12 h 的减半核收。

(6)办理包车不受加挂列车终到站及往返乘车限制。车票有效期按所提路程单日期计算。

(7)包车变更费用的计算:

①包车单位在始发站停止使用,除退还已收空驶费与已产生的空驶区段往返空驶费差额外,其他费用按下列规定办理:

开车 48 h 以前退还全部费用,核收票价、使用费、运费 10％的停止使用费。

开车前 6 h 至不足 48 h,退还全部费用,核收票价、使用费、运费 20％的停止使用费。

开车前不足 6 h 退还全部费用,核收票价、使用费、运费 50％的停止使用费。

开车后要求停止使用,只退还尚未产生的包车停留数。

②包用单位在始发站延期使用,在开车前 6 h 以前提出时,按规定核收包车停留费;在开车前不足 6 h 提出时,核收票价、使用费、运费 50％延期使用费,并重新办理包车手续。

③包车单位在中途站延长使用时,经中途变更站报请铁路局(集团公司)同意后,核收票价、运费、使用费或包车停留费;如包车单位付款有困难,可根据书面要求,由变更站电告发站或到站补收应收费用。包车单位中途缩短使用时,所收费用不退。

2. 旅游专列的里程、票价、运费的计算过程以及票据填写的操作方法、步骤

(1)旅游列车票价按相应的设备条件(非空调或空调,空调车按新空票价执行)、普快和标记定员的 90％核收,车辆标记定员不足 32 人的,按 32 人计算;使用豪华车辆(每辆车定员不足 20 人)的另核收服务费。使用宿营车铺位时,按实际铺位计费。旅游列车实际运行技术标准高于前述规定的,按相应等级核收票价。旅游列车享受上款优惠后,不再同时享受其他任何形式的票价优惠。

(2)旅游列车在始发站发车前及终到站停车后,因调用车辆产生空驶的,不收取空驶费。

(3)旅游列车编挂一辆餐车时,不核收使用费;超过一辆时,对超过部分核收相应等级硬卧车标记定员票价。旅游列车编挂娱乐车、会议车时,均按相应等级硬卧车标记定员票价核收使用费。

(4)旅游列车中途站停留 24 h、折返站停留 48 h 以内的,免收停留费。超过上述时限的,自超过时起,不足 12 h 的,按半日核收停留费。超过 12 h 但不超过 24 h 的,按 1 日核收停留费。

(5)旅游列车单程里程通算计算票价;运行径路涉及国铁、地铁、合资铁路等特殊运价区段的,可分段计算,加总核收,但优惠幅度比照旅游列车票价优惠的规定办理。

(6)开行跨局旅游列车的,载客车辆不少于 14 辆;经过限制区段的,载客车辆为限制牵引辆数减少 3 辆,宿营车只能使用 1 辆。

(7)铁路局可以在签订包车合同时,要求包车人向发站交付包车费用 20％以内的定金。定金按照预付款管理核算。收取定金时,填写"预付款存入凭证"。制票时,已收定金填制"预付款抵用凭证"冲抵运输费用。铁路方违约致双倍返还定金时,加倍部分填写"退款证明书",在车站运输收入进款中垫付,月末向财务部门清算。包车人违约时,填写"客运运价杂费收据"核收定金、延期使用费或停止使用费。

(8)包车费用由始发站使用代用票一次收清,其他站、车不得再收取任何费用。代用票交包车人持有,交另复印一张交折返站。两个以上(含本数)单位共同包用一列车时,可以按包车人数量出具代用票。填写代用票时,发、到站栏填写如下:北京—广州、广州—北京。旅游列车不从原径路返回时,按实际径路计算,以距始发站最远的停车站作为折返站填写票据。借用票记事栏应当载明团体旅客证的起止号。经由栏必须按列车实际经由填写。

3. 质量标准

(1)符合《客规》、《铁路客运运价规则》、《细则》、《铁路客运运价里程表》、《铁路旅客票价

表》、《旅游列车开行管理办法》的通知及有关规定。

（2）按照票据填写的相关规定准确填写票据。

4. 实例解析

【例17】 2012年11月1日,双鸭山矿务局持包车路程单,包用硬卧车一辆(定员60人)乘车人数大人60人,儿童身高1.2~1.4 m 8人,要求挂11月11日双鸭山开4138次(经佳木斯、绥化)列车到哈尔滨,11月16日在哈尔滨站挂4137次返双鸭山,双鸭山无所需车辆,由哈尔滨站空送,请计算票价?(4138次到哈尔滨站6:00,4137次哈尔滨站开20:53)

【解】 4138次到哈尔滨站6:00,4137次哈尔滨站开20:53,应收60人全价硬座客快卧票,8个儿童票,成人与儿童混乘一辆包车,超过定员时,对超过的人数按实际分别核收全价或半价客票票价。

双鸭山—哈尔滨—双鸭山　1 172 km

全价硬座票价:59.50×60＝3 570.00(元)

全价普快票价:12.00×60＝720.00(元)

硬卧上票价:74.00×20＝1 480.00(元)

硬卧中票价:80.00×20＝1 600.00(元)

硬卧下票价:86.00×20＝1 720.00(元)

半价硬座票价:30.00×8＝240.00(元)

半价普快票价:6.00×8＝48.00(元)

票价合计:3 570.00＋720.00＋1 480.00＋1 600.00＋1 720.00＋240.00＋48.00＝9 378.00(元)

空驶费里程通算:3.458×1 172＝4 052.80(元)

停留费:11月12日6:00,停留1天,13、14、15停留3天,16日20:53开车停留1天,合计5天,1 800.00×5＝9 000.00(元)

合计票价:9 378.00＋4 052.80＋9 000.00＝22 430.80(元)

填写代用票,见票例17。

【例18】 2012年11月1日经铁道部批准,11月18日~29日北京局铁道旅行社包用开行北京西—桂林间Y303/2、Y301/4次,经由京九线、新石线、太新线、焦柳线、湘桂线,编组16辆,其中硬卧1辆(宿营)、硬卧5辆(定员66人)、餐车1辆、硬卧9辆(定员60人)。路程单:北京西18日22:00开,张家界20日5:00到、22日15:40开,23日6:20到桂林,车体送到桂林北停留。27日桂林22:15开,29日21:50到达北京西,车站如何办票?

【解】 单程里程通算,按硬卧定员的90%核收票价,计算出票价乘以2,得到应收票价。餐车、宿营车不收使用费、停留费。

北京西—桂林　582＋175＋79＋1 651＋176＝2 663(km)

硬卧定员:(66×5＋60×9)＝870×90%＝783(人)

上、中、下铺各261人。

客普快硬卧上铺票价:267.50元

客普快硬卧中铺票价:278.50元

哈尔滨 铁路局

代 用 票

2012 年 11月11日乙（旅客）

事由	包车

原票	种别	日期	年　月　日	座别
		号码		经由
		发站		票价
		到站		记事

自 双鸭山 哈尔滨 站至 哈尔滨 双鸭山 站	经由	佳、绥
	全程	*1 172* 千米

加收	至	间	票价
补收	至	间	票价

限乘当日第 *4138/4137* 次列车	客票票价	*3810.00*
于 *11月17日* 到达有效	快票价	*768.00*

座别		人　　数	卧票价	*4800.00*
硬	全价	陆拾	停留费	*9000.00*
	半价	#	空驶费	*4052.80*
	儿童	捌	合 计	*22 430.80*

记事	YW66888定员60人,哈尔滨站停留5天 票价合计: 贰万贰仟肆佰叁拾元捌角

哈 _____ 段第 _____ 次列车列车长 _____ 印

双鸭山站售票员 [印] 印

注意事项
①核收票价与剪断线不符时，按无效处理（不足拾元的除外，超过万元的保留最高额）。
②撕角、补贴、涂改即作无效。

票例 17

客普快硬卧下铺票价：290.50 元

单程票价：(267.50＋278.50＋290.50)×261＝836.50×261＝218 326.50(元)

应收票价：218 326.50×2＝436 653.00(元)

停留费（中途停留超过 24 h，折返站超过 48 h 核收停留费，不足 12 h 减半核收）：张家界停留 1.5 天，桂林 3 天，1 800.00×14×4.5＝25 200.00×4.5＝113 400.00(元)

合计：436 653.00＋113 400.00＝550 053.00(元)

填写代用票，见票例 18。

A000000

北京 铁路局

代用票

2012 年 11 月 11 日乙（旅客）

事由	旅游列车

原票	种别	日期	年 月 日	座别
	号码			经由
	发站			票价
	到站			记事

自	北京西 桂林	站至	桂林 北京西	站	经由	荷、新、月、柳
					全程	5 326　千米

加收	至	间	票价	
补收	至	间	票价	

限乘当日第 Y301/302 次列车	客票票价	436653.00
于 11月29日 到达有效	快票价	

座别	人　数	卧票价	

硬	全价	柒佰捌拾叁	停留费	113400.00
	半价	#	空驶费	
	儿童	#	合 计	550053.00

记事	编组16辆，载客车辆YW14辆，标记定员870人，核收张家界站1.5天、桂林站3天停留费，合计票价伍拾伍万零伍拾叁元整，团体旅客证A000001~A000870号

京　　段第　　　　次列车列车长　　　　印

北京西 站售票员　　印　　印

注意事项
①核收票价与剪断线不符时，按无效处理（不足拾元的除外，超过万元的保留最高额）。
②撕角、补贴、涂改即作无效。

A000000

票例 18

六、旅客运输事故的处理

(一)发生旅客意外伤害的现场处理

1. 作业(操作)方法、步骤

(1)在站内发生旅客人身伤害时,车站客运主任(三等以下车站为站长,以下同)、客运值班员应当会同铁路公安人员查看旅客受伤程度,及时采取抢救措施。接到列车上要将受伤旅客交车站处理时,车站应提前做好救护准备工作。

(2)发生旅客人身伤害人数较多时,应当封锁事故现场,禁止与救援、调查无关的人员进入,伤亡人数较多,车站认为必要时,应请求地方政府协助组织抢救。

(3)车站客运主任会同铁路公安部门及时勘验事故现场,检查旅客所持车票的票种、票号、发到站、车次、有效期及加剪情况等。

(4)妥善保管旅客财物,收集不少于两份同行人或见证人的证言和有关证据并保护好证据材料。收集证人证言时,应当记录证人姓名、性别、年龄、地址、联系方式、身份证号码等内容。证言、证据应当准确、真实,并能够证明事故发生的过程和原因。

(5)车站对本站发生、发现或列车移交的受伤旅客应当及时送附近有救治条件的医院抢救;送医院须先缴纳押金时,可用站进款垫付;动用站进款时,须填写或补填,"运输进款动支凭证"(财收—29),5日内由核算站或车务段财务拨款归还。

(6)受伤旅客在现场抢救无效死亡或在站内、区间发现的旅客尸体,经公安机关或医疗部门确认死亡后,车站应当暂时派人看守并尽快转送殡仪馆存放。对死者的车票、衣物等应当妥善保管并通知其家属来站处理。如死者身份、地址不清或家属不来时,或死亡原因系伤害致死需立案侦查时,可根据公安机关的意见处理死者尸体,必要时应对尸体做法医鉴定。尸体存放原则上不超过7天。

(7)车站、列车发生旅客人身伤害事故时,应当立即向上级主管部门及有关铁路局主管部门拍发事故速报,条件允许时,应当先用电话报告事故概况。发生重大及以上伤亡事故时,应当逐级向上级主管部门报告。事故速报内容包括:事故种类;发生日期、时间、车次;发生地点、车站、区间里程;伤亡旅客姓名、性别、国籍、民族、年龄、职业、单位、住址,车票种类、发到站、票号、身份证号码;事故及伤亡简况。

(8)在站内或区间线路上发现有坠车旅客时,发现或接到通知的车站应当迅速通报有关列车。有关列车接到通报时,应当立即调查情况,收集包括证人证言在内的证据材料和旅客携带品并在3天内向事故处理站移交。

(9)列车上发生旅客人身伤害事故,应当将受伤旅客移交三等以上车站(在区间停车处理时为就近车站)处理,车站不得拒绝受理。列车向车站输移交手续时,编制客运记录一式两份(一份存查,一份办理站、车交接),连同车票、旅客随身携带品清单、证据材料一起移交。旅客人身伤害事故系因斗殴等治安或刑事案件所致,列车乘警应在客运记录上签字。因特殊情况来不及编写记录的,列车长必须派专人下车与车站办理交接,并必须在3日以内向事故处理站移交有关材料。

2. 质量标准

(1)符合《铁路运输安全保护条例》的相关规定。

(2)符合《铁路旅客人身伤害及自带行李损失事故处理办法》的相关规定。

3. 实例解析

【例19】 2012年11月11日8:20,嫩江站组织4076次旅客上车完毕,车站广播室已经广播停止检票,客运员王×未按规定停止检票,继续放行一名旅客进站,该旅客匆忙赶到二站台,列车已经关门、启动,旅客强行扒车,被列车摔下,造成脚关节扭伤。受伤旅客张×,女,35岁,家住嫩江××小区×栋×室,持2012年11月11日嫩江站至哈尔滨全价客快票一张,票号A000018,身份证号码×××…××,携带背包一个,11月16日,旅客伤愈出院,医药费4 000元,事故处理费200元,嫩江站如何处理?

【处理程序】

(1)嫩江站站长(或客运主任)、客运值班员立即会同公安人员检查旅客伤害情况。

(2)对受伤旅客简单包扎后,客运值班员开具客运记录(见票例19),并派车站工作人员将旅客送嫩江中心医院抢救治疗。

```
                                                   客统一1
              ×× 铁路局
     🚉
              客 运 记 录

                                         第 001号

        记录事由：_____

        嫩江中心医院：

            兹介绍我站客运员李×同志前往联系旅客张×，女，35
        岁，受伤抢救治疗一事，所需医疗费用由我站垫付，请接洽。

        _____

        _____

        _____

        _____

        注：
        1.站、车需要编制记录时均适用。
        2.本记录不能作为乘车凭证。
                                              (印)
         嫩江站  编制人员_____    (印)
             段
             站  签收人员_____    (印)
             段
                              2012年 11月 11 日编
```

票例 19

（3）嫩江站客运主任应会同公安人员勘察现场，检查旅客所持车票的票种、票号、发到站、车次、有效期及加剪情况；随身携带品详细做成清单，收集不少于两份的同行人或见证人的证言材料（物证和旁证）并保管好证据材料。

（4）客运值班员尽快编制伤亡事故速报，向所属局、客调、公安处及所属齐齐哈尔车务段拍发事故速报。

（5）通知受伤害旅客家属。

（6）受伤害旅客治疗结束，向事故处理站提出书面要求并出具治疗医院的发票和治疗期间的详细清单，作为事故处理站办理赔偿，确定给付赔偿金数额的依据。

（7）事故处理站召集事故处理委员会开会，协商处理方案，拿出处理意见，经路局同意后编制"旅客伤害事故最终处理协议书"一式五份，参加会议各方对协议书所载内容无异议后签字生效。

（8）签订"铁路旅客人身伤害事故最终处理协议书"原则上应由旅客本人签字确认，并加盖手印。如旅客无法到场签字确认时，可出具授权书，由其指定的亲属或代理人签字确认。对于死亡旅客，应由其直系亲属进行处理签字确认。车站在签订协议书时，事故处理负责人必须在协议书上签字。在处理列车移交事故时，协议书"协议人"栏中必须注明列车单位全称，并要求列车单位代表签字确认。

(9)责任事故。因铁路设备或作业人员的职务行为导致的事故为责任事故。

(二)旅客发生急病、死亡的处理

1. 旅客发生急病时的处理

(1)作业(操作)方法、步骤

①持有车票的旅客在车站候车期间发生急病时,车站应立即送至附近并具备救治条件的医院急救,如系传染病,应送传染病医院,并立即通知铁路卫生防疫部门。

②旅客在列车上发生急病,列车长应编制客运记录,送交县、市所在地车站或较大车站,客运值班员在确认客运记录、旅客车票、随身携带品清单、证据材料等齐全后,在客运记录上签字,与列车长办理交接。由车站负责转送医院治疗。

③如无同行人时,应立即按照旅客提供的地址通知其家属。

④旅客治疗期间所需的一切费用,应由旅客自己负担。如本人确实无力负担,铁路局可在"旅客保险支出"项下列支,由车站按时请领偿还医院。

(2)质量标准

①持有车票的旅客和无票人员,在车站、列车上发生急病时,应根据《旅客丢失车票和发生急病、死亡处理办法》和《铁路旅客人身伤害及自带行李损失事故处理办法》的规定进行处理。

②收集证言时,应当记录证人姓名、性别、年龄、地址、联系方式、身份证号等内容。

2. 旅客发生死亡的处理

(1)作业(操作)方法、步骤

①持有车票的旅客在车站候车期间死亡时,车站站长应会同公安部门、卫生部门共同检验,并按规定处理。如因传染病死亡的应根据卫生部门的指示办理。车站应通知其家属或工作单位前来认领。

②旅客在列车上死亡时,列车长应填写客运记录,会同铁路公安人员将尸体和死者遗物交给市、县所在地的车站或较大的车站,接收站按照在车站死亡时办理。

③收集不少于两份同行人或见证人的证言和有关证据。

④对死者的遗物妥善保管,待死者家属或工作单位前来认领时一并交还。旅客死后所需费用,先由铁道部门垫付,事后向其家属或工作单位索还。如死者家属无力负担或无人认领,铁路可在"旅客保险"支出项下列支。

(2)质量标准

①根据《旅客丢失车票和发生急病、死亡处理办法》和《铁路旅客人身伤害及自带行李损失事故处理办法》的规定进行处理。

②收集证言时,应当记录证人姓名、性别、年龄、地址、联系方式、身份证号等内容。

3. 无票人员发生急病或死亡时的处理

(1)作业(操作)方法、步骤

①客运值班员立即到现场了解有关情况,问清病人姓名、家庭住址、是否购票,并做成记录。

②没有车票的人,在站台或列车上发生急病或死亡时,由铁道部门负责处理。除站台以外,在车站范围内的候车室、广场等地方发生,由车站通知当地派出所和民政部门。

③如无同行人时,应立即通知其家属。

（2）质量标准

①根据《旅客丢失车票和发生急病、死亡处理办法》和《铁路旅客人身伤害及自带行李损失事故处理办法》的规定进行处理。

②收集证言时,应当记录证人姓名、性别、年龄、地址、联系方式、身份证号等内容。

（三）分析事故

1. 查明事故发生的原因,找出责任者

（1）发生事故后,召开班组会议,分析事故。

（2）确定事故发生的实际原因属于哪一方面:旅客持票进站或下车后在检票口以内因组织不当造成伤害;缺乏引导标志或有关引导标志不准确而误导旅客发生伤害;车站设备、设施不良造成旅客伤害的;车站销售的食物造成旅客食物中毒;因误售、误剪不停车站车票造成旅客跳车;在规定停止检票后继续检票放行或检票放行时间不足,致使旅客抢上列车造成伤害。

（3）根据发生事故的实际原因,查找造成事故的责任者。

2. 组织班组事故分析会,制定防范措施

（1）事故发生后,班组应当立即组织召开事故分析会,班组长为事故分析组组长。

（2）召开事故分析会,邀请上级领导参加。

（3）研究确定责任者的联挂处罚措施,对责任者加强教育。

（4）根据事故原因,确定今后的防范措施。

（四）撰写事故概况

1. 撰写事故发生简要概况

（1）事故种类。

（2）发生日期、时间、车次。

（3）发生地点、车站、区间里程。

（4）伤亡旅客姓名、性别、国籍、民族、年龄、职业、单位、住址,车票种类、发到站、票号、身份证号码。

（5）事故及伤亡简况。

2. 撰写事故剖析

撰写事故原因分析、责任划分、责任者处理以及今后的防范措施。

（五）处理旅客伤害赔偿

1. 作业（操作）方法、步骤

（1）召开事故分析会。

（2）明确处理费用。

按照下列规定明确赔偿处理费用:

①旅客受伤需治疗时,由旅客提供治疗医院单据,由铁路运输企业承担,但其标准一般最高不超过赔偿金限额。如旅客人身伤害系法律、法规规定铁路运输企业免责的,其医疗费用由旅客承担。

②旅客自身责任或第三人责任造成的人身伤害,医疗费用由责任人承担。第三人不明确或无力承担时,由铁路运输企业先行赔付后,向第三人追偿。旅客受伤治疗后身体部分机能丧失,应当按照机能丧失程度给付部分赔偿金和保险金。

③旅客身体两处以上受伤并部分机能丧失的,应当累加给付,但不能超过赔偿金、保险金最高限额。旅客受伤治愈后无机能影响,在赔偿金、保险金最高限额的5%以内酌情给付。旅

客死亡按最高限额给付。

④如铁路运输企业能够证明旅客人身伤害是由铁路运输企业和旅客的共同过错造成的，应当相应减轻铁路运输企业的赔偿责任。

⑤因处理事故需要发生的其他费用（如看尸、验尸、现场勘验、寻人启事等与事故处理直接有关的支出）一并在事故处理费中列支并在事故处理报告上列明。

⑥因事故产生的保险金、赔偿金、医疗费用、其他费用，有责任单位（铁路运输企业其他部门责任时，转责任单位所属铁路局）的，由处理事故局将以上费用转账给责任单位；无责任单位的，转事故发生单位。

⑦事故责任涉及两个以上单位时，其事故处理费用由责任单位共同分担，分担比例按责任轻重由事故处理工作组确定。

（3）事故赔付程序。对伤亡旅客的赔偿一般应当于治疗结束或尸体处理完毕后进行。由旅客或其继承人、代理人（代理人应当出具被代理人的书面授权书）提出“铁路旅客人身伤害事故赔偿要求书”，并出具治疗医院的证明，作为事故处理站办理赔偿、确定给付赔偿金数额的依据。

事故处理工作组接到“铁路旅客人身伤害事故赔偿要求书”后，应当尽快与旅客或其继承人、代理人协商办理赔偿。办理赔偿应当编制“铁路旅客人身伤害事故最终处理协议书”，事故处理各方对协议书所载内容无异议后签字并加盖“事故办理专用章”生效。同时，开具“铁路旅客人身伤害事故赔付通知书”，及时将赔偿金、保险金支付给旅客或其继承人、代理人。

2. 质量标准

（1）根据《铁路运输安全保护条例》、《铁路旅客人身伤害及自带行李损失事故处理办法》的规定进行处理。

（2）根据《铁路旅客意外伤害强制保险条例》的规定进行处理。

（六）编写“铁路旅客人身伤害事故最终处理协议书”

1.“铁路旅客人身伤害事故最终处理协议书”模板

“铁路旅客人身伤害事故最终处理协议书”模板，如图1所示。

铁路旅客人身伤害事故最终处理协议书 No. ________ 一、旅客姓名：　性别：　年龄：　职业： 单位或住址： 二、发生日期、时间、车次： 三、发生地点、车站、区间： 四、客票种类：　自　站至　站 票号： 五、伤害简要概况：	六、事故经过和责任分析： 七、协议处理意见： 年　月　日 八、协议人签字： 九、上级主管部门意见： 年　月　日 注：1. 客票种类指全价、半价和乘车证。 2. 本协议由处理站段填写一式五份（一份报铁路局主管部门，一份转铁路局财务部门，事故处理单位、发生单位、旅客或家属各一份）。

图1　铁路旅客人身伤害事故最终处理协议书模板

2. 质量标准

(1)根据《铁路运输安全保护条例》、《铁路旅客人身伤害及自带行李损失事故处理办法》的规定进行处理。

(2)根据《铁路旅客意外伤害强制保险条例》的规定进行处理。

3. 实例解析

【例20】 2012年11月11日,7072次列车于15:57到达王家井站二站台4股道。车站组织下车旅客经过平交道口出站时,因组织不当,一旅客被3股道通过的28041次货物列车撞伤,造成旅客意外伤害,旅客宋×、男、62岁,河北省××市××镇××村人,持2012年11月11日辛集至王家井站客票,票号E0052191,其左小腿及左臂被轧断,提一黑色提包。该旅客于2012年11月20日出院,产生医药费2.82万元。

【处理程序】

(1)王家井站站长或客运值班员应立即会同公安人员检查旅客伤害程度,及时采取抢救措施。

(2)检查旅客所持车票的票种、票号、发站、到站、车次、有效期及是否加剪和随身携带品,详细做成记录。

(3)受伤旅客简单包扎处置后,开具客运记录,并派工作人员及时将受伤旅客护送当地医院进行抢救(或打电话请求医院派救护车,在最短的时间将旅客送往医院)。

(4)妥善保管旅客的财物并收集不少于两份的受害人、同行人、见证人的证明材料。

(5)旅客伤害事故发生后,立即向上级主管部门及有关局主管部门拍发事故速报。条件允许时,应先电话汇报事故概况,发生的原因。

(6)查实受害人身份,通知受害人家属。

(7)召开事故分析会,分析事故发生的原因,确定事故单位及责任者,提出处理意见和防范措施。

(8)旅客伤愈出院,由受害旅客或继承人、处理人提出"旅客伤害事故赔偿要求书",并出具医疗医院的"诊断证明",做为事故处理站办理赔偿,确定给付赔偿金额的依据。

(9)事故处理站接到赔偿要求书后,应尽快召集事故处理委员会开会,拿出处理意见,经路局同意后编制"旅客伤害事故最终处理协议书",如图2所示,参加会议各方对协议书所载内容无异后签字生效。

七、安全注意事项

(一)铁路车站行车作业人身安全标准(TB 1699—850)

(1)班前禁止饮酒,班中按规定着装,佩戴防护用品。

(2)顺线路走时,应走两线路中间,并注意邻线的机车车辆和货物的装载状态。严禁在道心、枕木头上行走,不准脚踏钢轨面、道岔连接杆、尖轨等。

(3)横越线路时,应一站、二看、三通过,并注意左右机车车辆的动态及脚下有无障碍物。

(4)横越停有机车车辆的线路时,先确认机车车辆暂不移动,然后在该机车车辆较远处通过。严禁在运行中的机车车辆前面抢越。

(5)必须横越列车、车列时,应先确认列车、车列暂不移动,然后由通过台或两车车钩上越过,勿碰开勾销,要注意邻线有无机车车辆运行,严禁钻车。

铁路旅客人身伤害事故最终处理协议书

No. ___001___

一、旅客姓名:宋× 性别:男 年龄:62 岁
职业:农民 身份证号码:×××…××
单位或住址:河北省××市××镇××村

二、发生日期、时间、车次:2012 年 11 月 11
日 16:00 左右

三、发生地点、车站、区间:王家井站平交道口

四、客票种类:全价 自 辛集 站至 王家井 站
票号:E0052191

五、伤害简要概况:
2012 年 11 月 11 日,7072 次列车于
15:57 停靠王家井二站台,旅客宋×通过平
交道出站时,被 3 股道通过的 28041 次货物
列车撞伤,轧断左小腿及左臂。

六、事故经过和责任分析:
车站组织下车旅客经过平交道口出站时,
旅客被 3 股道通过的 28041 次货物列车撞
伤。轧断左小腿及左臂。在有列车通过的情
况下,车站防护不利,组织不当造成旅客伤
害,负主要责任。

七、协议处理意见:
11 月 20 日旅客伤愈出院,事故处理委员
会根据根据《铁路旅客人身伤害及携带行李
损失事故处理办法》规定,按照相关责任,经
双方协商同意,由车站支付医药费 2.82 万
元、保险金 2 万元、赔偿金 4 万元,合计
8.82 万元,大写:捌万捌仟贰佰元整。此处
理为一次付清结案,以后互不追究。

2012 年 11 月 25 日

八、协议人签字:
受伤旅客:(旅客签名)(手印)
辛集站公安派出所:(公安签名)(手印)
王家井站站长:(签名)(手印)
衡水车务段客运组织员:(签名)(手印)

九、上级主管部门意见:
同意(事故处理专用章)

2012 年 11 月 25 日

注:1. 客票种类指全价、半价和乘车证。
2. 本协议由处理站段填写一式五份(一
份报铁路局主管部门,一份转铁路局财务
部门,事故处理单位、发生单位、旅客或家
属各一份)。

图 2 铁路旅客人身伤害事故最终处理协议书

(6)不准在钢轨上、车底下、枕木头、道心里坐卧或站立。

(7)严禁扒乘机车车辆,以车代步。

(二)应急处理能力

1. 车站发生火灾或爆炸时应急处置预案

报——立即报告。车站发生火灾或爆炸事故时工作人员要立即报警,并立即启动火灾爆炸预案,通知公安派出所派出警力维护现场秩序。

断——切断火源。由现场抢救组人员立即切断电源。

散——疏散旅客。由现场警戒组人员在第一时间疏散旅客,撤离到安全地带。

导——引导灭火。发生火灾事故时,由车站派专人在路口处等候,引导消防车辆及消防队员迅速到达火灾事故现场,并及时通报事故具体情况。

守——守住关口。由现场警戒组人员严格把守各门、各口,防止旅客进入火灾或爆炸区域及防止有人乘机盗窃、破坏等不法行为发生。

救——抢救伤员。车站组织抢救组人员及时配合消防队员抢救伤员,积极送至医院救治。

查——认真调查。由车站组织有关人员配合公安专业部门人员,对事故进行认真调查

243

取证。

2. 车站候车室夜间突然停电应急处置预案

(1)稳定情绪。加强口头宣传,使旅客看管好自己所带物品,不要随便走动,讲明临时停电原因,稳定旅客的恐慌情绪,防止发生混乱,互相拥挤伤人。

(2)控制出入。全体客运人员要坚守岗位,严禁行人出入候车室,检票口要立即封闭,不准摸黑放行。

(3)及时报告。客运值班员立即报告车站领导和车站公安,加强警力,防止不法分子趁机作案,同时客运值班员(客运员)以最快的速度通知电力部门值班人员进行抢修。

(4)另取照明。若停电时间较长或电路损坏严重,暂时不能修复,应由电工负责使用应急灯、手电等照明。

(5)严禁使用明火照明。

3. 客车上水设备发生故障时应急处置预案

(1)信息通报

遇有上水设备发生故障或因线路内施工,止阀井需要关闭,不能进行正常的上水作业时,各岗位工作人员立即按下列程序报告。客运车间主管领导第一时间到达现场,组织落实应急预案。

上水员发现上述情况后,立即通知上水值班员、上水工长。

上水工长立即将情况通知主管主任、客运值班干部、客运值班站长(值班主任)、房产段给水分段。

客运值班干部立即将情况向主管站长、站长、铁路局客运处、铁路局客调、铁路局总值班室报告。

(2)处置办法

①立即抢修。上水工长以最快的速度通知房产建筑段给水分段,通知派人立即到车站进行检修,以最快的速度修复供水系统。检修时由上水值班员或上水工长予以配合。使用延长管。某一个线路内的上水栓井不能使用时,要启动延长管。日常上水工区要备有一到两个延长管以备应急使用。连接延长管进行跨线、跨站台上水。

②加强安全防护。上水工长及时与客运广播室联系,了解各线列车运行情况,及时将列车运行情况通知当班上水值班员,由值班员通知检修人员和其他作业人员注意安全。进行跨线上水时,水管必须走铁轨下面,不准从铁轨上面穿过。需要跨站台和跨线上水时,站台值班员必须在站台和线路内安排专人进行安全防护。

③通知补水。当本站上水井均不能使用时,上水工长立即通知值班站长(值班主任)拍发电报,通知前方站或下一供水站做好为列车满水或补水准备工作。

④增派人力。遇有春运、黄金周等重点时期供水量大增时,由客运部门成立上水预备队,抽调车间干部和日勤人员组成,缓解工作量骤增的压力。

⑤广播通知。上水设备维修完毕,恢复正常时,立即通知广播室,由广播室负责通知前方站和后方站撤除准备工作。

4. 车站遇有大风雪的紧急处置预案

(1)以雪为令,按照包干区划分到岗到位,大雪不过天、中雪不过夜、小雪及时清理干净,达到雪停站台净。

（2）加强广播安全宣传工作,增加宣传频次,提示旅客雪天安全注意事项。

（3）天桥、地道、站台、车梯、门头等台阶、斜坡处采取有效的防滑措施,防止旅客滑倒摔伤,确保人身安全。

（4）及时制定加挂扩编方案。杜绝积压客流,确保旅客运输组织畅通。

5. 车站遇有突发性治安事件应急处置预案

在车站发生突发性治安事件时,客运人员应做到:

（1）信息通报。当班客运员发现后,立即报告公安部门（车站派出所）,同时报告客运值班主任,并逐级向上级领导报告,根据现场情况立即通知客运红十字会救护员。

（2）妥善处理。事件发生初期,客运工作人员应全力协助,严禁置之不理、袖手旁观。无法控制局面时,客运人员应配合公安人员做好辅助工作。

（3）及时救助。当发生人员受伤时,红十字救护员及客运人员要配合公安人员积极主动救助受伤人员,如是持票旅客,由值班站长请示客货业务收入科批准后开具客运记录,就近送医院就诊,医疗费用由当事人承担。当事人暂时无能力交纳医疗费用时,暂时垫付,待公安部门处理后,费用另行结算。如是凭站台票送站旅客,有同行人时,则交由同行人救治,无同行人时,车站客运工作人员应给予积极帮助。

（4）维护秩序。客运工作人员应配合公安人员及时疏散围观旅客,维持好现场秩序,搜寻现场遗留物品,妥善保管,同时加强对检票车次的宣传通告力度,防止旅客漏检、漏乘。

（5）调查取证。客运工作人员要积极协助公安部门调查取证,收集不少于两份的旅客证言。

6. 车站发现旅客扒乘列车应急处置预案

（1）遇有旅客扒乘列车、车列的车门时,客运人员需立即通知助理值班员联系司机（或运转车长）采取停车措施。

（2）停车后要及时控制住当事人交公安人员处理,有关人员迅速恢复运输秩序。

7. 车站遇有上访人员冲击铁路影响行车时应急处置预案

有上访人员冲击铁路,影响行车等突发事件发生时,要在接到命令时,迅速启动本预案。

（1）要立即通知值班干部、客运主任、客运主管站长、公安派出所等,同时迅速关闭出站口,软席候车室、候车室、军人候车室、通行口等所有进站通行口,防止强行冲入站内。

（2）车站干部到达现场后,要加强联系,按分工进行监控。

（3）加强对候车人员的身份验证,无票人员禁止进入各室。

（4）客运人员听从命令,服从指挥,配合公安人员维持站内秩序,保护行车设备。

（5）对晚点列车要加强联系,按时接发,维持旅客乘降秩序,保证旅客安全。

（6）停止发售站台票,并做好道歉解释工作。

8. 车站发现精神异常旅客时应急处置预案

对情绪烦躁、六神无主、四处乱看、自言自语等具有自杀倾向、异常举动的旅客,提前发现、有效控制,指派专人看管,以防发生意外。

（1）车站发现无人护送的精神病旅客,应严禁乘车,由车站客运、公安共同负责,并及时与其家人取得联系,妥善处理。对有人护送应通知列车长,协助护送人员,防止发生意外。

（2）对有人陪同的精神病旅客乘车,要判断同行人有无监护能力,对有同行人但无监护能力的,要指定专人进行监护;对同行人具备监护能力的要交代注意事项,告诫监护过程中要寸步不离。

（3）发现突发精神异常旅客后,在客流高峰期间要妥善安排座位,指派专人看护,防止可能发生的旅客伤害。

（4）精神病旅客病情发作或间歇及突发精神病旅客在乘车途中影响其他旅客候车时,客运人员要立即向当班值班主任(或值班员)报告,值班员、公安人员根据实际情况增派人员看护,病人发作威胁其他旅客人身安全时,值班主任派专人在公安人员配合下将病人带离候车区,到重点旅客服务室看护。

（5）班组指派的看护人员必须与本职工作脱离,专门负责看护,并要选派有足够能力制服突发精神异常旅客的人员,必要时可以增加人数。

（6）客运人员在服务登记时,对精神病患者要重点注明、重点照顾,在交接班时,要做好交接。

9. 车站发现旅客食物中毒应急处置预案

（1）及时报告。当班客运人员应及时报告车站领导和有关卫生防疫部门。将旅客发病时间、地点、患病人数及食用的食品名称等内容拍发事故速报(或用电话通知),主送卫生防疫部门和铁路局客运、劳卫处,请求派人处理。

（2）安置病人。客运值班员应做好记录,并将病人立即送附近医院及时抢救,送交手续为客运记录。

（3）保护现场。当班客运人员要采取果断措施,及时稳定旅客情绪,保护现场,封存可疑食物和呕吐物样品。立即停止销售可疑食物,追回售出可疑食物,待卫生防疫部门人员到达现场进行查验。

（4）调查取证。当班客运值班员(客运员)要协助卫生防疫部门(公安部门)调查发病的原因及导致食物中毒的食品成分,被取证人员包括发病人、周围旅客及有关工作人员。

10. 车站遇有突发客流时应急处置预案

（1）遇有因运行秩序等原因造成列车密集到达,客流猛增时,车站要立即向铁路局客调报告。

（2）遇有因旅游、大型活动、民工等突发性客流时,要及时查明原因、流量、流向、时间,向铁路局客调报告,提出增开临客或加挂车辆建议。

（3）增加售票窗口。可采取流动售票、上门售票等多种方式,缓解车站售票厅压力。

（4）分散候车。候车室、检票口等处要加强组织,采取横向切块、纵向成行,分区候车、凭票候车,掐段放流,专人带队,引导上车等办法,提前预检,分批乘降,有序组织,并随时清理站内滞留人员。加强对重点旅客的售票、候车、进站组织,稳定旅客情绪,防止旅客挤伤踩伤,杜绝人身安全事故。

（5）在站台、天桥(地道)等旅客通道口要增加人力引导,防止对流和挤伤、踩伤旅客,按车厢位置引导,防止旅客对流、车门挤堆。

（6）限售或停售站台票。严格控制站台票的发售,杜绝无票旅客凭站台票进站上车。

（7）善后处理。对持有车票上不了车的旅客,要积极做好解释工作,积极做好旅客的改签或退票的引导等善后处理工作。

（8）如在始发站，要提前联系车体出库，列车提前开门，提前检票，进站上车。

11. 车站遇有大风雪造成客流积压时的紧急处置预案

（1）立即公告。通告旅客不要远离候车室、远离列车，认真听广播，听从工作人员的安排，防止出现漏乘。

（2）耐心解答。增加总服务台、电视、电话问讯解答旅客问事人员。在解答问事过程中，采用温和适当的词来做好解释工作，不得用"不知道"等让旅客反感的词和用语。帮助旅客建立信心，稳定情绪，做到宣传到位、解释适度，并要认真落实首问首诉负责制。对旅客提出的各种疑问进行耐心解答，认真解决。

（3）认真疏导。内勤值班员要组织当班客运人员向旅客进行宣传。对能绕道的旅客，组织其到售票室办理改签手续，对可以不走的，帮助其到售票室办理免费退票手续，如旅客已经上车，但车又不能开出时，客运主任要亲自到场，带领疏导组成员耐心做好旅客的劝解和疏导工作。

（4）优质服务。对在候车室内滞留的旅客，要做好服务工作。一是要保证饮水供应。二是做好环境保洁工作。随时清扫，保证环境整洁干净。三是做好对重点旅客的服务工作。对于因滞留时间过长，资金欠缺，饮食没有保证的旅客，客运人员负责帮助旅客解决应急困难。

（5）供应餐饮。候车室内各食品柜台应备齐食品，客运人员要对其进行监督，严禁出售"三无"、过期、变质食品，严禁擅自抬高食品价格。如列车在线路内滞留，列车上需要餐饮供应时，车站应积极配合、协助，做好列车食品供应工作。

（6）转运组织。当车站附近有滞留的旅客列车接到铁路局要求，需转运物资或旅客时，由主管站长、客运主任负责组织车辆、备足、备齐餐料，转送到指定地点。

12. 旅客列车晚点应急处置预案

（1）车站接到旅客列车晚点（中断行车）通知后，要立即向旅客通报晚点时间。列车晚点超过 30 min 的，站长应代表铁路诚恳向旅客道歉；列车晚点超过 1 h 时，车站要加强与铁路局客调联系，准确地了解和掌握晚点列车动态，车站要如实向旅客说明晚点原因及预计晚点时间。向旅客通报时，广播每次间隔不超过 30 min，有条件的车站应提供实时电子显示、电话、语音系统查询。

（2）因自然灾害、设备故障或事故影响发生旅客列车大面积严重晚点、线路短时间不能开通时，车站领导应当及时到场解决。

（3）车站要加快旅客乘降、上水、行包和邮件装卸等作业，积极组织恢复列车正点。旅客列车晚点 2 h 以上时，列车调度和客运调度必须重点掌握。必要时车站要设立预候区。

（4）车站候车室工作人员接到晚点列车通报（中断行车）时，全员出场，向旅客做好晚点列车的宣传、解释和秩序维护工作；晚点超过 30 min 以上时，值班干部必须亲临现场，做好旅客的安抚工作，稳定旅客情绪。对列车晚点后要求退票或改签的旅客，要及时与站长值班室联系，对持有联程车票赶不上接续列车的旅客，在解释劝阻同时，主动帮助旅客查询其他接续列车，加开退票窗口，协助旅客免费退票或改签。同时，停止发售站台票，分阶段组织旅客进候车室或进入站台，并随时清理候车通道滞留的旅客。

（5）站、车工作人员必须清楚旅客列车晚点情况，遇旅客询问时，应耐心细致回答，做到首问首诉负责制。

(6)站台工作人员接到旅客列车晚点(中断行车)的通知后,客运值班员亲自组织指挥站台人员提前出场,将乘坐晚点列车的旅客引导至所乘列车的候车室,并与候车室工作人员进行交接。

(7)车站要尽量安排晚点列车进入原列车停靠站台方向,开固定的车门,避免列车上已经组织好的旅客,因停靠站台变化造成下车秩序混乱。

(8)站台工作人员接到列车进站预告后,客运值班员要组织站台工作人员提前上岗,清理散流。列车进站后,与列车长联系双开车门,保证晚点列车不超站停。对没有上车的旅客给予改签,转乘其他列车。

(9)候车室接到晚点列车进站预告后,工作人员要加强宣传,客运值班员要合理安排岗位,提前组织旅客排行,检票员要提前上岗,提前到行中进行预检,检票口工作人员提前打开检票口,同时加强宣传,做好引导,防止旅客漏乘。遇有晚点列车变更占线,造成候车室检票对流时,候车室工作人员要积极向旅客进行宣传,天桥岗工作人员要做好旅客引导工作。对客流严重超员的列车,站台与候车室内外呼应,掐段放流,以减轻列车的压力,避免列车弹簧压死。

(10)因不可抗力(如水害、暴雪等)影响晚点列车晚点时间延长时,车站要组织好食品、饮料、开水等供应工作。

13. 车站在旅客列车晚点变更到发线及在无站台线路到发时应急处置预案

(1)车站广播室要及时掌握列车运行动态,随时向旅客预报晚点列车情况,按列车实际到达时间提前 5 min 组织旅客或接站旅客进站,并及时通知列车停靠站台的工作人员做好接车准备,并播放站长对晚点列车道歉词。

(2)客运值班员要加强与运转值班员的联系,及早做好列车变线旅客乘降准备工作。

(3)通知站长(值班干部)和客运主任亲自接车。

(4)广播要加强安全宣传,无跨线设备的车站,要在平交道口设专人防护引导。

(5)遇有货物列车或车列在站内隔断平交道口时,应将列车或车列拉开道口后,再组织旅客通过。不能拉开时,要有专人引导绕行,禁止旅客钻车、爬车。

(6)无站台线路停车乘降时,站长(值班干部)或客运主任要组织足够的人力进行防护和组织旅客安全乘降。

14. 车站在旅客列车因线路中断停止运行时应急处置预案

(1)线路中断列车不能继续运行时,车站客运人员应迅速采取有效措施,按照《客规》有关规定,妥善安排被阻旅客和行李、包裹,并将停办营业和恢复营业的信息及时向旅客公告。

(2)站长或客运主任应及时召开会议,分工负责,采取措施保证旅客安全,并成立滞留旅客安置领导小组。

(3)开足退票窗口或增加办理退票人员,迅速为旅客办理退票。协助医务人员做好巡诊工作,为旅客治病解难。

(4)发现精神异常旅客,对有人护送的要协助做好看护工作;对无人护送的精神病人和精神异常者,客运值班员要派专人看护,通知其监护人员。

(5)对急需旅行的旅客(线路中断时间较长),在站段领导同意后可与公路部门联系,做好公铁分流。

(6)客运人员要组织旅客有序候车,做好食宿、服务等工作,对重点旅客要重点照顾。

15.遇有列车超员、超载造成弹簧压死应急处置处理

(1)信息通报。站台客运工作人员得到列检人员通知客车弹簧压死时,应立即通知客运值班员、值班站长(主任)。

值班站长(主任)接到通知后,立即赶赴现场负责指挥处理。

值班站长(主任)及时向车站值班干部、站长及铁路局客调进行情况报告。

(2)组织程序

①疏导旅客。客运车间主任负责抽调休班帮班人员全员、日勤人员及出站口客运员,组成小分队到各车门口,将弹簧压死列车上的旅客疏导下来。

②分段放流。当班值班主任(值班员)要及时了解列车情况,遇有前方站已预报超员的列车,候车室、站台工作人员要相互呼应,采取分区候车、分段放流、引导上车的组织办法,在天桥、地道等主要出入口派专人把守,引导旅客有序进出站,确保旅客乘降秩序良好。

③停售车票。对前方站预报已经超员的列车,计划室要立即通知售票值班员停止发售车票。

④严格控制站台票的发售,杜绝无票旅客凭站台票进站上车。

⑤善后处理。对疏导下车和持有车票上不了车的旅客,客运工作人员要积极做好解释工作,对要求退票或改签的旅客,值班主任要及时派专人引导旅客到售票处办理改签或退票手续。

(三)典型案例分析

1.弹簧压死事故案例

【事故案例1】 2003年2月7日4:00,宜昌开往广州的L357次到达株洲北一场2道,因旅客超员造成机后1位YZ38229、2位YZ39137车辆弹簧压死,车站动员320名旅客疏散下车后,于7:00开出,超停2 h 51 min。

【事故案例2】 2003年2月6日22:32,怀化开往无锡的1605次到达长沙站2道,因旅客超员造成机后5位YZ44532车辆弹簧压死,车站动员旅客往其他车厢疏散后,于22:57开出,超停16 min,长沙站未能按计划上旅客。

【原因分析】 春运客流高峰期间,客车超员严重、弹簧压死现象突出,旅客列车晚点较多,从而影响了旅客运输秩序,给运输安全带来严重隐患。因此必须严格控制旅客列车超员,弹簧压死坚决不能开车。对弹簧压死的列车积极做好旅客劝阻工作,组织旅客下车,使客车弹簧弹起,确保旅客列车安全正点。

2.旅客列车晚点组织不当造成旅客伤亡事故案例

【事故案例】 2008年5月10日,2102次列车于23:10晚点到达××站,进入二站台3股道。客运员组织下车旅客经过平交道口出站时,被Ⅰ股道通过的货车造成旅客意外伤害事故。旅客贾×,男60岁,持有效车票,被轧成重伤,其左小腿及左臂轧断。

【原因分析】 因列车晚点通报不及时,客运工作人员组织不当,平交道口照明不足,致使旅客贾某通过一股道平交道口时,被货车轧成重伤的后果。

3.火灾、爆炸事故案例

【事故案例1】 1987年3月22日,98次特快列车行至滨北线松花江桥上,机后第15位

硬座车厢 1 名对社会不满的犯罪分子将随身携带的炸药引爆,炸死旅客 12 人,重伤 4 人,轻伤 41 人,客车报废 1 辆,案犯当场死亡。

【事故案例 2】　1988 年 1 月 7 日,由广州开往西安的 272 次旅客快车在京广线马田墟站通过时发生重大火灾事故,造成旅客死亡 34 人,重伤 6 人,轻伤 24 人。

【原因分析】　这两起事故是由于旅客违章携带危险品炸药、易燃品防锈漆上车酿成的。为保障铁路运输和旅客生命财产安全,规范和强化铁路旅客运输安全检查工作,由铁路公安和运输部门共同负责,做好查危工作。站、车对旅客的携带品(车站包括行包)要实行定岗位、定人员、定区段、定责任和采取"五字法"即"问、看、闻、摸、检"进行查堵。把不安全因素消灭在站外、车下,确保旅客运输的安全。

4. 旅客扒乘列车事故案例

【事故案例】　2008 年 1 月 14 日,6221 次列车在某站正点开车时,突然顺站台跑来一旅客,不听站台客运员的劝阻,强行抓车不慎摔下,当即左脚轧断。

【原因分析】　6221 次正点开车刚启动,旅客陈××抓 6 车车门把手,不慎掉入站台下,旅客陈××没有听工作人员劝阻,强行抓车,负主要责任。

客运人员严格按规定时间停售、停检,防止旅客抢越线路或强行抓车;天桥(地道)口或中间站的平交道口等关键处所,必须设专人把守。站台实行安全"四定"定车次、定人员、定位置、定职责。确保旅客运输的安全。

5. 旅客钻车事故案例

【事故案例】　2009 年 8 月 7 日,1302 次进入×站 4 线准备停车时,一名男子突然由安全白线外径直冲向列车,从机后第 5 辆和第 4 辆中间跳下站台,被列车刮到车下。经初步确认,当时其左脚压掉,右腿骨折。车站立即联系 120 急救车将其送往铁路医院治疗。该男子为赵×,1973 年 3 月 30 日出生,持有火车票。经证实,赵×有自杀轻生倾向。

【事故案例】　2009 年 9 月 16 日 6:52,K7080 次旅客列车在某站 3 站台 4 线。列车起动后运行 30 m,距东侧天桥口 50 m 处(风雨棚柱腿后)窜出一名男子,在机后第 2 辆车中部钻入线路内,将右侧足部,左侧大腿根部轧断。列车继续运行约 30 m 后停车。止血包扎后,第一时间通知 120 将该男子送往医院抢救。K7080 次列车晚点 5 min 后,于 6:57 开车。

【原因分析】　在旅客乘降组织过程中,工作人员接、送车防护不到位,接车人员只注意监控列车运行状态及旅客是否在安全白线外,忽视了对站台上安全白线以外旅客行为的监控,未及时发现旅客的异常举动;送车人员对背面人员监控不到位,对站台上送站亲友的动向观察不够,没有发现异常旅客是造成这两起事故的主要原因。客运工作人员应根据实际情况加强对重点列车、重点时间段的防护工作,加强职工的安全责任意识,避免旅客钻车类似事故的发生,确保运输生产的安全。

6. 精神异常旅客看护不当事故案例

【事故案例】　2012 年 7 月 20 日 22:40,4131 次列车运行至南岔站进站前,硬座 7 车 1 名旅客(高×、男,24 岁,票号 R025557,旅客无同行人)找到值班列车长宫××声称被人威胁,语无伦次,表达不清。列车长宫××发现该人精神异常,并将该人带到软卧 13 车靠近洗面间处边座进行看护,0:50,列车运行至佳木斯站,交班时宫××交给正班列车长周××,周××安排接班供水员胡××(男,53 岁)1 人在高×旁边座继续看护,列车运行至新友谊站开车后约 3:30

左右,旅客高××突然从衣兜里掏出一把折叠水果刀刺向供水员胡××颈部,列车长巡视车厢到达软卧13车时会同乘警,将高××制伏。列车于4:11正点到达富锦站随即120救护车将胡××送往富锦市中心医院抢救,4:25到达医院后经抢救无效死亡。

【原因分析】 列车长××发现旅客精神异常后,对重点旅客没有进行重点交接;对精神异常旅客的看护人员选择不当,职责不明确,没有选派有足够能力制服突发精神异常旅客的人员专门负责看护;对精神异常旅客的暴力行为估计不足,长时间看护难免会造成疲劳和松懈;对精神异常旅客缺少防范意识,没有及时收起可能造成伤害的利器、钝器等物品,造成列车供水员受重伤死亡的后果。

7. 旅客列车变更股道及无站台线路到发事故案例

【事故案例】 2003年1月12日,7072次列车于8:57到达××站变更进二站台4股道。车站组织下车旅客经过平交道口出站时,一旅客被3股道通过的28041次货物列车撞伤造成旅客意外伤害。其左小腿及左臂被压断。该旅客于2003年7月12日出院,产生医药费2.82万元。

【原因分析】 7072次到达××站,临时变更股道进二站台4道,无跨线设备,因客运工作人员组织不当,造成一名旅客被通过货物列车撞伤的后果。

旅客列车应接入固定的客车到、发线上,遇有特殊情况变更到发线时,客运值班员要加强与运转值班员的联系,及早做好列车变线旅客乘降准备工作。加强安全宣传,无跨线设备的车站,要在平交道口设专人防护引导。

八、班组管理

(一)考核职工作业纪律、劳动纪律和作业标准

作为客运班组,由于其直接与旅客接触,因此要求班组长在日常工作中,不断加强班组管理,经常深入各候车室(售票室)、检票口、收票口、站台、天桥、地道等处所和各岗位巡视,检查安全、服务、设备、卫生工作,标准化作业和岗位纪律情况。掌握全面情况,做到心中有数,对检查中发现的问题记载在"班工作日志"上。帮助旅客解决困难,纠正作业脱标,处理设备问题,保证设备正常使用。

(二)制定月度计划、编写月度工作总结

1. 月度工作计划具体内容

要写明任务、措施、完成时间、检查项点等四个基本内容。

目标和任务:要写明做什么、达到什么标准。

措施和办法:它是实现计划目标和完成任务的手段,要写明实现目标的条件、采取的手段和方法,如何分工协作等,即写明怎么做、如何去做。

步骤和时间:它是达到目标、完成任务的阶段程序、安排和时间要求。即写明先做什么、后做什么,每一步什么时候完成。

检查和督促:他是计划、执行情况的检查、评比等有关问题的说明或规定。

2. 计划的基本形式

标题:如《××班组二月份工作计划》

正文:通常由前言、主体、结束语三部分组成。

前言是计划的开头部分,用概括的文字写明为什么做。

主体是计划的核心部分,要写清计划的四要素。

结束语是计划的辅助部分,写明执行时间、应注意的事项等。

落款写明计划的制定者和制定时间。

3. 月度工作总结的基本形式

(1)标题:分为专题性班组总结,专题性总结的标题如《××班组 2009 年 2 月营销工作总结》。综合性总结的标题如《××班组 2009 年 3 月份工作总结》

公文式标题如《关于创建学习型班组的总结》。

(2)正文:由前言、主体、结尾组成。前言分为概述式、结论式、提示式、提问式、对比式。主体主要写明工作情况、经验体会、问题与教训,设想与努力方向。结尾是简要概括一下。

(3)落款包括署名和时间,署名在正文的右下方标明署名和时间。